Kaufen oder mieten?

W0110481

*Gerd Kommer* studierte Betriebswirtschaftslehre und Politikwissenschaft in Deutschland und den USA. Er ist im Firmenkundengeschäft einer deutschen Bankengruppe in London tätig. Zu seinen bisherigen Veröffentlichungen gehören *Cleveres Banking. Profi-Know-how für klein- und mittelständische Unternehmen* (1999), *Souverän investieren mit Indexfonds, Indexzertifikaten und ETFs* (Campus 2002/2007) und *Die Buy-and-Hold-Bibel. Was Anleger für langfristigen Erfolg wissen müssen* (Campus 2009).

Anregungen und Kritik zu diesem Buch nimmt der Autor gerne entgegen. Seine E-Mail-Adresse lautet kommer@hotmail.co.uk.

Gerd Kommer

# Kaufen oder mieten?

## Wie Sie für sich die richtige Entscheidung treffen

Mit Rechen-Tool auf CD-ROM: Lohnt sich mein Kauf?

Campus Verlag
Frankfurt/New York

Haftungsausschluss:
Investieren heißt stets auch Risiken eingehen. Immobilieninvestitionen und andere Finanzanlagen sind mit Verlustgefahren verbunden. Historische Daten bieten keine Gewähr für zukünftige Renditen oder Erträge. Es besteht keine Garantie für die Richtigkeit der Daten und Berechnungen in diesem Buch. Wir können daher keine Haftung für Schäden übernehmen, die aus der Interpretation oder Umsetzung der in diesem Buch gegebenen Empfehlungen resultieren. Die Aussagen in diesem Buch spiegeln die persönlichen Ansichten des Autors wider und sind nicht als Anlageempfehlungen im Sinne des Wertpapierhandelsgesetzes zu verstehen.

Für H.G.

Bibliografische Information der Deutschen Nationalbibliothek
Die Deutsche Nationalbibliothek verzeichnet diese Publikation in der Deutschen Nationalbibliografie. Detaillierte bibliografische Daten sind im Internet über http://dnb.d-nb.de abrufbar.
ISBN 978-3-593-39080-2

Das Werk einschließlich aller seiner Teile ist urheberrechtlich geschützt. Jede Verwertung ist ohne Zustimmung des Verlags unzulässig. Das gilt insbesondere für Vervielfältigungen, Übersetzungen, Mikroverfilmungen und die Einspeicherung und Verarbeitung in elektronischen Systemen.
Copyright © 2010 Campus Verlag GmbH, Frankfurt/Main
Umschlaggestaltung: R.M.E, Roland Eschlbeck, München
Satz: Fotosatz L. Huhn, Linsengericht
Druck und Bindung: Beltz Druckpartner, Hemsbach
Gedruckt auf Papier aus zertifizierten Rohstoffen (FSC/PEFC).
Printed in Germany

Besuchen Sie uns im Internet: www.campus.de

# Inhalt

# Einleitung

»Immer dann, wenn Sie sich auf der Seite der Mehrheit wieder-
finden, ist es Zeit innezuhalten und nachzudenken.«

*Mark Twain* (1835–1910), amerikanischer Schriftsteller

Buchstäblich von Geburt an haben wir es mit Wohnimmobilien
zu tun, und die meisten von uns stehen irgendwann vor der Entscheidung *Kaufen oder mieten?* Die herrschende Meinung zu dieser
Gretchenfrage – seit Jahrzehnten von Politik, Medien, Banken, Bausparkassen, Bauträgern, Maklern und unseren Eltern gebetsmühlenhaft wiederholt – lautet: »Sobald Du genug Eigenkapital gespart
hast, kauf' Dir eine Immobilie. Damit liegst Du nie verkehrt.« Es
fallen Stichworte wie »Betongold«, »Sachwert«, »sichere Anlage«,
»Inflationsschutz« und »beste Altersvorsorge«.

Häuser und Wohnungen gelten im Vergleich zu anderen Formen
der Vermögensbildung wie etwa Aktien, Anleihen oder Investmentfonds als simple und solide Angelegenheit. Der Technologieaktien-
Crash in den Jahren 2000 bis 2002, die jüngste Finanzmarktkrise
von 2007 bis 2010 und die zahlreichen Beratungsskandale bei
Banken und Vermögensberatern haben die Wahrnehmung des Eigenheims als »Fels in der Brandung« noch weiter zementiert. Auch der
dramatische Preisverfall bei Wohnimmobilien, der sich während der
Finanzkrise in mehreren Ländern – darunter Spanien, Frankreich, Irland, Großbritannien, die USA und Japan – ereignete, änderte daran
nichts. Knapp 60 Prozent aller bundesdeutschen Haushalte wohnen
zur Miete. Gut zwei Drittel aller Mieter wollen, sobald finanziell
möglich, ein Eigenheim kaufen.

In vielen Fällen ist dieser Wunsch getrieben von finanziellen
Vorstellungen, die – wie wir bald sehen werden – wenig mit der
wirtschaftlichen Realität von Eigenheimbesitz in Deutschland,

der Schweiz und Österreich zu tun haben. Mehr noch: Das Thema Eigenheim ist so sehr von Stammtischmythen, Halbwahrheiten, Wunschdenken und Interessenkonflikten der Finanz- und Immobilienbranche überwuchert, dass der Blick auf die Fakten davon fast vollständig vernebelt wird. Diese Fakten werden im vorliegenden Buch präsentiert, sodass Sie, lieber Leser, die für Sie beste Entscheidung über Kauf oder Miete treffen können, ganz gleich in welcher Lebensphase Sie sich gerade befinden.

Dass Kaufen stets rentabler sei als Mieten, sofern nur der Zeithorizont lange genug ist, das ist ein von Banken, Bausparkassen, Vermögensberatern und der Immobilienbranche seit jeher verbreiteter Mythos, der schon vor Generationen zur herrschenden Meinung wurde und mittlerweile zu einem nicht mehr hinterfragten Dogma erstarrt ist. Mit den Tatsachen hat dieses Dogma allerdings wenig zu tun – das wird dieses Buch mit Immobiliendaten aus elf Ländern belegen, die zwischen 40 und 120 Jahre zurückreichen.

Die richtige Antwort auf die Frage »Kaufen oder mieten?« ist eben nicht die gängige, die da lautet: »Kaufe, wenn Du mindestens zehn Jahre in der Immobilie bleiben kannst.« In erstaunlich vielen Fällen wird Mieten die wirtschaftlichere Alternative sein. Dafür müssen beim Mieter jedoch einige einfache Voraussetzungen erfüllt sein. Das Buch nennt sie alle und gibt Ihnen ein cleveres Microsoft-Excel-Rechen-Tool an die Hand, mit dem Sie Ihre eigene, höchstpersönliche Kauf-oder-Miete-Berechnung durchführen können, viel eleganter und genauer als mit den zahllosen simplifizierenden Tools im Internet.

Doch die Entscheidung über Kauf oder Miete ist nicht nur eine ökonomische, sondern auch einen Lebensstilfrage. Auch auf diesen Aspekt gehen wir im vorliegenden Buch ein. Bei der Betrachtung der meisten lebensstilbezogenen Gesichtspunkte stellt man übrigens schnell fest, dass es keine klare Trennlinie zwischen den finanziellen und den nichtfinanziellen, lebensstilbezogenen Aspekten gibt. Zwei Beispiele: Wer vor die Tore der Stadt zieht, weil er ein Haus möchte, aber sich keines im Stadtgebiet leisten kann, der entscheidet sich damit für mehr Natur, aber wohl auch für höhere Autokosten, längere Pendelzeiten und weniger Teilhabe an kulturellen Ereignissen. Zweites Beispiel: Wer ein Eigenheim erwirbt, der wird im Laufe der Jahre vielleicht das eine oder andere attraktive Job-Angebot sausen lassen müssen, weil der neue Job einen Umzug erfordern würde, den das Eigenheim de facto verhindert.

Genug der Vorrede. Auf den folgenden Seiten werden wir mehr etablierte Immobilienweisheiten, Branchenstandards und herrschende Meinungen zur uralten Frage »Kauf oder Miete« über den Haufen werfen, als Sie sich vorstellen können. Wir werden historische Daten präsentieren, die noch nie zuvor in einem deutschsprachigen Immobilienbuch publiziert wurden. Machen Sie sich auf neue Blickwinkel und zahlreiche Überraschungen gefasst. Bühne frei für »Die zwanzig größten Mythen über Kauf oder Miete«!

# 1. Die zwanzig größten Mythen über Kauf oder Miete

»Der größte Feind der Wahrheit ist oft nicht die Lüge – gezielt, erfunden und unehrlich –, sondern der Mythos, etabliert, plausibel und falsch.«

*John F. Kennedy* (1917–1963), US-Präsident

Nicht lange nach der Entstehung von Eigentumsrechten in der Antike gab es bereits die ersten Mietimmobilien, und von da an stellte sich die Frage: Kaufen oder mieten? Im Hinblick auf eine so altbekannte und allgegenwärtige Abwägung dürften längst alle wichtigen Fragen geklärt sein – so sollte man meinen. Doch weit gefehlt: Die Irrtümer und Mythen über Kauf und Miete sind so alt, so zahlreich und oft genug so bizarr, dass einem als Buchautor regelrecht das Herz aufgeht. Ein kritischer Blick zeigt, dass die herrschende Meinung rund ums Thema Immobilien in den wichtigsten Punkten schiefliegt – höchste Zeit also, die Dinge geradezurücken. Das wird dieses Buch tun. Als kleinen Vorgeschmack habe ich auf den folgenden Seiten die zwanzig größten Mythen zur Frage Kauf oder Miete stichpunktartig zusammengefasst. Ausführliche Erläuterungen zu den einzelnen Punkten finden Sie in den anschließenden Kapiteln.

### Mythos 1: Miete zu zahlen bedeutet, Geld zum Fenster hinauszuwerfen.

- Der Klassiker unter den Kauf-versus-Miete-Irrtümern. In Abschnitt 3.1 rücken wir ihm zu Leibe. Ob der Mieter oder der Eigenheimbesitzer nach 30 oder 40 Jahren vermögender dasteht, ist entgegen der landläufigen Meinung keineswegs von vornherein klar. Bei korrekter Berechnung lag in Deutschland in den vergangenen 40 Jahren überwiegend der Mieter vorn – und das oft mit erstaunlich großem Vorsprung.

**Mythos 2: Die Preise qualitativ guter Wohnimmobilien werden langfristig immer steigen, weil sie Sachwerte sind und weil Bauland nicht beliebig vermehrbar ist.**

- Falsch. Die durchschnittliche Wohnimmobilie ist, wenn man die Inflation berücksichtigt, in den 17 Jahren von 1993 bis 2009 in Deutschland um 19 Prozent im Preis gefallen, in Österreich um 20 Prozent und in der Schweiz um 6 Prozent. Es gab im 20. Jahrhundert in allen westlichen Ländern, für die entsprechende historische Daten vorliegen, Perioden von über 50 Jahren, an deren Ende die realen Immobilienpreise niedriger waren als zu Beginn. Ferner existiert kein statistischer Beleg dafür, dass Preisrückgänge für qualitativ überdurchschnittliche Immobilien generell schwächer ausfallen. Und die Auffassung, dass Bauland knapp wird, hat außerhalb der Münchner Altstadt mit der Realität wenig zu tun.

**Mythos 3: Eine wachsende Bevölkerung und/oder eine wachsende Zahl von Haushalten führt zu steigenden Immobilienpreisen.**

- Falsch. In den 106 Jahren von 1891 bis 1996 wuchs die Bevölkerung der Vereinigten Staaten von Amerika um 327 Prozent und damit stärker als in jedem anderen westlichen Land. US-amerikanische Hauspreise stiegen inflationsbereinigt in dieser Zeit um unglaublich geringe 0,05 Prozent pro Jahr oder 5,8 Prozent kumulativ – also fast gar nicht. Was die Zahl der Haushalte anbelangt: Diese steigt zwar (wenn auch ganz langsam) selbst in Staaten wie Deutschland oder Japan, deren Bevölkerungszahlen tendenziell abnehmen, doch hat das den Rückgang der realen Hauspreise in den letzten anderthalb Jahrzehnten in diesen beiden Ländern nicht verhindert.

**Mythos 4: Die Lage ist das entscheidende Renditekriterium bei einer Immobilie. Top-Lagen in attraktiven Städten werden immer gefragt sein.**

- Ein weiterer Klassiker mit ähnlichem Wahrheitsgehalt wie die These von der »zum Fenster hinausgeworfenen Miete«. Tatsächlich hat die Lage, ob nun erst- oder drittklassig, für die Gesamtrendite oder auch nur die Wertsteigerung einer Wohnimmobilie keine systematische Bedeutung. Entscheidend ist hingegen die *Veränderung* der Qualität der Lage. Und die muss man über die nächsten zehn oder 20 Jahre korrekt prognostizieren, um daraus Gewinn zu schlagen. So etwas lässt sich mit einer banalen Checkliste zu nahe gelegenen Einkaufsmöglichkeiten oder Kindergärten, wie sie in manchem Ratgeberband für Häuslebauer enthalten ist, gewiss nicht bewerkstelligen. Die so oft wiederholte Aussage, wonach Wohnimmobilien in attraktiven Metropolen oder Städten im Allgemeinen höhere Wertsteigerungen aufweisen als in ländlichen Regionen, lässt sich durch langfristige historische Daten nicht belegen. Hier werden typischerweise die höheren Preise von Stadtimmobilien mit höheren Renditen verwechselt.

**Mythos 5: Attraktive Immobilien von hoher Qualität und mit hohem Wohnwert sind bessere Vermögensanlagen als solche niedriger Qualität.**

- Klingt zunächst plausibel und wird gerne in den bunten Prospekten von Bauträgern, Architekturbüros und Fertighausherstellern verbreitet. Harte wissenschaftliche Daten, die das belegen? Fehlanzeige. Attraktiv plus hohe Qualität bedeutet schlicht »teuer einkaufen«. Teuer einkaufen heißt nicht zwangsläufig »noch teurer verkaufen«.

**Mythos 6: Banken können die Immobilienrenditen und die Zinsentwicklung vorhersagen.**

- »Wer's glaubt, wird selig«, könnte man flapsig auf diese Behauptung antworten. Banken können Immobilienrenditen und Zinsen genauso wenig zuverlässig vorhersagen wie ein Schuhmacher die Fußbekleidungs-Hits im nächsten Jahr, Buchverlage die Top-10-Titel in der *Spiegel*-Bestsellerliste in 52 Wochen, Rohstoffkonzerne den Preis von Öl oder Gold in drei Monaten oder Autohersteller das Auto des Jahres 2012. Die Zukunft in sozialen Systemen, wie sie Märkte darstellen, ist aus gut belegbaren Gründen von niemandem zuverlässig prognostizierbar. Wenn Banken künftige

Zinsen, Aktien- und Immobilienpreise auch nur ansatzweise prognostizieren könnten, wäre es 2007 bis 2010 nicht zum globalen Immobilien- und Aktien-Crash gekommen. Zinsprognosen von Banken sind für private Immobilienkreditnehmer ohne jede Einschränkung nutzlos oder sogar gefährlich.

**Mythos 7: Wohnimmobilien schützen vor Inflation.**

- Stimmt zwar, aber andere Anlageformen schützen genauso gut oder besser, zum Beispiel Aktien, Unternehmensanleihen, Staatsanleihen oder Rohstoffe. Um präzise zu sein, schützen alle diese Anlageformen *langfristig* genauso gut oder besser vor Inflation als Wohnimmobilien. *Kurzfristig* gesehen – für Zeiträume von weniger als fünf Jahren – schützen Immobilien schlechter vor Inflation als zum Beispiel risikoarme Anlagen in Geldmarktfonds oder kurzfristigen Staatsanleihen. Wer den bestmöglichen kurzfristigen und langfristigen Schutz vor Inflation sucht, für den gibt es geeignetere Anlageformen als Wohnimmobilien.

**Mythos 8: Hohe Inflation ist gut für Eigenheimbesitzer.**

- Eine mit dem vorherigen Argument verwandte These, deren Anhänger (darunter besonders viele Makler und Bankkundenbetreuer) sich auf die alte finanzökonomische Einsicht beziehen, dass Inflation gut ist für Schuldner (Eigenheimbesitzer sind oft Schuldner), während sie Sparer schädigt. Allerdings trifft die simplifizierende Form, in der das Argument typischerweise vorgetragen wird, nicht zu. Für Immobilienbesitzer, die keine Fremdfinanzierungslast auf ihrem Objekt tragen, bringt hohe Inflation per se weder einen Vorteil noch einen Nachteil. In etwas eingeschränkter Form gilt dasselbe für Eigenheimbesitzer mit teilweise oder komplett variabel verzinslicher Fremdfinanzierung, denn ihre Zinslast steigt mit der Inflation, wenn auch der Kreditbetrag unverändert bleibt. Hohe Inflation ist generell schlecht für das reale (inflationsbereinigte) Wachstum der Haushaltseinkommen, und wenn die realen Haushaltseinkommen stagnieren oder sinken, dann leiden darunter auch die Immobilienpreise.

**Mythos 9: Ein Eigenheim schützt vor steigenden Mieten.**

- Stimmt zwar, aber wie wichtig ist dieser Schutz tatsächlich? Inflationsbereinigt stiegen die Löhne und Gehälter in Deutschland in den 40 Jahren von 1970 bis 2009 um 111 Prozent (das entspricht etwas mehr als einer Verdoppelung), die inflationsbereinigten Mieten nahmen jedoch nur um bescheidene 9 Prozent zu. Auch wenn wir als Betroffene subjektiv glauben, unser Vermieter ziehe uns Jahr für Jahr mehr aus der Tasche, Fakt ist: Der Anteil des Bruttoeinkommens, den der durchschnittliche Lohnempfänger für seine Miete aufwenden muss, ist langfristig gefallen.

**Mythos 10: Immobilien eignen sich gut zur Altersvorsorge, denn wer als Ruheständler in einer schuldenfreien Immobilie wohnt, steht finanziell besser da als ein Miethaushalt.**

- Aus der Sicht eines kühl rechnenden Finanzökonomen ist diese Aussage falsch. Auf der Basis langfristiger historischer Daten und eines korrekten Vergleichs mit anderen Vermögensanlageformen ähnlichen Risikos führt Eigenheimbesitz typischerweise zu einem niedrigeren Endvermögen als relevante → Kapitalmarktanlagen[1] (Staatsanleihen und Aktien). Eigenheime haben dennoch in Sachen Altersvorsorge einen großen Vorteil, der Kapitalmarktanlagen fehlt: Sie sind – im positiven Sinne – ein »Zwangssparvertrag«, vorausgesetzt, sie sind in nennenswertem Umfang kreditfinanziert.

**Mythos 11: Die Begünstigung eines Eigenheims bei Einkommens- und Erbschaftssteuer macht es zu einer attraktiven Anlageform.**

- Die einkommenssteuerlichen Vorteile von Eigenheimen im Vergleich zu anderen Formen der Vermögensanlage sind in Deutschland, Österreich und der Schweiz nicht bedeutend genug, um die höheren Vorsteuerrenditen vergleichbarer Kapitalmarktanlagen (Aktien, Anleihen, Investmentfonds) generell und langfristig auszugleichen. Bei der Erbschaftssteuer besitzen Eigenheime entweder

---

1  Alle mit einem »→« bezeichneten Wörter werden im Glossar näher erläutert.

keine Vorteile (Österreich, Schweiz) oder diese sind im Falle eines normal vermögenden Haushalt vernachlässigbar (Deutschland).

**Mythos 12: Vorübergehende Wertschwankungen oder Wertverluste einer Immobilie spielen dann keine Rolle, wenn man in der Immobilie wohnt, denn der Wohnwert sinkt dadurch ja nicht: »Irgendwo muss man ja wohnen, und ein Eigenheim ist ohnehin eine Langfristanlage«.**

- Auch wenn dieses Argument intuitiv einleuchtet, so ist es dennoch falsch. Würde man die gleiche Logik auf ein Aktiendepot anwenden, dann dürften Wertschwankungen und Verluste dort ebenfalls keine Rolle spielen, solange man das Depot nicht »verbraucht«, also zu Konsumzwecken verkauft. Vorübergehende, nicht realisierte Wertverluste sind für jedes Investment in gleicher Weise zu bewerten – entweder spielen sie in keinem Fall oder aber stets eine Rolle. Hinzu kommt: Wenn Wohnimmobilien real an Wert verlieren (so wie das in den deutschsprachigen Ländern in den letzten 17 Jahren und in der Mehrzahl der Länder weltweit in den vergangenen fünf Jahren der Fall war), dann sinken mit einer Zeitverzögerung in den meisten Fällen auch die inflationsbereinigten Mieten, sodass Mieter von diesen Wertrückgängen profitieren, Eigenheimbesitzer jedoch nicht.

**Mythos 13: Immobilien sind sichere und risikoarme Anlagen. Vor allem sind sie sicherer als Kapitalmarktanlagen wie Aktien, Anleihen und Sparguthaben.**

- Das Risiko kurzfristiger und langfristiger Wertverluste selbstgenutzter Wohnimmobilien, insbesondere wenn teilweise kreditfinanziert, ist weit größer, als es die landläufige Meinung wahrhaben will. Dieses Risiko ist schwerer zu beobachten und zu messen als dasjenige von Aktien und Anleihen, aber dadurch verschwindet es leider nicht. Auf inflationsbereinigter Basis betrug der maximale Wertrückgang von Wohnimmobilien, der zu einem bestimmten Zeitpunkt im Betrachtungszeitraum bestand (maximaler kumulativer Verlust), seit 1970 in Deutschland −21 Prozent (2009), in Österreich −23 Prozent (2005) und in der Schweiz −38

Prozent (1999) – in anderen Ländern wie Schweden und Japan waren es sogar noch mehr. In den drei Ländern, zu denen Hauspreisdaten vorliegen, die über 100 Jahre zurückreichen, lagen diese Maximalverluste noch höher: USA −47 Prozent (1921), Norwegen −57 Prozent (1954) und Frankreich −84 Prozent (1948). In San Francisco, einer der attraktivsten Städte der Welt mit nach allgemeiner Auffassung »knappem« Bauland, halbierten sich die Hauspreise von 2006 bis Mitte 2009 innerhalb von drei Jahren.

**Mythos 14: Die laufenden Nebenkosten eines Eigenheims liegen jährlich bei etwa einem Prozent seines Wertes.**

- Das ist es, was wir uns selbst als Eigenheiminteressierte oder frischgebackene Eigenheimbesitzer gerne einreden und was uns die Immobilienbranche (Makler, Bauträger, Baugeldvermittler, Fertighaushersteller, Banken, Vermögensberater) erzählt, weil sie ein Interesse an Kauf und Finanzierung von Eigenheimen hat. Leider handelt es sich bei der »Ein-Prozent-Theorie« um Wunschdenken. Die laufenden Nebenkosten typischer Wohnimmobilien wie Instandhaltung, Versicherung oder Grundsteuer liegen langfristig – und nur darauf kommt es an – zwischen 1,5 Prozent und 2,5 Prozent pro Jahr. Hierbei sind die auf die Haltedauer der Immobilie umzulegenden Kauf- und Verkaufskosten von etwa 11 bis 12 Prozent des Immobilienwertes in Deutschland und Österreich (in der Schweiz weniger) noch nicht einmal berücksichtigt.

**Mythos 15: Zehnjährige Zinsbindungen (Zinsfestschreibung) bei Immobilienkrediten kann man als langfristig bezeichnen.**

- Die meisten Immobilienfinanzierungen laufen bis zur Volltilgung zwischen 20 und 30 Jahren. Gleichzeitig unterlagen die Kreditzinsen in den vergangenen Jahrzehnten enormen Schwankungen (so stiegen etwa in Deutschland die Immobilienkreditzinsen für zehnjährige Zinsbindungen Ende der 70er Jahre innerhalb von drei Jahren von 7 Prozent p. a. auf 11,5 Prozent p. a., in anderen Ländern noch stärker). So betrachtet erscheinen zehnjährige Zinsbindungen eher kurz und damit risikoreich. Variable Zinsbindungen schwanken noch viel stärker. Wer sich wirksam gegen das gefährliche Risiko von Zinserhöhungen absichern will, dem ist mit einer zehnjährigen Zinsbindung allein nicht geholfen. Dieses Buch zeigt, wie man das Zinsanstiegsrisiko senken kann.

### Mythos 16: Ein Bausparvertrag ist für denjenigen richtig, der sicher weiß, dass er zu einem späteren Zeitpunkt bauen möchte.

■ Dafür, dass sich der Abschluss eines Bausparvertrags wirklich lohnt (das lässt sich im konkreten Einzelfall ohnehin erst nach 15 bis 20 Jahren beurteilen), muss eine erstaunliche Anzahl an einschränkenden Bedingungen und Voraussetzungen erfüllt sein. In den vergangenen zehn Jahren waren Bausparkredite ein Verlustgeschäft. Und die vorgeblich niedrigen Effektivzinssätze von Bausparkrediten sind letztlich eine finanzmathematische Mogelpackung. Wir zeigen in diesem Buch, warum das so ist.

### Mythos 17: Durch die Kombination eines Immobilienkredits mit einer Kapitallebensversicherung kann man die Kosten der Finanzierung senken.

■ Die Aussage, durch Lottospielen könne man die Kosten einer Immobilienfinanzierung senken, ist nur geringfügig absurder als diese Behauptung. Da Banken und Finanzierungsvermittler bei dieser rechtlich und wirtschaftlich komplexen Kopplungskonstruktion doppelt verdienen (aus dem Immobilienkredit, der hohen Versicherungsvermittlungsprovision und einer Bestandsprovision), verkaufen sie sie sehr gerne, was wohl der einzige Grund für ihre Existenz ist. Die Stiftung Warentest und andere neutrale Experten haben sie in den vergangenen Jahren Dutzende Male als intransparent, risikoreich und teuer kritisiert. Über die wahren Kosten einer solchen Konstruktion, korrekt gemessen durch den Effektivzins, der alle Zahlungsströme mit einschließt, lassen die Banken ihre Kreditnehmer im Dunkeln. Außerdem ist die Konstruktion mit bedeutenden spekulativen Zusatzrisiken verbunden, die eine simple Kreditfinanzierung nicht aufweist.

**Mythos 18: Kredite in Schweizer Franken oder japanischen Yen sind ein schlaues Mittel, um die Zinskosten einer Immobilienfinanzierung zu drücken.**

- Diese besonders in Österreich und einigen osteuropäischen Ländern beliebte Kreditfinanzierungsform führt enorme und für Privathaushalte kaum überschaubare (und theoretisch sogar unbegrenzte) Verlustrisiken in eine Immobilienfinanzierung ein. Banken, die dieses Produkt wegen seiner höheren Margen gerne vertreiben, machen Häuslebauer damit zu unfreiwilligen Devisenspekulanten, die gefährliche Verlustrisiken eingehen.

**Mythos 19: Mit einer vermieteten Immobilie kann ein Privathaushalt eine gute Nachsteuerrendite erzielen und Vermögen in einer wertbeständigen Sachanlage halten.**

- Private Vermieter haben gegenüber gewerblichen Vermietern, die die Mietpreise am Markt bestimmen, große kostenmäßige und steuerliche Nachteile, die nicht beseitigt werden können. Das Ergebnis sind enttäuschende Nettorenditen. Und angesichts des Risikos lohnt sich ein Vermietungsobjekt für einen Privathaushalt noch weniger.

**Mythos 20: Immobilienmakler, Bauträger, Finanzierungsvermittler, Banken, Fertighaushersteller und Immobilien-Websites informieren objektiv über Wohnimmobilien, ihre Kosten, ihre Finanzierung, ihre Risiken und ihre nichtfinanziellen Vor- und Nachteile.**

- Sie, lieber Leser, werden an dieser Stelle vermutlich denken: »Ist doch klar, dass ich nicht alles für bare Münze nehme, was diese Institutionen mir zu einem möglichen Eigenheimkauf erzählen.« Wenn das so ist, dann gratuliere ich Ihnen zu diesem Realismus! Sie liegen richtig. Nur wenig dessen, was vonseiten der Immobilien- und Finanzbranche zu hören ist, hat mit repräsentativ ausgewählten Fakten, neutralen Einschätzungen oder wissenschaftlich gesicherten Erkenntnissen zu tun. Die genannten Institutionen verdienen am Verkauf von Eigenheimen und unterliegen bei ihrer vermeintlichen Beratung einem enormen Interessenkonflikt – den sie aber bezeichnenderweise nicht offenlegen. Kurz: Sie sind Verkäufer, keine Berater. Diese Buch zeigt, wie fragwürdig und oft auch gefährlich eine Beratungsphilosophie ist, der zufolge ein Eigenheim eine solide und sichere Vermögensanlage sei, mit der man nie falschliegen könne.

*Kaufen oder mieten?* wird Sie in die Lage versetzen, künftig auf Augenhöhe mit Vertretern der Immobilienbranche zu sprechen und zu verhandeln. Das Buch präsentiert die wichtigsten Schlüsseldaten der letzten 40 bis 120 Jahre zu Hauspreisen, Kreditzinsen und Mietsteigerungen und stellt alle Argumente für und gegen die beiden Alternativen Kauf und Miete zusammen. Auf dieser Basis werden Sie – in welcher Lebensphase auch immer Sie sich gerade befinden – eine intelligente und gut informierte Entscheidung treffen.

# 2. Was uns die Immobilienbranche verschweigt

In diesem Kapitel werden wir uns mit Rentabilität und Risiko eines Eigenheims befassen. Dabei werden Sie historische Zahlen kennen lernen, die in dieser Form noch nie im deutschsprachigen Raum veröffentlicht wurden, etwa die Preissteigerungen von Wohnimmobilien in Deutschland, Österreich, der Schweiz und sieben anderen westlichen Ländern von 1970 bis 2009 (40 Jahre). Für drei Länder zeigen wir sogar Zahlen, die mehr als 100 Jahre zurückreichen. Sie werden dadurch eine ganz neue Perspektive auf das uns allen seltsam vertraute und seltsam fremde Thema – die wirtschaftliche Seite eines Eigenheimes – gewinnen.

Ein Eigenheim ist aber nicht allein ein Investment – es ist ebenso eine Lebensstilentscheidung. Dieses Buch betrachtet ein Eigenheim als beides: eine Vermögensanlage *und* eine Lebensstilentscheidung – untrennbar verknüpft wie die zwei Seiten einer Medaille. In diesem ersten der drei Hauptkapitel werden wir uns zunächst mit der finanziellen Seite, dem Eigenheim als Vermögensanlage beschäftigen. In den beiden darauf folgenden Kapiteln kommen wir dann ausführlich auf die nichtfinanziellen, die lebensstilbezogenen Aspekte eines Eigenheimkaufes oder dessen Alternative – der Miete – zu sprechen. In ihrer einfachsten Form lässt sich die Kauf-oder-Miete-Entscheidung als Dreieck aus drei Typen von Argumenten darstellen (Abbildung 1).

Zwar ist es sinnvoll, die drei Seiten gedanklich voneinander zu trennen, doch sie gehören zusammen und beeinflussen einander. Finanzielle Argumente wirken sich auf Lebensstilfragen aus, und Lebensstilargumente haben Einfluss auf die Finanzen. Ein etwas genauerer Blick zeigt, dass es mehrere Aspekte gibt, die von vorn-

**Abbildung 1: Das Kauf-oder-Miete-Dreieck**

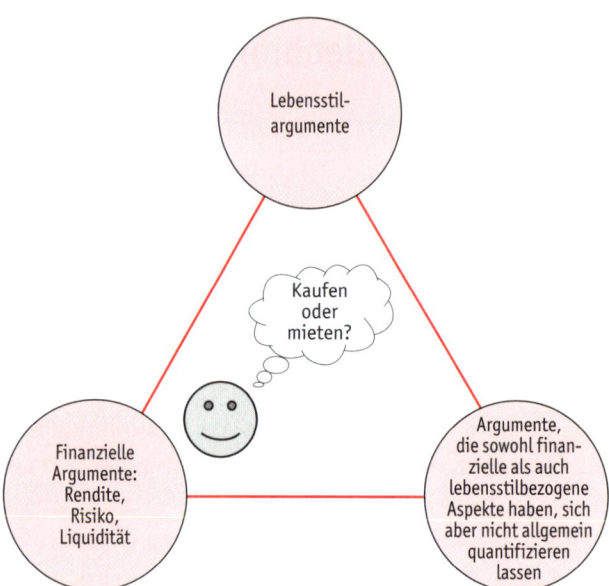

herein beide Bereiche betreffen. Ein Beispiel ist die Frage, ob man lieber im Stadtgebiet oder weit draußen wohnen will, wo man sich ein Häuschen statt einer bloßen Wohnung leisten könnte, wo mehr Natur und weniger Lärm ist, aber von wo aus auch die täglichen Pendelzeiten und -kosten höher und das kulturelle Angebot geringer sind.

Doch konzentrieren wir uns zunächst einmal auf die finanzielle Seite des Kauf-oder-Miete-Dreiecks, insbesondere auf die Frage, wann und unter welchen Bedingungen die eine oder die andere Option wirtschaftlicher ist und welche Rolle das Finanzrisiko hierbei spielt.

## 2.1 Historische Wertsteigerungen von Wohnimmobilien: Die große Ernüchterung

»Historisches Wissen ist unverzichtbar für all jene, die eine bessere Welt errichten wollen.«

*Ludwig von Mises* (1881–1973), österreichisch-amerikanischer Ökonom

Wie die Renditen von Aktien, Anleihen und Gold in den letzten 80 Jahren ausgefallen sind, kann man in Tageszeitungen und mittlerweile sogar in Schulbüchern nachlesen. Es erscheint daher auf den ersten Blick merkwürdig, dass dies für Wohnimmobilien nicht gilt. Berichte über langfristige historische Wertsteigerungen von Häusern und Wohnungen in den Medien? Fehlanzeige. Was wir zu sehen bekommen, sind im besten Fall die letzten fünf Jahre. In den Marketing-Broschüren von Banken, Finanzberatern und Bauträgern reichen die Daten bestenfalls zehn Jahre zurück. Das ist auf den ersten Blick erstaunlich. Zum einen sind Wohnimmobilien die älteste → Asset-Klasse der Welt, älter noch als Bargeld und mehrere Tausend Jahre älter als Anleihen und Aktien. Zum anderen kam es bei Wohnimmobilien während der globalen Banken- und Finanzkrise von 2007 bis 2010 in vielen Ländern zu beträchtlichen oder sogar dramatischen Werteinbrüchen, so zum Beispiel in Großbritannien, Irland, USA, Australien oder Japan. In den deutschsprachigen Ländern hingegen fielen die Preise für Wohnimmobilien inflationsbereinigt nur relativ geringfügig (Deutschland) oder stiegen sogar (Österreich, Schweiz). In dieser Situation bietet es sich an, einen Schritt zurückzutreten und sich das »große Bild« anzusehen: die sehr langfristigen Wertsteigerungen von Wohnimmobilien. Aus diesen Daten können tatsächliche oder potenzielle Eigenheimbesitzer verblüffende Einsichten gewinnen.

Die historische Datenlage für Wohnimmobilien ist nicht annähernd so gut wie jene für Aktien und Anleihen. Nur für drei Staaten der Welt – Frankreich, USA und Norwegen – liegen verlässliche Indexdaten der Immobilienpreise vor, die länger als 100 Jahre zurück-

**Abbildung 2: Inflationsbereinigte Hauspreisentwicklung (indexiert) in den USA, Frankreich und Norwegen, 1891–2009 (119 Jahre)**

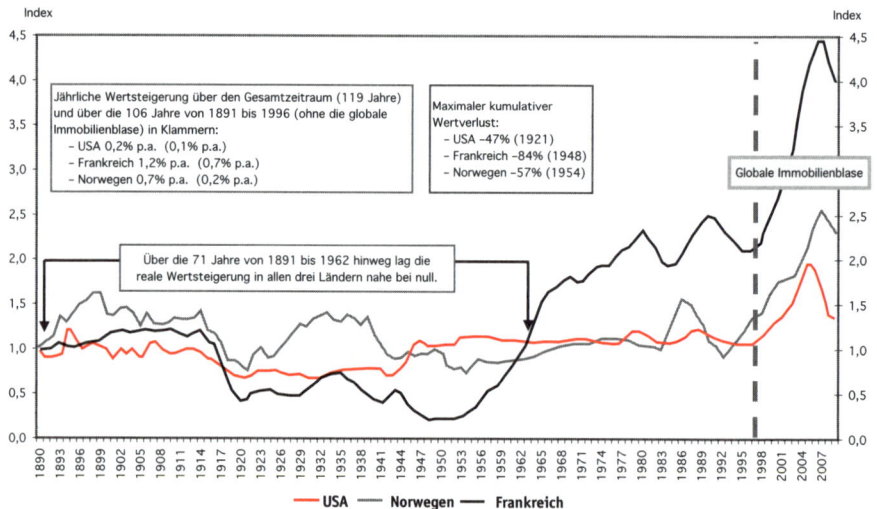

reichen. Daneben existiert noch der Sonderfall Niederlande. Dort gibt es für einige Hundert Häuser entlang der noblen Herengracht in Amsterdam Wohnimmobilien-Indexdaten, die fast 400 Jahre zurückgehen. Doch sehen wir uns zunächst die Daten für die drei erstgenannten Länder an (Abbildung 2).[2]

Was lässt sich aus der Abbildung ableiten?

- Über den gesamten gemessenen Zeitraum von 119 Jahren hinweg betrug die reale (inflationsbereinigte) Wertsteigerung von Wohnimmobilien in den drei Ländern zwischen 0,2 Prozent p. a. (USA) und 1,2 Prozent p. a. (Frankreich), im bevölkerungsgewichteten Durchschnitt der drei Länder 0,4 Prozent p. a. (ohne Gewichtung 0,7 Prozent p. a.). In allen drei Ländern ist die Bevölkerung in dieser Zeit stark gewachsen – besonders in den USA, wo sie sich fast verfünffacht hat.

---

2  Die verfügbaren Daten für die USA beginnen im Jahr 1890, weshalb Abbildung 2 in diesem Jahr einsetzt. Eine Einbeziehung der vorhandenen Daten für Frankreich und Norwegen vor 1890 würde das Ergebnis nicht wesentlich beeinflussen.

- Betrachtet man nur den Zeitraum bis einschließlich 1996, ignoriert also die dann einsetzende globale Immobilienblase (die Ende 2009 erst teilweise geplatzt war), dann ergibt sich ein gewichteter Durchschnitt von 0,15 Prozent p. a. (ungewichtet 0,3 Prozent p. a.). Legt man eine reale Wertsteigerung von 0,15 Prozent zugrunde, würde der reale *kumulative* Wertzuwachs einer Immobilie in 35 Jahren (ein hypothetisches »Anlegerleben«) gerade einmal 5 Prozent betragen, das ist weniger als die Hälfte der durchschnittlichen Nebenkosten beim Kauf und Verkauf einer Wohnimmobilie in Deutschland oder Österreich.

- Die Grafik deutet an, dass die Immobilienblase in Frankreich zu jedem Zeitpunkt in den vergangenen 15 Jahren ausgeprägter war als diejenige in den USA, die in den Medien jedoch bis heute mehr Raum einnimmt. Wie stark die französischen Hauspreise noch immer überbewertet sind, werden wir gleich sehen. Dass sich die französische Hauspreisblase volkswirtschaftlich als bisher wenig problematisch erwiesen hat, dürfte mit dem dort geringen Anteil riskanter, variabel verzinslicher Immobilienkredite und der vergleichsweise niedrigen Hauseigentümerquote (56 %) zusammenhängen. Der Tendenz nach gilt: Je niedriger diese Quote, desto weniger »arme« Haushalte sind Kreditnehmer und desto niedriger ist die Fremdfinanzierungsquote. Alle »Crash-Länder« (insbesondere Spanien, Irland, Großbritannien, die USA und Japan) haben höhere Eigentümerquoten.

- Da die Grafik einen Zeitraum von fast 120 Jahren umfasst, sind die maximalen kumulativen Wertverluste in den drei nationalen Immobilienmärkten mit bloßem Auge schwer erkennbar. Dieser sogenannte → maximale Drawdown betrug für die USA bei Berücksichtigung der Inflation −47 Prozent (erreicht im Jahr 1921), für Frankreich −84 Prozent (1948) und für Norwegen −57 Prozent (1954). Mit anderen Worten: Der durchschnittliche französische Eigenheimbesitzer erlitt von 1910 an fast jedes Jahr Wertverluste, die sich 1948 auf 84 Prozent summiert hatten.

Die weltweit längste Datenreihe zur Wertentwicklung von Wohnimmobilien stellten die beiden Finanzprofessoren Piet Eichholtz und

David Geltner von der Universität Maastricht für einige Hundert Häuser entlang der exklusiven Herengracht in Amsterdam zusammen (Eichholtz/Geltner 2002, siehe Literaturverzeichnis). In den 346 Jahren von 1628 bis 1974 betrug die inflationsbereinigte Wertsteigerung dieser Immobilien 0,56 Prozent p. a.

Wie sehen entsprechende Daten für andere westliche Länder aus? Zwar existieren hier leider keine derartig langen Datenreihen, doch immerhin hat die Bank für Internationalen Zahlungsausgleich in Basel (BIZ)[3] vor einigen Jahren die Daten zur Hauspreisentwicklung für 19 westliche Länder von 1970 bis 2004 zusammengetragen. Für den Zeitraum danach lassen sich diese Zahlen leicht fortschreiben. Tabelle 1 zeigt, vorwiegend auf der Basis der BIZ-Daten, die Wertsteigerungen von Wohnimmobilien für zehn westliche Länder zwischen 1970 und 2009.[4]

Welche Schlussfolgerungen können wir aus Tabelle 1 ziehen?

- In den 40 Jahren von 1970 bis 2009 betrug die inflationsbereinigte Wertsteigerung in den betrachteten zehn Ländern zwischen 0 Prozent p. a. in Deutschland und 2,7 Prozent in Großbritannien (Spanien 4,1 Prozent p. a., jedoch nur über 38 Jahre und vermutlich ein Ergebnis der Ende 2009 erst teilweise geplatzten Immobilienblase, siehe unterste Tabellenzeile). Im bevölkerungsgewichteten Schnitt aller Länder der Tabelle (einschließlich Spanien, jedoch ohne Österreich) ergibt sich eine durchschnittliche reale Wertsteigerung von 1,0 Prozent p. a. Ließe man die 13 Jahre von 1997 bis 2009, welche die noch nicht vollständig geplatzte globale Immobilienblase enthalten, unberücksichtigt, fiele der Durchschnitt auf 0,8 Prozent p. a.[5] Diese Zahlen enthalten keine

---

3 Eine multinationale Organisation auf dem Gebiet des Finanzwesens mit Sitz in Basel, Schweiz. Sie verwaltet Teile der Währungsreserven verschiedener Zentralbanken und gilt damit quasi als Bank der Zentralbanken.

4 Tabelle 20 im Anhang führt diese Wertsteigerungsraten auf Einzeljahresbasis auf.

5 Mancher Leser mag sich fragen, ob die im Zeitablauf unweigerlich eintretende Wertminderung einer Immobilie – die zeit- und nutzungsbedingte Abnutzung, betriebswirtschaftlich »Abschreibung« genannt – in den Indexzahlen enthalten ist. Das ist sie.

**Tabelle 1: Reale (inflationsbereinigte) jährliche Wertsteigerung von Wohn-immobilien in zehn westlichen Ländern, 1970–2009, in lokaler Währung**

| | Deutsch-land | Schweiz | Österreich ***** | Spanien ***** | Frankreich | Italien | Großbrit. | Schweden | USA | Japan |
|---|---|---|---|---|---|---|---|---|---|---|
| Datenerhebung über … | 40 J. | 40 J. | 23 J. | 38 J. | 40 J. | 40 J. | 40 J. | 40 J. | 40 J. | 40 J. |
| Gesamtzeitraum | | | | | | | | | | |
| 1970–2009 (40 J.) | 0,0 % | 0,4 % | n. v. | 4,1 % | 2,0 % | 1,9 % | 2,7 % | 1,1 % | 0,5 % | 0,2 % |
| Teilzeiträume | | | | | | | | | | |
| 1970–1979 (10 J.) | 1,9 % | 0,4 % | n. v. | n. v. | 2,1 % | 3,4 % | 4,1 % | 1,2 % | 1,2 % | 1,9 % |
| 1980–1989 (10 J.) | −0,4 % | 4,4 % | n. v. | 4,9 % | 0,9 % | 1,4 % | 3,6 % | −1,5 % | 0,2 % | 3,9 % |
| 1990–1999 (10 J.) | −0,1 % | −4,6 % | 1,6 % | 0,4 % | 0,0 % | −1,0 % | −1,5 % | −1,1 % | −0,3 % | −1,4 % |
| 2000–2009 (10 J.) | −1,4 % | 1,7 % | −0,2 % | 6,6 % | 5,1 % | 3,9 % | 4,9 % | 6,2 % | 1,1 % | −3,4 % |
| Vermögensendwert (35 J.)* | 1,00 | 1,16 | n. v. | 4,04 | 2,01 | 1,95 | 2,58 | 1,49 | 1,20 | 1,08 |
| Risiko | | | | | | | | | | |
| Max. kumulativer Verlust** | −22 % | −38 % | −23 % | −32 % | −18 % | −30 % | −35 % | −40 % | −34 % | −45 % |
| Max. Verlustperi-ode*** | 15 | 20 | 17 | 9 | 9 | 11 | 12 | 25 | 10 | 19 |
| Über-/Unterbewer-tung**** | −15 % | −9 % | n. v. | +55 % | +40 % | +15 % | +29 % | +35 % | 0 % | −34 % |

Ohne Kosten und Steuern; *Datenquellen:* siehe Anhang

\*        → Vermögensendwert: siehe Erläuterung im Glossar.
\*\*      → Maximaler kumulativer Verlust: der maximale Verlust (Wertrückgang), der zu einem bestimm-ten Zeitpunkt im Betrachtungszeitraum bestand.
\*\*\*    Längste Verlustperiode in Jahren, an deren Ende die Immobilienpreise gleich hoch waren wie zu Beginn der Periode.
\*\*\*\*  Über- oder Unterbewertung Ende 3. Quartal 2009, gemessen an der historisch durchschnittlichen Bruttomietrendite (Kaltmiete); Quelle: *The Economist,* 02.01.2010.
\*\*\*\*\* Für Österreich Daten erst ab 1987 verfügbar (Rendite 1987–2009: 2,4 % p. a.), für Spanien Daten erst ab 1972 (Rendite 1972–2009: 4,2 % p. a.).

Kauf- und Verkaufskosten (in Deutschland durchschnittlich etwa 11,5 Prozent), die sich bei Halteperioden von unter 20 Jahren deutlich negativ auf die sogenannte Wertsteigerung nach Trans-aktionskosten auswirken.

■ Die inflationsbereinigte Wertsteigerung von Wohnimmobilien über die letzten 40 Jahre in Deutschland war exakt null. Von Anfang 1995 bis Ende 2009 verlor die durchschnittliche deutsche Wohn-immobilie bei Berücksichtigung der Inflation kumulativ 22 Prozent an Wert. Auch in der Schweiz war die Wertsteigerung über diesen 40-Jahres-Zeitraum mit 0,4 Prozent p. a. eher niedrig. Für Österreich lag die jährliche Wertsteigerung zwar höher, doch ist die Aussagekraft der österreichischen Zahlen eingeschränkt, weil die Datenserie nur die 23 Jahre seit 1987 umfasst und damit zu kurz ist, um daraus verlässliche Aussagen abzuleiten, ganz besonders wegen des oben erwähnten starken Zinsrückgangs in dieser Zeit.

- Im Betrachtungszeitraum verloren Wohnimmobilien inflationsbereinigt in sieben von zehn Ländern in der Spitze (das heißt kumulativ) 30 Prozent oder mehr an Wert (→ maximaler kumulativer Wertverlust), der Spitzenreiter Japan sogar 45 Prozent. Selbst im »risikoärmsten« Land in der Tabelle (Frankreich) betrug dieser maximale Verlust noch 18 Prozent. In Schweden belief sich die maximale »Nullrenditenperiode«, also die längste Periode mit einer Wertsteigerung von null, auf 25 Jahre, und in keinem der zehn Länder war sie kürzer als neun Jahre. Da es sich hier um »Indexzahlen« handelt, also um die durchschnittliche Wertentwicklung mehrerer Hundert oder sogar Tausender Immobilien, stellen diese Werte das Wertverlustrisiko einer Einzelimmobilie zu gering dar, vermutlich viel zu gering.[6] Ferner schließen die Zahlen den stets risikoerhöhenden Effekt einer Kreditfinanzierung nicht mit ein (siehe hierzu Abschnitt 2.5).

- Es ist wahrscheinlich, dass diese Wertsteigerungen – für alle zehn Länder zusammengenommen – nach oben verzerrt sind, also in den nächsten 30 Jahren noch niedriger sein werden. Warum? (a) Zum einen schließt diese Periode den seit 1900 einmaligen Zinsrückgang ab Anfang der 1990er Jahre bis 2009, der Immobilienpreissteigerungen begünstigte, mit ein.[7] Es solcher Zinssenkungstrend kann sich nicht noch einmal wiederholen, denn

---

6  Ein Vergleich: In den acht Jahren von Anfang 2000 bis Ende 2007 betrug der maximale kumulative Verlust der Siemens-Aktie 82 Prozent (August 2002), während der maximale Verlust des breit diversifizierten Aktienindex MSCI Eurozone nur bei 57 Prozent (April 2003) lag. Leider ist eine solche Vergleichsrechnung bei Einzelimmobilien mangels kontinuierlicher Bewertungsdaten nicht möglich.

7  Siehe Abbildung 5 in Abschnitt 5.3 und die dortigen Erläuterungen.

das derzeitige Ausgangsniveau (März 2010) ist bereits sehr niedrig und → nominale Zinsen können nicht unter null fallen. (b) Das Bevölkerungswachstum wird in den nächsten 30 Jahren in allen berücksichtigten Ländern niedriger ausfallen als im Durchschnitt der letzten 40 Jahre. (c) Aufgrund der von 2008 bis 2010 explosionsartig gestiegenen Staatsverschuldung in fast allen Ländern könnten die Realeinkommen in den nächsten zehn Jahren langsamer steigen als in der Vergangenheit. (d) In vielen Ländern, darunter zum Beispiel Frankreich, Großbritannien, Spanien und Italien, waren Wohnimmobilien Anfang 2010 nach den meisten Bewertungskriterien immer noch über ihrem historischen Durchschnitt bewertet, die Immobilienblase also noch nicht vollständig geplatzt. Doch man muss eigentlich gar nicht nach Gründen für diesen »Preispessimismus« suchen. Es genügt schon ein Vergleich der Wertsteigerungen in Tabelle 1 mit den 79 Jahren davor für die drei Länder, zu denen solche Daten vorliegen, um festzustellen, dass die Periode von 1970 bis 2009 historisch überdurchschnittliche Hauspreissteigerungen produzierte. Von 1891 bis 1969 betrug die Wertsteigerung in USA, Frankreich und Norwegen 0,3 Prozent p. a. und 0,07 Prozent p. a. (ungewichteter und gewichteter Durchschnitt), von 1970 bis 2009 dagegen 1,5 Prozent p. a. und 0,2 Prozent p. a. (ungewichtet und gewichtet).

Alles in allem besagen diesen Daten, dass die Wertsteigerung von Wohnimmobilien bei Berücksichtigung der Inflation und in sehr langfristiger Betrachtung etwa zwischen null und 0,8 Prozent pro Jahr liegt. In die Zukunft gerichtet lässt sich daraus eine erwartete reale Wertsteigerungsrate (→ erwartete Rendite) von Wohnimmobilien von ungefähr 0,4 Prozent p. a. berechnen. Für einen einzelnen Zehn- oder 20-Jahres-Zeitraum können die tatsächlichen Werte naturgemäß hiervon abweichen, doch sind solche Abweichungen im Vorhinein nicht zuverlässig prognostizierbar – weder für Immobilienprofis noch für private Haushalte.

Einer der Hauptgründe dafür, dass uns diese Werte als zu niedrig erscheinen, liegt darin, dass uns die Immobilienbranche, Banken

und Medien so gut wie nie inflationsbereinigte Zahlen zu Wertsteigerungen und Renditen von Immobilien und Wertpapieren präsentieren, sondern fast immer nominale Zahlen (das heißt einschließlich
Inflation). Nominale Zahlen sind jedoch für Zeiträume, die länger
als ein oder zwei Jahre zurückreichen, im besten Falle nutzlos und
in den meisten Fällen irreführend. Der Grund: Menschen können
den wertmindernden Effekt der Inflation mental und gefühlsmäßig
nicht einschätzen. Ein Beispiel: Ein Reihenhaus in Deutschland
kostete Anfang 1980 (umgerechnet) 100 000 Euro. Ende 2009, also
30 Jahre später, wird es für 158 000 Euro verkauft, die nominale
Wertsteigerung (inklusive Inflation) betrug absolut somit 58 000
Euro oder 1,54 Prozent pro Jahr (was der durchschnittlichen Wertsteigerung von Wohnimmobilien im fraglichen Zeitraum in Deutschland entsprach). Wie hoch lag nun die *reale* Wertsteigerung, also die
Wertsteigerung exklusive Inflation? Antwort: negative −0,6 Prozent
p. a. Die Inflation über diesen Zeitraum betrug in Deutschland 2,2
Prozent p. a., überstieg also die → nominale Wertsteigerung der Immobilie, woraus sich ein inflationsbereinigter Verlust ergibt. Unter
dem Strich verwandelt sich der Scheingewinn von 58 000 Euro in
einen tatsächlichen Verlust von 18 000 Euro – denn 158 000 Euro in
2009 hatten dieselbe Kaufkraft wie 82 000 Euro in 1980.

Das angesichts dieser eher ernüchternden Zahlen von Eigenheimbesitzern oft angeführte Argument »Mag ja alles zutreffen, aber
meine spezielle Immobilie ist eben eine positive Ausnahme« steht auf
wackeligen Beinen. Für jede überdurchschnittliche Immobilie muss
es eine unterdurchschnittliche geben, also eine Wertsteigerungsrate,
die noch schlechter ist als die hier ausgewiesenen. Und jene unter
uns, die – wie sich vielleicht erst nach 20 Jahren herausstellt – in ein
Eigenheim mit unterdurchschnittlicher Wertsteigerung investierten,
hatten ursprünglich gewiss eine andere Absicht. Ob uns das gefällt
oder nicht: Genauso wie bei Aktien- oder Anleiherenditen spielt auch
bei Immobilienrenditen der Zufall eine gehörige Rolle, und kein privater Immobilienkäufer kann von vornherein mit Gewissheit erwarten, zur überdurchschnittlichen Hälfte der Investoren zu gehören.
Man denke dabei an die globale Hauspreiskrise ab 2007, die welt-

weit unzählige Immobilienbanken sowie Hunderte von Millionen privater und gewerblicher Immobilieninvestoren in den Ruin gerissen hat, darunter zahlreiche vormals erfolgreiche »Profiinvestoren«. Im Januar 2010 setzten die US-Immobilienfirma Tishman Speyer und einer der weltgrößten Vermögensverwalter, Blackrock, gemeinsam eine Milliarde Dollar Eigenkapital beim Kauf der »Stuyvesant Town« in Manhattan (New York) in den Sand; die finanzierenden Banken verloren 2,6 Milliarden Dollar an Krediten. Die 11000 Wohnungen hatten innerhalb von drei Jahren fast 70 Prozent ihres Wertes verloren.

Die *Gesamtrendite* eines Immobilieninvestments ergibt sich aus der reinen Wertsteigerungsrendite zuzüglich der Bruttomietrendite und abzüglich der Nebenkosten (zum Beispiel Instandhaltungskosten) des Eigentümers. Bei einem Eigenheim ist das nicht anders. Hier tritt an die Stelle der Bruttomiete die eingesparte Miete, also jene Miete, die der Eigenheimbesitzer bezahlt hätte, wenn er dasselbe Objekt von einem Dritten gemietet hätte. Die Gesamtrendite einer Eigenheiminvestition ist natürlich höher als die hier dargestellte reine Wertsteigerungsrendite. Mit dieser Gesamtrendite beschäftigen wir uns in den folgenden Abschnitten. Dabei werden wir auch auf die Auswirkung einer Kreditfinanzierung auf die Immobilienrendite eingehen.

- Die langfristigen Wertsteigerungen von Wohnimmobilien sind weit niedriger als zumeist angenommen. Auf der Basis der historischen Daten beträgt die → erwartete reale Wertsteigerung von Wohnimmobilien etwa 0,4 Prozent p. a. Die verbreitete Überschätzung der langfristigen Wertsteigerung von Eigenheimen geht vermutlich auf eine Kombination von Faktoren zurück: Wir werden von der Inflation getäuscht, fallen auf von der Immobilienbranche, Banken und Medien selektiv ausgewählte historische Daten und Prognosen herein, lassen uns von unserem eigenen Wunschdenken manipulieren und kennen schlicht die historischen Daten nicht, weil sie so gut wie nie – anders als bei Aktien und Anleihen – in den Medien dargestellt werden.

**Merkbox**

■ In analoger Weise unterschätzen wir das Risiko negativer Wertschwankungen (Wertverluste) von Eigenheimen. Für diese Fehl-
wahrnehmung sind weitgehend die gleichen Ursachen verantwortlich wie für unsere Überschätzung der Wertsteigerungsraten.
Hinzu kommen hier noch die in den Medien gebetsmühlenartig
wiederholten Aussagen, denen zufolge Eigenheime – im Vergleich
zu Kapitalmarktanlagen – sichere, solide Sachwerte seien.

## 2.2 Kaufkosten und Nebenkosten von Wohnimmobilien

»Wegen der hohen Transaktionskosten im Immobilienmarkt
ist es für die meisten von uns nicht einfach, den Kauf eines
Eigenheims zu timen, um günstige Trends erfolgreich aus-
zunutzen.«

*Professor Robert Shiller*, Yale University

### (a) Kauf- und Verkaufskosten

Kauf und Verkauf einer einzelnen Wohnimmobilie verursachen im
Vergleich zu anderen Kapitalanlagen wie etwa Aktien, Anleihen
oder Investmentfondsanteilen hohe Kosten, im Fachjargon »Transaktionskosten«. Aus der Perspektive eines Immobilienkäufers fallen
zunächst Kaufkosten und später einmal Verkaufskosten an (Tabelle
2). Bei korrekter Berechnung der Rentabilität von Immobilieninvestments sind beide Positionen ins Kalkül zu ziehen, auch wenn
man zunächst nicht beabsichtigt, die Immobilie wieder zu veräußern, denn der realisierbare Zeitwert einer Immobilie aus Sicht
des Eigentümers ist stets der Zeitwert abzüglich seiner etwaigen
Verkaufskosten.

Tabelle 2: Die durchschnittlichen Kauf- und Verkaufskosten einer
Wohnimmobilie in Deutschland, Österreich und der Schweiz
(in Prozent des notariellen Kaufpreises)

| | Deutschland | Österreich | Schweiz |
|---|---|---|---|
| **Kaufkosten** | | | |
| Grunderwerbssteuer | 3,5%–4,5% | 3,5% | 1,7%** |
| Notargebühren | 1,1% | 2,4% | 0,5% |
| Grundbuchgebühren | 0,4% | 1,0% | 0,3% |
| Maklerkosten (inkl. MwSt.)[8] | 2,7% | 2,1% | – |
| **Summe** | 7,6% | 9,0% | 2,4% |
| **Verkaufskosten** | 2,7% | 2,1% | 4,3% |
| **Gewichteter Ø der Gesamt-kosten Kauf und Verkauf*** | 11,5% | 11,8% | 5,7% |

*Quelle:* www.globalpropertyguide.com (Stand: Okt. 2009)

\* Diese Zahl weicht von der einfachen Summe der in der jeweiligen Spalte genannten
   Kostenkomponenten etwas ab, weil es sich bei der Summenzeile um einen mit der Zahl
   der Transaktionen gewichteten Durchschnitt aus der möglichen Bandbreite dieser
   Kosten handelt, während die Kostenkomponenten in den Zeilen darüber ungewichtete
   Durchschnitte aus Minimal- und Maximalwerten darstellen. Für Deutschland nennt
   der Verband Deutscher Pfandbriefbanken (VDP) durchschnittliche Kauf- und Verkaufs-
   kosten von 12,4%.
\*\* Für die Schweiz variiert die Grunderwerbssteuer (Handänderungssteuer) von Kanton zu
   Kanton und entfällt in einigen Kantonen vollständig.

Die Gesamtkostensätze für die drei genannten Länder bewegen sich
insgesamt im internationalen Rahmen, was die folgenden Beispiele
für die Kauf- und Verkaufskosten illustrieren:[9] Italien 17 Prozent,
Frankreich 16 Prozent, Spanien 12 Prozent, USA 9 Prozent, Japan
8 Prozent, Großbritannien 5 Prozent, Dänemark 2 Prozent.

---

8   Wenn kein Makler beteiligt ist, entfällt diese Kostenposition. Allerdings werden in
    fast allen Ländern die meisten Immobilienkäufe über einen Makler abgewickelt.
    Die Maklerkosten können die hier angegebenen Durchschnittswerte beträchtlich
    überschreiten. Drei amerikanische Ökonomen veröffentlichten jüngst eine Studie,
    der zufolge der Verkauf über einen Makler nach Abzug der Maklergebühr (die
    in den USA typischerweise der Verkäufer zahlt) einen niedrigeren Nettopreis für
    den Verkäufer erbrachte als ein Verkauf über eine in der Untersuchungsregion
    populäre Immobilien-Website ohne Makler (Hendel u. a., 2007).
9   Alle folgenden Angaben von www.globalpropertyguide.com (Zugriff am 12.12.2009).

Obwohl wir kaum noch über die Höhe der Immobilientransakti-
onskosten nachdenken, wohl weil wir sie (mit Ausnahme der Mak-
lerkosten) als »gegeben« annehmen, fällt bei genauerer Überlegung
auf, dass diese Kosten in Deutschland und Österreich mit etwa 11
bis 12 Prozent das Zehn- bis Zwanzigfache der Transaktionskosten
für Finanzanlagen betragen. Bei einer Aktie oder Anleihe und auch
bei einem Index-Investmentfonds (ETF) liegen die Kauf- und Verkaufskosten selten über 0,6 Prozent.
Tabelle 3 veranschaulicht diesen Zusammenhang anhand eines
Beispiels. Es werden eine nominale Gesamtrendite (einschließlich Inflation) von 5,0 Prozent p. a. und Transaktionskosten (TK) für Kauf
und Verkauf von 11,5 Prozent unterstellt, wie sie für Deutschland
und Österreich typisch sind.

**Tabelle 3: Auswirkung von Transaktionskosten (TK) auf die erwartete
Gesamtrendite von Wohnimmobilien in Abhängigkeit von der Haltedauer**

| Angenommene Haltedauer pro Objekt | 5 Jahre | 10 Jahre | 20 Jahre | 30 Jahre |
|---|---|---|---|---|
| Anzahl bewohnte Objekte über 30 Jahre hinweg | 6 | 3 | 1,5 | 1 |
| Angenommene jährl. nominale Rendite exklusive TK* | 5,0% | 5,0% | 5,0% | 5,0% |
| Jährliche nominale Rendite inklusive TK | 2,5% | 3,7% | 4,4% | 4,6% |
| Vermögensendwert nach 30 J. (Startwert € 100 000) | € 208 000 | € 299 000 | € 360 000 | € 382 000 |
| TK-bedingter »Vermögensschaden« | 46% | 22% | 6% | 0% |

\* Nominale Gesamtrendite = → nominale Wertsteigerung + Bruttomietrendite –
lfd. Kosten. Vgl. auch Abschnitt 2.3.

Tabelle 3 veranschaulicht, wie schädlich sich Transaktionskosten
für diejenigen Immobilienkäufer auswirken, die das Objekt nur für
einen relativ kurzen Zeitraum halten. Wer beispielsweise alle fünf
Jahre in Deutschland oder Österreich eine neue Immobilie kauft,
hat nach 30 Jahren 46 Prozent seines andernfalls möglichen Vermögensendwertes in Transaktionskosten »versenkt« (im Vergleich zu
einem Eigentümer, der 30 Jahre in derselben Immobilie verbleibt).
Wer alle zehn Jahre verkauft und neu kauft, bei dem beziffert sich

der Schaden auf immer noch über 20 Prozent. Dieser relative Verlust ist übrigens unabhängig von der unterstellten Gesamtrendite vor Transaktionskosten; er fiele auch bei einer höheren oder niedrigeren angenommenen Rendite an. Die Quintessenz aus dieser Berechnung lautet, dass sich ein Immobilienkauf jedenfalls bei den in Deutschland und Österreich typischen Transaktionskosten von vornherein wohl nur dann lohnt, wenn ein potenzieller Immobilienkäufer mit sehr großer Wahrscheinlichkeit deutlich mehr als zehn Jahre in der Immobilie zu wohnen beabsichtigt.

## (b) Laufende Nebenkosten

Eine selbstgenutzte Immobilie verursacht laufende Nebenkosten; das sind in erster Linie – aber nicht nur – die Instandhaltungskosten. Tabelle 4 gibt einen groben Überblick über die relevanten laufenden Nebenkosten einer Wohnimmobilie. Hierbei bleiben Kosten für Energie, Wasser, Abwasser oder Müllentsorgung unberücksichtigt, denn sie treffen unterschiedslos sowohl einen Eigentümer als auch einen Mieter und können daher für diese Betrachtung ignoriert werden.

Zins und Tilgung werden bei der Ermittlung der reinen → Objektrendite zunächst einmal nicht berücksichtigt, denn in dieser Stufe geht es um die Rendite des Objektes selbst, unabhängig von seiner konkreten Finanzierung. Es wird also – unausgesprochen – eine 100-prozentige Eigenkapitalfinanzierung angenommen, genauso wie man bei der Renditeberechnung eines Investments in eine Aktie, eine Anleihe, einen Investmentfonds oder ein Sparbuch eine 100-prozentige Eigenkapitalfinanzierung annimmt. Auf die Auswirkung von Fremdfinanzierungskosten und deren Berücksichtigung in einer Kauf-oder-Miete-Entscheidung geht Abschnitt 2.5 ausführlich ein.

Gelegentlich kommt es hinsichtlich der Unterscheidung zwischen mietrechtlich umlagefähigen und nicht umlagefähigen Nebenkosten zu Missverständnissen. Die umlagefähigen Nebenkosten sind jene laufenden Kosten, die ein Vermieter seinem Mieter gesondert in

**Tabelle 4: Laufende Nebenkosten einer selbstgenutzten Wohnimmobilie.
Alle genannten Kostensätze sind als grobe langjährige Durchschnittswerte zu
verstehen und beziehen sich auf den Zeitwert (Marktwert) der Immobilie**

| Kostentyp | Erläuterung |
| --- | --- |
| Instandhaltungs-kosten | Der Gebäudeteil (exklusive Grundstücksanteil) einer Immobilie unterliegt einem nutzungs- und zeitbedingten »Substanzverzehr« (Steuerdeutsch). Unterstellt man – etwas vereinfachend –, dass ein Wohngebäude eine wirtschaftliche Nutzungsdauer von 40 Jahren hat, dann impliziert das einen durchschnittlichen jährlichen Wertverlust von 2,5 Prozent auf den Gebäudeteil, bei 30 Jahren wirtschaftliche Nutzungsdauer wären das 3,3 Prozent pro Jahr. Diesen Substanzverzehr kann man durch laufende Instandhaltungsaufwendungen zum überwiegenden Teil ausgleichen, wenngleich nicht ganz auf null senken. »Sparen« oder »vermeiden« ist bei dieser Kostenposition nur in geringem Umfang möglich. Derjenige Teil der Abnutzung, der nicht durch laufende Instandhaltungsausgaben ausgeglichen wird, reduziert den Immobilienwert. Bei einer neuen Immobilie dürfte die Instandhaltungskostenquote in den ersten zehn Jahren niedriger, danach aber entsprechend höher ausfallen. Zwar ist der konkrete Wert letztlich gebäudespezifisch (ein 100 Jahre altes Baudenkmal ist anders zu betrachten als eine Neubauwohnung), aber realistischerweise dürfte diese Kostenposition kalkulatorisch nur selten weniger als 2 Prozent p. a. des Gebäudeteils der Immobilie betragen und auch Werte bis 3 Prozent p. a. sind nach Kauf einer in einem schlechten Zustand befindlichen Immobilie in Einzelfällen möglich. Im weiteren Verlauf dieses Buches nehmen wir einen durchschnittlichen Wert von 2,0 Prozent auf den Gebäudeteil an. Wer Reparaturen selbst vornimmt (und dafür hinreichend qualifiziert ist), kann unter Umständen eine reduzierte Kostenquote erzielen. |
| Grundsteuer | In Deutschland und Österreich ca. 0,05–0,10 Prozent p. a. des Zeitwertes der Immobilie. Der exakte Wert ist gemeindespezifisch. |
| Versicherungs-kosten | Die Höhe hängt vom Umfang des Versicherungspaketes und den speziellen Konditionen ab. Wir schätzen einen Näherungswert von 0,15 Prozent p. a. des Gebäudewertes der Immobilie. Eine Hausratversicherung ist hier nicht zu berücksichtigen, denn sie fällt für einen Mieter ebenfalls an. Auch die Kosten für eine etwaige Risikolebens- oder Restschuldversicherung sind zu bedenken, sofern diese wegen der Kreditfinanzierung abgeschlossen wurde und nicht bereits im Effektivzins des Immobilienkredites berücksichtigt ist. |
| Abgaben an die Kommune nach Baufertigstellung | Fallspezifisch. Treten nur in großen Abständen und unregelmäßig auf, werden aber oft unterschätzt. Betreffen in erster Linie freistehende Häuser und Reihenhäuser. |
| Abgaben an eine Hauseigentümer- oder Verwaltungs-gemeinschaft | Fallspezifisch; typischerweise nur bei Wohnungen im Unterschied zu Häusern. Laufende Rückstellungen für Reparaturen im Falle einer Hauseigentümergemeinschaft gehören in die Position »Instandhaltungskosten« (siehe oben). |
| Schätzwert für gesamte laufende Nebenkosten | Wir nehmen einen Gesamtwert von langfristig durchschnittlich etwa 2,1 Prozent p. a. an, bezogen auf den jeweiligen Gebäude(zeit)wert. Für eine konkrete Immobilie werden die tatsächlichen Ausgaben naturgemäß von Jahr zu Jahr stark schwanken und vor allem für neuwertige Immobilien in den ersten zehn Jahren niedriger, dafür aber später höher sein. |

Rechnung stellen kann, das heißt, sie sind für die Renditekalkulation eines Vermieters irrelevant, da durchlaufende Posten. Die nicht umlagefähigen Nebenkosten sind jene, die der Vermieter letztlich über die Miete selbst »in Rechnung stellt«, also durch die Miete deckt. Es ist naiv anzunehmen, wie es gelegentlich in den Medien geschieht, dass ein Vermieter auf den nicht umlagefähigen Kosten »sitzen bleibt«. Tatsache ist, dass sehr langfristig betrachtet die vereinnahmte Miete zuzüglich der gesondert in Rechnung gestellten umlagefähigen Nebenkosten alle Kosten decken muss, auch die nicht umlagefähigen. Wo das nicht der Fall ist, wird der Vermieter versuchen, irgendwann die Miete zu erhöhen, die Immobilie abzustoßen oder, falls andere Maßnahmen nicht greifen, die Immobilie nicht weiter zu vermieten. Im Falle eines Verkaufes und sofern eine Mieterhöhung aus bestimmten Gründen nicht möglich ist, wird der Verkaufspreis der Immobilie so weit fallen müssen, dass der neue Eigentümer eine gute Chance hat, die volle Kostendeckung einschließlich einer angemessenen Gewinnmarge zu erreichen.

Letztlich spielt es also für eine Renditebetrachtung keine Rolle, ob die entsprechende Kostenposition bereits in der angesetzten Miete enthalten ist oder gesondert abgezogen wird, vorausgesetzt man vergisst keine für den Eigentümer (Vermieter oder Selbstnutzer) relevanten Kosten und vermeidet andererseits Doppelzählungen. Kosten, die in identischer Höhe sowohl für einen Mieter als auch einen Selbstnutzer anfallen, wie zum Beispiel Strom und Wasser, brauchen in einer vergleichenden Kauf-oder-Miete-Analyse nicht berücksichtigt zu werden. Wichtig jedoch: Aus mehreren Gründen werden Nebenkosten von vielen potenziellen oder tatsächlichen Eigenheimbesitzern unterschätzt:

■ Die Instandhaltungskosten fallen in stark schwankender Höhe und zeitlich sehr unregelmäßig an. Daher wissen Eigenheimbesitzer typischerweise nicht, wie hoch die Instandhaltungskostenquote ihrer Immobilie im langfristigen Durchschnitt ist, obwohl diese Kosten im Mittel ohne weiteres ein Drittel der Höhe des Schuldendienstes ausmachen können.

- In den ersten Jahren nach dem Neubau oder dem Erwerb einer frisch renovierten Immobilie sind die laufenden Instandhaltungskosten besonders niedrig oder sogar null. Deswegen hört man von frischgebackenen Eigenheimbesitzern oft Aussagen wie die folgende: »Meine monatliche → Annuität ist nur 150 Euro höher als vorher meine Miete, und jetzt zahle ich in meine eigene Tasche.« Sie vergessen schlicht die Instandhaltungskosten, weil diese in den ersten Jahren kaum anfallen.

- Laufende Instandhaltungskosten sind nicht selten mit Verbesserungsinvestitionen vermischt, sind also manchmal zahlenmäßig nicht leicht von werterhöhenden Investitionen abzugrenzen.

- Häufig werden diese Kosten in den Prospekten und Publikationen von Banken, Bauträgern und Maklern aus offensichtlichen Gründen zu niedrig, also zu optimistisch angesetzt.

- Nicht zuletzt haben viele Eigenheimbesitzer eine unterbewusste Neigung, ihre Investition als eine schlaue Entscheidung darzustellen (in gleicher Weise, wie das der durchschnittliche Aktienanleger tut), und verdrängen daher einfach bestimmte Kosten.

**Merkbox**

- Im Vergleich zu Finanzanlagen verursacht ein Eigenheimkauf hohe Kosten für Kauf und Verkauf. Diese liegen in Deutschland und Österreich bis zu zwanzigmal so hoch, in der Schweiz bis zu zwölfmal so hoch wie die typischen Transaktionskosten von Finanzanlagen. Bei einer Renditekalkulation müssen sowohl Kauf- als auch Verkaufskosten berücksichtigt werden. Angesichts der Höhe dieser Kosten wird ein Eigenheimbesitzer, der sein Objekt vor Ablauf von etwa zehn bis 15 Jahren veräußert, voraussichtlich einen beträchtlichen Anteil seiner Investmentrendite einbüßen.

- Die laufenden Nebenkosten eines Eigenheims werden von Kaufinteressenten erfahrungsgemäß unterschätzt. Sie dürften in den meisten Fällen auf lange Sicht etwa 2 Prozent p. a. bezogen auf den Zeitwert der Immobilie betragen.

## 2.3 Mietrenditen und Gesamtrenditen von Eigenheimen

»Zwar existiert zu jedem gegebenen Zeitpunkt Unsicherheit
über die künftige Preisentwicklung von Eigenheimen, doch
deutet all unser Wissen auf enttäuschend niedrige nachhaltige
Preissteigerungen der meisten Eigenheime hin.«

*Professor Robert Shiller*, Yale University

In Tabelle 1 haben wir die historischen, inflationsbereinigten Wertsteigerungen von Wohnimmobilien in zehn Ländern, darunter
Deutschland, Österreich und die Schweiz, kennen gelernt. Diese
Wertsteigerungen sind vermutlich niedriger, als mancher Leser
erwartet hat. Wertsteigerungen allein entsprechen jedoch nicht der
Gesamtrendite von Wohnimmobilien. Hinzu kommen Mieteinnahmen, während laufende Aufwendungen abzuziehen sind. Hierbei besteht kein prinzipieller Unterschied zwischen vermieteten und selbstgenutzten Wohnimmobilien. Bei Letzteren entspricht die eingesparte
Miete den Mieteinnahmen im Falle einer Vermietung. Bezogen auf
eine bestimmte Periode, zum Beispiel ein Jahr, gelten für die Berechnung der Gesamtrendite einer Immobilie folgende Beziehungen:

(1) Gesamtertrag = Wertsteigerung + Bruttomiete – laufende Neben-
    kosten
(2) Gesamtertrag = Wertsteigerung + Nettomiete
(3) Gesamtertrag (in %) = Wertsteigerung (in %) + Nettomietrendite
    (in %)

Die Nettomietrendite ist die Bruttomiete (Kaltmiete) einer Periode,
zum Beispiel eines Jahres, abzüglich der im vorigen Abschnitt aufgeführten laufenden Nebenkosten, aber ohne etwaige Finanzierungskosten, dividiert durch den aktuellen Immobilienwert (nicht
jedoch den ursprünglichen Kaufpreis). Dieser Wert ist der durchschnittliche Wert während der betrachteten Zeitperiode oder, einfacher, der Wert am Ende der Periode. Vom Immobilienwert sollten
etwaige Verkaufskosten bereits abgezogen sein. Mit Ausnahme der
Ausgaben für Steuern besteht bei einer solchen Berechnung, wie ein-

gangs erwähnt, kein prinzipieller Unterschied zwischen Eigenheim und Vermietungsobjekt.

Wer nun die historische Entwicklung von Nettomietrenditen untersuchen möchte, stößt – anders als bei historischen Wertsteigerungsrenditen (»Preisrenditen«) von Wohnimmobilien – auf ein Datenproblem. Zum einen reichen die vorhandenen historischen Datenreihen für Mietrenditen oft nur wenige Jahre zurück, was kaum direkte Schlüsse auf die nachhaltige (für die langfristige Zukunft erwartete) Nettomietrendite zulässt, und zum anderen ist die Datenqualität gering; die Daten sind für Dritte nicht ausreichend nachvollziehbar und vergleichbar.[10] Was wir immerhin sehr klar wissen: Die Angaben in den Medien oder von Immobilienunternehmen und Banken zu den *augenblicklichen* Mietrenditen sind letztlich wertlos, denn diese Mietrenditen lassen sich weder auf die langfristige Vergangenheit noch auf die Zukunft anwenden. Dennoch werden historische Daten, zum Beispiel aus den letzten fünf Jahren, in der Immobilienbranche fast immer unbekümmert für in die Zukunft gerichtete Prognosen und Ertragsberechnungen verwendet – eine methodisch sehr fragwürdige Vorgehensweise. Wohin dieser Ansatz führen kann, zeigt der globale Immobilien-Crash von 2006 bis 2009, der die gesamte Weltwirtschaft in einen Abwärtsstrudel riss.

Zwar kommen wir um die Betrachtung historischer Daten nicht herum, wenn es darum geht, zukünftige Renditen zu schätzen, doch ist eine solche Übertragung vergangener Zahlen auf die Zukunft nur dann einigermaßen verlässlich, wenn die relevante Historie mehr als 20 Jahre umfasst. Hinzu kommt, dass in der Praxis Renditeprognosen für Immobilien häufig von Personen und Institutionen stammen, die einem Interessenkonflikt unterliegen, weil sie am Ver-

---

10 Das Datenproblem bei Bruttomieten sollte nicht verwundern, denn – anders als Immobilienpreise – sind Mietpreise Inhalte von Mietverträgen und für einen Außenstehenden nur selten einsehbar. Außerdem sind Mietverträge zu individuell; es fehlt eine Standardisierung, die jedoch Voraussetzung für eine objektive Datenerhebung im Sinne der Vergleichbarkeit wäre. Die historischen Mietstatistiken der nationalen Statistikbehörden helfen üblicherweise ebenfalls nicht weiter, denn diese Zahlen sind nicht auf entsprechende Immobilienpreisindizes bezogen, stellen also keine Mietrenditen dar.

kauf der Objekte verdienen. Damit besteht der Verdacht, dass sie schöngerechnet sind. Gebraucht wird hingegen ein möglichst langfristiger Durchschnittswert, der weder von kurz- und mittelfristigen Marktschwankungen beeinflusst noch von den Besonderheiten einzelner Datenerhebungen verzerrt ist und auch nicht von Personen errechnet wird, die einem Interessenkonflikt unterliegen – eine *nachhaltige* Mietrendite also. Diese wäre der aus heutiger Sicht beste Schätzwert für die durchschnittliche Mietrendite in den nächsten zehn bis 40 Jahren. Einen solchen Schätzwert nennen Fachleute die »erwartete Rendite«.

Da Mietrenditedaten, die 20 bis 40 Jahren zurückreichen, nicht existieren, stelle ich im Folgenden einiges Datenmaterial vor, von dem sich meines Erachtens zumindest ein grober nachhaltiger Schätzwert für die erwartete Nettomietrendite, also die langfristig durchschnittliche Nettomietrendite deutscher (und vermutlich auch Schweizer und österreichischer) Wohnimmobilien ableiten lässt. Zusammen mit den in den vorigen beiden Abschnitten dargestellten historischen Wertsteigerungen und Nebenkostenschätzungen erhalten wir so eine erwartete Gesamtrendite, die uns bei einer soliden und realistischen Kauf-oder-Miete-Berechnung helfen kann. Die große Bandbreite dieser Angaben nach oben sollte nicht verwundern, denn sie ist die natürliche Konsequenz des eingangs erwähnten Fehlens langfristiger Zeitreihen von zufriedenstellender Datenqualität.

- Die größte Immobilienindex-Gesellschaft in Europa, IPD (www. ipd.com), gibt für den Zeitraum von 1996 bis 2008 (13 Jahre) eine Nettomietrendite von 3,7 Prozent p. a. für Wohnimmobilien in Deutschland an. Da die realen Wohnimmobilienpreise in dieser Zeit nach Maßgabe der IPD-Zahlen kumulativ um 12 Prozent fielen, dürfte der 3,7-Prozent-Wert deutlich über dem langfristigen historischen Durchschnitt liegen.[11] Hinzu kommt, dass die diesen

---

11 Je niedriger die Immobilienpreise sind, desto höher sind die Mietrenditen. Wenn Immobilienpreise fallen, sinken Mieten nur in geringerem Maße. Umgekehrt ist es bei einem Anstieg der Immobilienpreise (schwächerer Anstieg der Mieten). Überdurchschnittlich niedrige Mietrenditen sind daher ein relativ verlässliches Zeichen

Daten zugrunde liegenden Immobilien gewerblichen Vermietern gehören, weswegen wir davon ausgehen, dass private Vermieter eine schlechtere Nettomietrendite hinnehmen müssten (siehe Abschnitt 3.7).

■ Für 2009 gibt die Immobilien-Website www.globalpropertyguide. com Bruttomietrenditen von durchschnittlich 4,6 Prozent p. a. für Wohnungen in Berlin, Frankfurt am Main und München an (5,8 Prozent und 5,5 Prozent für die größten Städte in der Schweiz und Österreich). Auch diese Werte waren vermutlich durch die in 2009 sehr günstigen Immobilienpreise in diesen Ländern – relativ zum langfristigen Durchschnitt – nach oben hin verzerrt. Selbst wenn wir diesen Aspekt einmal ignorieren und von den genannten Zahlen die geschätzten laufenden Nebenkosten von 2,1 Prozent abziehen (siehe voriger Abschnitt), ergibt das eine Nettomietrendite von etwa 3,2 Prozent p. a. im ungewichteten Durchschnitt der drei Länder.

■ Von dem Immobiliendienstleister BulwienGesa stammen die bekanntesten langfristigen Datenreihen zu Immobilienrenditen für Deutschland. Von 1975 (dem Beginn der Datenreihe) bis 2008 ergibt sich auf der Basis dieser Daten ein langfristiger historischer Durchschnitt für die Bruttomietrendite neuer Eigentumswohnungen von 3,9 Prozent p. a. (bis 1990 nur früheres Bundesgebiet). Die BG-Daten lassen keine entsprechenden Berechnungen für andere Wohnimmobilientypen zu, aber es steht zu vermuten, dass diese langfristig nicht stark hiervon abweichen. Zieht man unseren Schätzwert für die laufenden Nebenkosten von 2,1 Prozent ab, resultiert eine Nettomietrendite von 1,8 Prozent p. a.

■ Die Immobilien- und Anlagen-Leasing-Gesellschaft Accontis, eine Tochtergesellschaft der Landesbank Hessen-Thüringen, beziffert die Nettomietrendite für gewerbliche Investoren (gewerbliche Vermieter) deutscher Wohnimmobilien in einer Veröffentlichung aus dem Jahr 2003 pauschal auf »ca. 3–4 Prozent p. a.«.

---

teurer, überbewerteter Immobilienpreise und umgekehrt. Über Zeiträume von zehn und mehr Jahren bewegen sich die Veränderungsraten der beiden Größen (Mieten und Preise) in ähnlichen Größenordnungen.

- Die Buchautoren Herrling/Federspiel (2008, S. 12) beziffern die durchschnittliche Nettomietrendite für deutsche Wohnungen und Einfamilienhäuser auf »zwischen 3 Prozent und 4 Prozent« p. a. (dabei ist unklar, ob dieser Angabe Objekte von gewerblichen oder privaten Eigentümern zugrunde liegen).
- Die amerikanischen Finanzökonomen Davis/Lehnert/Martin (2007) nennen in ihrer Untersuchung zur Nettomietrendite selbstgenutzter Wohnimmobilien in den USA von 1960 bis 2005 einen Durchschnittswert von 4,6 Prozent. Wir können unterstellen, dass aufgrund ökonomischer und rechtlicher Unterschiede zwischen dem amerikanischen und dem deutschen Wohnimmobilienmarkt die entsprechenden Werte in Deutschland niedriger lagen.[12]
- Der Finanzautor William Bernstein (2010, S. 36 f.) schätzt für Wohnimmobilien in den USA eine Bruttomietrendite von 5 Prozent p. a., laufende Kosten von 3 Prozent p. a. und eine Nettomietrendite von 2 Prozent p. a.

Aus diesen Orientierungsgrößen leiten wir eine grob geschätzte nachhaltige Nettomietrendite in Deutschland für selbstgenutzte Wohnimmobilien von 2,8 Prozent p. a. ab (auf der Grundlage einer geschätzten, nachhaltigen Bruttomietrendite von etwa 4,9 Prozent abzüglich laufender Kosten von etwa 2,1 Prozent). Diese Nettomietrendite habe ich auch für die Schweiz und Österreich zugrunde gelegt. Die Gesamtrendite ergibt sich aus der Wertsteigerungsrendite und der Nettomietrendite. Die Zahlen in Tabelle 5 basieren dementsprechend auf den in Tabelle 1 angegebenen Wertsteigerungsrenditen, zu denen die besagten 2,8 Prozentpunkte addiert würde.

---

12 So ist das US-Mietrecht weitaus vermieterfreundlicher als das deutsche, und amerikanische Haushaltseinkommen lagen im fraglichen Zeitraum höher als deutsche. Beides trägt tendenziell zu höheren Mietrenditen bei.

**Tabelle 5: Inflationsbereinigte jährliche Gesamtrendite von Wohnimmobilien in Deutschland und der Schweiz, 1970–2009, und in Österreich, 1990–2009**

|  | Deutschland | Schweiz | Österreich* |
|---|---|---|---|
| 1970–2009 (40 Jahre) | 2,8 % | 3,2 % | n. v. |
| 1970–1979 (10 Jahre) | 4,7 % | 3,2 % | n. v. |
| 1980–1989 (10 Jahre) | 2,4 % | 7,2 % | n. v. |
| 1990–1999 (10 Jahre) | 2,7 % | −1,8 % | 4,4 % |
| 2000–2009 (10 Jahre) | 1,3 % | 4,5 % | 2,6 % |

Ohne Kauf- und Verkaufskosten; *Datenquellen:* siehe Anhang

* Für Österreich liegen nur Daten ab 1987 vor.

Wer glaubt, die von uns angenommene Nettomietrendite von 2,8 Prozent p. a. sei zu niedrig oder zu hoch, der mag die Differenz zwischen 2,8 Prozent und dem höheren (oder niedrigeren) eigenen Annahmewert den angegebenen jährlichen Gesamtrenditen in Tabelle 5 zuschlagen oder von ihnen abziehen. Bei niedrigeren Werten ist jedoch Vorsicht geboten: Die Tatsache, dass viele Immobilienmakler, Banken und Bauträger in ihren Prognoserechnungen zu Vermietungsobjekten höhere Werte für Nettomietrenditen ansetzen, darf man wohl getrost als nicht ernstzunehmende Verkaufsförderungsmaßnahme belächeln.

In den in Tabelle 5 genannten Werten sind Kauf- und Verkaufskosten nicht enthalten. Wie im vorigen Abschnitt erwähnt, senken diese Kosten die realisierte Mietrendite einer Wohnimmobilie in Deutschland oder Österreich bei einer Halteperiode von 20 Jahren um über einen halben Prozentpunkt, bei zehn Jahren um über einen Prozentpunkt.

- Die Gesamtrendite einer Wohnimmobilie für eine gegebene Periode, ob Eigenheim oder Vermietungsobjekt, ergibt sich aus der Wertsteigerung zuzüglich der Bruttomiete und abzüglich laufender Nebenkosten bezogen auf den Immobilienwert in der jeweiligen Periode.
- Für Brutto- oder Nettomietrenditen liegen kaum langfristige historische Daten vor, sodass man bei der Suche nach einem realistischen, nachhaltigen Wert letztlich auf eine grobe Schätzung angewiesen ist. Vieles deutet darauf hin, dass die Immobilienbranche Nettomietrenditen in den meisten Fällen zu hoch ansetzt. Das sollte nicht weiter verwundern, denn die Branche unterliegt einem Interessenkonflikt. Sie profitiert davon, wenn ihre Kunden die zukünftigen Nettomietrenditen überschätzen.

**Merkbox**

## 2.4 Renditen von Eigenheimen im Vergleich zu anderen Anlageklassen

»Ihr Erfolg oder Misserfolg beim Investieren wird letztendlich von Ihrer Fähigkeit abhängen, die Sorgen der Welt lange genug zu ignorieren, damit Ihr Investment Erfolg haben kann. Es ist in diesem Sinne also nicht der Kopf, sondern der Bauch, der Ihr Anlegerschicksal bestimmt.«

*Peter Lynch*, Fondsmanager-Legende

Im letzten Abschnitt haben wir die historischen Gesamtrenditen von Eigenheimen in den deutschsprachigen Ländern kennen gelernt. Betrachtet man die Kauf-oder-Miete-Abwägung – wie der Autor – als schwer auseinanderzudividierende Mischung von Lebensstil- und Investmententscheidung, so stellt sich die Frage, wie diese Gesamtrenditen im Vergleich zu alternativen Vermögensanlagen aussehen. In Tabelle 6 haben wir zu diesem Zweck die inflationsbereinigten Gesamtrenditen von Eigenheimen in fünf westlichen Ländern während der zurückliegenden 40 Jahre den Renditen einiger beispielhafter → Kapitalmarktinvestments gegenübergestellt.

Die Renditen der Wohnimmobilien beinhalten – genauso wie im vorhergehenden Abschnitt – die in Abschnitt 2.3 abgeleitete Nettomietrendite von 2,8 Prozent p. a., die zu den in Abschnitt 2.1 dargestellten Wertsteigerungsraten addiert wurde. Die in der Tabelle für deutsche, österreichische und Schweizer Eigenheime angegebenen Werte wurden aus Tabelle 5 übernommen. Bei den hier dargestellten Kapitalmarktanlagen sind die geschätzten laufenden Kosten und Steuern, die ein rein passiver → Buy-and-Hold-Anleger in Deutschland in diesem Zeitraum gehabt hätte, bereits abgezogen.

**Tabelle 6: Vergleich der inflationsbereinigten jährlichen Gesamtrendite von Wohnimmobilien in fünf westlichen Ländern mit Kapitalmarktanlagen, 1970–2009**

| | Wohnimmobilien | | | | | Kapitalmarktanlagen | | | |
|---|---|---|---|---|---|---|---|---|---|
| 1 | 2 | 3 | 4 | 5 | 6 | 7 | 8 | 9 | 10 |
| | Wohnim- mob. Deutsch- land | Wohnim- mob. Schweiz | Wohnim- mob. Öster- reich** | Wohnim- mob. USA | Wohnim- mob. Japan | Gold | Deutsche mittelfr. Staatsanl. (RexP-Index) | 50/50 Dt. mfr. Staatsanl. / europ. Aktien 1*** | 50/50 Dt. Staatsanl. / europ. Aktien 2**** |
| Währung | EUR | CHF | EUR | USD | YEN | EUR | EUR | EUR | EUR |
| 1970 bis 2009 (40 J.) | 2,8 % | 3,2 % | n. v. | 3,3 % | 3,0 % | 2,7 % | 3,2 % | 3,8 % | 4,7 % |
| 1970 bis 1979 (10 J.) | 4,7 % | 3,2 % | n. v. | 4,0 % | 4,7 % | 17,8 % | 1,3 % | −1,8 % | 0,8 % |
| 1980 bis 1989 (10 J.) | 2,4 % | 7,2 % | n. v. | 3,0 % | 6,7 % | −8,0 % | 4,0 % | 8,7 % | 9,1 % |
| 1990 bis 1999 (10 J.) | 2,7 % | −1,8 % | 4,4 % | 2,5 % | 1,4 % | −5,1 % | 4,5 % | 8,4 % | 7,4 % |
| 2000 bis 2009 (10 J.) | 1,3 % | 4,5 % | 2,6 % | 3,6 % | −0,5 % | 8,3 % | 3,1 % | 0,2 % | 1,8 % |
| Vermögensendwert (35 J.)* | 2,61 | 3,03 | n. v. | 3,08 | 2,86 | 2,56 | 3,04 | 3,68 | 5,00 |

Ohne Kauf- und Verkaufskosten, die für Wohnimmobilien beträchtlich höher sind als für Kapitalmarktanlagen (siehe Abschnitt 2.2).

*     Vermögensendwert nach 35 Jahren (siehe Erläuterung im Glossar)
**    Für Österreich liegen nur Daten ab 1987 vor.
***   50 % deutsche mittelfristige Staatsanleihen (→ RexP-Index) und 50 % MSCI-Europa-Aktienindex (westeuropäische Standardwerteaktien). Siehe hierzu Kapitel 4.
****  Dieses Portfolio besteht (wie dasjenige in Spalte 9) zur Hälfte aus deutschen mittelfristigen Staatsanleihen. Der Aktienteil (die andere Hälfte) ist jedoch ein klein wenig komplexer als im Spalte-9-Portfolio. Er besteht zu drei gleichen Teilen aus westeuropäischen Standardwerteaktien, Nebenwerteaktien und → Substanzwertaktien. Siehe hierzu Kapitel 4.

Bei den Wertpapieranlagen (Spalten 7 bis 10) wurden geschätzte laufende Nebenkosten (1,4 Prozent p. a. für Aktien(-fonds), 0,5 Prozent p. a. für Gold, 0 Prozent p. a. für Staatsanleihen) und Steuern (20 Prozent für Zinsen und Dividenden) berücksichtigt. Auf Kursgewinne, die im fraglichen Zeitraum in allen drei deutschsprachigen Ländern eintraten, wurden keine Steuern berechnet. Natürlich treffen diese Schätzgrößen für Kosten und Steuern nicht auf jeden einzelnen Anleger zu, doch dürften sie wohl nicht allzu weit von den Werten für einen durchschnittlichen Haushalt abweichen. Freibeträge, die die effektive Steuerbelastung vor allem in der Anfangsphase eines »Sparerlebens« deutlich senken, sind hier letztlich nicht berücksichtigt. Selbst nach Einführung der Abgeltungssteuer in Deutschland Anfang 2009 ergibt sich für realisierte Aktienkursgewinne durch die »nachgelagerte« Besteuerung über einen Zeitraum von 35 Jahren eine Halbierung des effektiven Steuersatzes; Kursgewinne aus »Altanlagen« bleiben steuerfrei (siehe Abschnitt 3.4).

Welche Schlussfolgerungen können wir aus dieser Tabelle ableiten?

- Bei Wohnimmobilien (Spalten 2 bis 6) beträgt die langfristige reale Gesamtrendite (also die Rendite einschließlich der eingesparten Miete und abzüglich laufender Kosten) im Durchschnitt der fünf Länder knapp 3 Prozent p. a. (Hier sind jedoch die beträchtlichen Kauf- und Verkaufskosten von Wohnimmobilien nicht berücksichtigt, die sich insbesondere bei Halteperioden von weniger als 20 Jahren spürbar renditeschädlich auswirken würden.) Über einen Zeitraum von 40 Jahren wuchs so ein anfängliches Investment von einer Geldeinheit auf 2,6 bis 3,0 Geldeinheiten. Diese Zahlen unterstellen, dass die Immobilie – genauso wie die in der Tabelle aufgeführten Kapitalmarktanlagen – mit 100 Prozent Eigenkapital finanziert wurde. (Auf den Renditeeffekt von Fremdkapitalfinanzierungen gehen wir im folgenden Abschnitt ein.)
- Gold (Spalte 7) ist, trotz des »Gold-Hype« seit 2005, die unattraktivste aller in der Tabelle aufgeführten Asset-Klassen. Zum einen sind die noch längerfristigen Renditen von Gold niedriger

als diejenigen während der letzten 40 Jahre.[13] Zum anderen besitzt Gold, gemessen an seinem vergleichsweise geringen Ertrag, ein viel zu hohes Wertschwankungsrisiko, das sogar dasjenige der ertragreicheren Asset-Klasse Aktien erreicht oder übersteigt. Ein Beispiel: Von August 1980 bis Juli 1989 brach der Goldpreis real um brutale 76 Prozent ein (in DM/Euro) und lag im Dezember 2009 trotz des starken Anstiegs seit 2005 in Euro gemessen real immer noch 35 Prozent unter dem historischen Spitzenwert von vor 29 Jahren. Bei Gold zeigt es sich besonders gut, dass Renditebetrachtungen, die nicht wenigstens 20 Jahre zurückreichen, für auf die Zukunft gerichtete Anlageentscheidungen nutzlos sind.

- Staatsanleihen (Spalte 8), hier dargestellt durch den deutschen Staatsanleihenindex → RexP (Anleihen mit einer Laufzeit von etwa 5 Jahren), lieferten im Betrachtungszeitraum eine reale Rendite nach Steuern und Kosten, die etwa derjenigen von Eigenheimen entsprach.[14] Dabei muss man allerdings berücksichtigen, dass solche Staatsanleihen sowohl hinsichtlich ihres Risikos (Häufigkeit negativer Wertschwankungen) als auch hinsichtlich ihrer Liquidität einer Wohnimmobilie deutlich überlegen sind.

- Das einem teilweise kreditfinanzierten Eigenheim in puncto Risiko hingegen gut vergleichbare → Portfolio in Spalte 9 ist eines, das ungefähr hälftig aus mittelfristigen Staatsanleihen und westeuropäischen Standardwerteaktien besteht.[15] Ein solches Portfolio erzielte in den letzten 40 Jahren eine reale Rendite von 3,8 Prozent (einschließlich Kosten und Steuern), also um etwa 40 Prozent mehr als das durchschnittliche deutsche Eigenheim. Der → Vermögensendwert eines Investments von einem Euro betrug nach

---

13 Die reale Goldpreisrendite in USD von Anfang 1890 bis Ende 2009 betrug 0,6 % p. a. (ohne Kosten).

14 US-Staatsanleihen mit einer Laufzeit von etwa fünf Jahren lieferten von 1927 bis 2009 eine reale (USD-)Rendite von etwa einem dreiviertel Prozentpunkt weniger. Längerfristige Staatsanleihen haben etwas höhere Renditen, schwanken jedoch stärker im Wert.

15 Am Beginn einer Eigenheiminvestition, wenn die Fremdfinanzierungsquote noch sehr hoch ist, mag das Risiko höher sein als dasjenige des Wertpapierportfolios; am Ende, wenn der Kreditanteil sehr gering ist, niedriger.

einer Anlegergeneration von 35 Jahren 3,68 Euro gegenüber 2,61 Euro für ein Eigenheim in Deutschland, wiederum unter Berücksichtigung von Kosten und Steuern. Die Liquiditätsvorteile dieses Portfolios gegenüber einer Wohnimmobilie sind dieselben wie für das RexP-Portfolio. Auf die Details der Risikobeurteilung gehen wir gesondert in Abschnitt 2.7 ein. Wie dieses Portfolio, das weder spezielle Aktien- oder Anleihenexpertise noch aktives → Traden (Handeln) erfordert und simpler ist, als es auf den ersten Blick erscheint, umgesetzt werden kann, erfahren wir in Kapitel 4.

■ Ein etwas anspruchsvolleres 50/50-Portfolio aus Staatsanleihen und Aktien ist in Spalte 10 dargestellt. Anders als im Spalte-9-Portfolio besteht der Aktienteil hier aus drei Komponenten, um die Rendite etwas zu erhöhen. Dennoch ist auch dieses Portfolio einfach umzusetzen und erfordert keine Wertpapierexpertise (siehe Kapitel 4). Diese Anlage erzielte in den letzten 40 Jahren nach geschätzten Steuern und Kosten eine reale Rendite von 4,7 Prozent p. a. gegenüber 2,8 Prozent p. a. für das durchschnittliche deutsche Eigenheim. Der Vermögensendwert eines Investments von einem Euro betrug 5,00 Euro gegenüber 2,60 Euro für ein Eigenheim in Deutschland. Die Liquiditätsvorteile im Vergleich zu einer Wohnimmobilie sind analog zu den beiden vorgenannten Kapitalmarktportfolios.

Insgesamt hat uns dieser Vergleich gezeigt, dass die Gesamtrenditen von Eigenheimen in den fünf betrachteten Ländern während der vergangenen 40 Jahre niedriger lagen als diejenigen zweier im Risiko vergleichbarer, simpler Wertpapierportfolios aus Anleihen und Aktien und sogar eines weit risikoärmeren Wertpapierportfolio, das vollständig aus Staatsanleihen besteht. Die Kennzahl des Vermögensendwertes illustriert, dass aufgrund des Zinseszinseffektes bereits relativ geringe Renditeunterschiede große Abweichungen beim Endvermögenswert verursachen.

Alle beschriebenen Kapitalmarktanlagen sind liquider als eine Immobilie. In der Finanzökonomie spricht man gelegentlich vom »magischen Dreieck« des Investierens – gemeint ist, dass jedes Investment eine spezielle Kombination aus (a) Rendite (nach Kosten und Steuern), (b) Risiko und (c) Liquidität repräsentiert. Liquidität beschreibt, salopp gesagt, die Frage: »Wie schnell komme ich ohne Abschlag vom gegenwärtigen Marktpreis an mein Geld?« Unter sonst gleichen Umständen muss ein weniger liquides Investment aus der Sicht eines rationalen Anlegers diesen Liquiditätsnachteil durch eine höhere Rendite kompensieren. Umgekehrt darf ein liquideres Investment unter sonst gleichen Umständen eine niedrigere Rendite besitzen.

Eigenheime sind – das ist keine Übertreibung – extrem illiquide Investments. Ein Verkauf binnen weniger Tage, bei einem börsennotierten Investment jederzeit problemlos möglich, ist ausgeschlossen. Ein rascher Eigenheimverkauf führt je nach Marktphase zu einem Abschlag von 10 Prozent bis 30 Prozent zuzüglich Transaktionskosten von 1 Prozent bis 4 Prozent. Wer ohne Abschlag verkaufen will, muss sich typischerweise mehr als ein Jahr gedulden, bevor er über sein Geld verfügen kann. In den meisten Kauf-versus-Miete-Rechnungen im Internet, in Medienartikeln oder von Banken und Vermögensberatern werden Staatsanleihen undifferenziert einem kreditfinanzierten Eigenheim gegenübergestellt. Wer das tut, vergleicht Äpfeln mit Birnen. Ein reines Staatsanleihenportfolio ist weitaus risikoärmer und weitaus liquider als eine Wohnimmobilie.

Bei solchen Renditevergleichen lassen sich manche Betrachter immer wieder von der Frage verwirren, wie die eingesparte Miete rechnerisch korrekt zu berücksichtigen sei. Aus dieser Verwirrung speist sich der Einwand, dass der Kapitalmarktanleger ja noch Miete zu zahlen habe, der Eigenheimbesitzer jedoch nicht, und daher der Vergleich hinke. Dieser Einwand ist falsch, denn der Vorteil des Eigenheimbesitzers aus der eingesparten Miete ist in dem Vergleich bereits berücksichtigt. Die Miete von dem Investmentertrag des Mieters abzuziehen, käme einer Doppelzählung gleich. Der Sachverhalt wird klarer, wenn man das Pferd anders herum aufzäumt, das heißt den Vergleich konzeptionell folgendermaßen anstellt: Beim Eigenheimbesitzer wird die eingesparte Nettomiete (eingesparte Bruttomiete abzüglich laufender Nebenkosten) *nicht* berücksichtigt, aber dafür wird beim Mieter die Miete vom Ertrag seiner Kapitalmarktanlagen abgezogen. Diese Vorgehensweise führt zum gleichen Ergebnis. Abschnitt 3.1 widmet sich speziell diesem Gesichtspunkt, der immer wieder zu Konfusion führt.

Unser Vergleich unterstellt, dass alle Investments ausschließlich mit Eigenkapital finanziert wurden. Das ist zwar bei Kapitalmarktanlagen von Privathaushalten die Regel, aber nicht bei Wohnimmobilien. Wie eine Kreditfinanzierung die Eigenheimrendite beeinflusst, werden wir uns im nächsten Abschnitt ansehen.

> ■ Aus der Kombination historischer Hauspreissteigerungen und einer plausiblen, jedoch geschätzten Nettomietrendite (dem Nutzen aus der eingesparten Miete abzüglich der laufenden Kosten) ergibt sich die historische Gesamtrendite für Eigenheime. Stellt man die auf diese Weise geschätzten historischen Gesamtrenditen selbstgenutzter Wohnimmobilien denjenigen von Kapitalmarktanlagen mit ähnlichem Risiko gegenüber, zeigt sich ein recht deutlicher Renditevorteil bei Kapitalmarktanlagen. Dieser führt langfristig zu einem höheren Vermögensendwert, obwohl der Kapitalmarktanleger während der Betrachtungsperiode Miete zahlt.

**Merkbox**

## 2.5 Die Auswirkung einer Kreditfinanzierung auf die Immobilienrendite

»Deutschland zählt zu den 20 [untersuchten] Ländern mit der schlechtesten Bevölkerungsperspektive. Dieser Befund ist keine gute Nachricht für die deutsche Immobilienwirtschaft.«

*Tobias Just*, Immobilienexperte bei der Deutschen Bank

In diesem Abschnitt werden wir uns mit der Rendite, die der durchschnittliche deutsche Eigenheimbesitzer in den letzten Jahrzehnten erzielt hat, befassen. Hierbei berücksichtigen wir – anders als in den vorhergehenden Abschnitten dieses Kapitels – auch eine Kreditfinanzierung, denn nur wenige selbstgenutzte Wohnimmobilien werden allein aus Eigenkapital finanziert.

Die durchschnittliche Wohnimmobilie in Deutschland ist mit etwa 30 Prozent fremdfinanziert, also mit rund einem Drittel ihres Zeitwertes durch einen Bankkredit belastet. Diese Zahl repräsentiert einen Durchschnittswert aus Immobilien, die komplett lastenfrei sind (weil der Immobilienkredit beispielsweise inzwischen getilgt ist), und Immobilien, die noch einen hohen Kreditanteil haben (weil die Finanzierung soeben erst aufgenommen wurde). Es liegt daher auf der Hand, dass eine etwaige Kreditfinanzierung bei der Berechnung einer Renditezahl zu berücksichtigen ist.

Zum Verständnis unserer Vorgehensweise lohnt es sich, die bisherigen Schritte kurz zu rekapitulieren:

*Schritt 1:* Zunächst haben wir die reinen Wertsteigerungsrenditen von Wohnimmobilien in zehn westlichen Ländern kennen gelernt (Abschnitt 2.1). Hierzu existieren relativ verlässliche historische Daten, die für acht der zehn betrachteten Länder mindestens 40 Jahre zurückreichen (Spanien 38 Jahre, Österreich 23 Jahre).

*Schritt 2:* Danach haben wir für Deutschland, Österreich und die Schweiz eine realistische Schätzung von (a) Transaktionskosten (Kauf- und Verkaufskosten) und (b) laufenden Nebenkosten eines Eigenheims (in erster Linie Instandhaltungskosten, Versicherung, Grundsteuer) vorgenommen.

*Schritt 3:* Schließlich haben wir die Bruttomietrenditen (Mietrenditen exklusive der laufenden Nebenkosten des Immobilieneigentümers) geschätzt. Es muss hier letztlich bei einer Schätzung bleiben, weil verlässliche und nachvollziehbare Mietrenditedaten, die länger als zehn Jahre zurückreichen, praktisch für kein Land existieren – jedenfalls nicht in öffentlich zugänglichen Datenbanken. Dennoch ist die Schätzung nicht einfach aus der Luft gegriffen, sondern basiert auf mehreren stichhaltigen Erkenntnissen der einschlägigen Literatur. Bei einem Eigenheimbesitzer entspricht die eingesparte Miete konzeptionell derjenigen, die ein Vermieter erzielen würde.

*Schritt 4:* Wir haben die in den ersten drei Schritten gesammelten Daten kombiniert und auf dieser Basis historische Gesamtrenditen für Eigenheimbesitzer in fünf Ländern ermittelt. Diese Gesamtrenditen unterstellen, dass die Immobilie voll aus Eigenkapital finanziert wird. Wir haben ihnen vier ausgewählte Kapitalmarktinvestments gegenübergestellt (Gold, Staatsanleihen und zwei simple Aktien/Anleihen-Portfolios), die ebenfalls rein aus Eigenkapital finanziert wären.

*Schritt 5:* In diesem Abschnitt unternehmen wir den fünften und letzten Schritt unserer »Eigenheimrenditestudie«. Dabei werden wir auf der Immobilienseite zusätzlich eine Standardkreditfinanzierung berücksichtigen, denn in der Tat werden ja die meisten Eigenheime mit einem (anfänglich) kleineren Teil Eigenkapital und einem größeren Teil Fremdkapital finanziert.

Bei einem teilweise kreditfinanzierten Investment unterscheidet man zwei Haupttypen von Rendite: die → Objektrendite und die → Eigenkapitalrendite. Erstere entspricht demjenigen Renditetyp, mit denen wir uns bisher befasst haben – also einer Rendite, die etwaige unterschiedliche Kapitalquellen (Eigenkapital, Fremdkapital) und deren abweichende Kosten ignoriert. Die Objektrendite hat den großen Vorteil, dass sie einen unkomplizierten Renditevergleich unterschiedlicher Objekte erlaubt, denn bei der Objektrendite spielt es keine Rolle, dass Objekt A mit 80 Prozent Fremdkapital finanziert wurde und Objekt B nur mit 50 Prozent oder sogar ganz ohne Fremdkapital. Auch mögliche Unterschiede bei den Kreditzinssätzen sind daher unerheblich. Der Nachteil der Objektrendite besteht darin, dass sie bei einem teilweise per Darlehen finanzierten Objekt keine belastbare Aussage darüber erlaubt, was der Investor (Eigenkapitalgeber) auf sein eingesetztes (»gebundenes«) Eigenkapital verdient hat, und das ist ja für ihn die Schlüsselfrage. Aus seiner Perspektive ist es zweitrangig, wie hoch die Objektrendite war. Ihn interessiert, wie sich sein eingesetztes Eigenkapital nach Bedienung der Fremdkapitalkosten verzinst.

Diese Eigenkapitalrendite haben wir in Tabelle 7 anhand von exemplarischen Beispielrechnungen für einen Eigenheimbesitzer in Deutschland während der zurückliegenden 40 Jahre errechnet. Dabei haben wir folgende Annahmen getroffen:

Wir kalkulieren fünf exemplarische Fälle. Im ersten Fall beginnt die Betrachtung Anfang 1970 (der früheste Zeitpunkt, für den historische Immobilien- und Kreditdaten für Deutschland vorliegen). Die Kreditnehmerin, nennen wir sie Heidi, kauft Anfang 1970 für sich und ihre Familie ein Haus zur Selbstnutzung. Dabei setzt sie 25 Prozent Eigenkapital ein und nimmt einen Kredit über 75 Prozent des Kaufpreises zuzüglich der Kaufkosten auf. Der Kredit hat eine vorgesehene Laufzeit von 30 Jahren. Heidi wählt für das gesamte Darlehen eine Zinsbindung von zehn Jahren. Ein Jahrzehnt später, Anfang 1980, nach Ablaufen der Zinsbindung, wählt sie abermals eine Zinsbindung von zehn Jahren. Dasselbe wiederholt sich 1990. Anfang 2000, nach 30 Jahren, hat Heidi ihren Kredit vollständig abbezahlt und verbleibt bis Ende 2009 in ihrem nun schuldenfreien Haus. Nun verkauft sie es zum Marktpreis. Wertsteigerung und Nettomietrendite (für die eingesparte Miete) entsprechen denjenigen, die wir in den vorhergehenden Abschnitten für den Zeitraum von 1970 bis 2009 genannt haben. Als Zinssätze verwenden wir die historischen Werte, die zu den jeweiligen Zeitpunkten galten (siehe Abschnitt 5.3).

Die anderen vier Fälle berechnen wir analog, mit dem Unterschied, dass der Kaufzeitpunkt jeweils fünf Jahre später lag. Daraus ergeben sich naturgemäß unterschiedliche historische Immobilienrenditen und unterschiedliche Zinssätze. (Auch hier haben wir stets Zehn-Jahres-Zinsbindungen unterstellt, also in Fall 2 beispielsweise die Zehn-Jahres-Zinsbindungssätze, die 1975, 1985 und 1995 galten.)

In den Fällen 4 und 5 reicht der Gesamtzeitraum, da er kürzer ist als die vorgesehene Kredittilgungszeit von 30 Jahren, nicht aus, den

Kredit voll zu tilgen (siehe Zeile »Restschuld Ende 2009«). Dieser
Umstand spielt jedoch für die Renditeberechnung keine Rolle. Es
wird in diesen Szenarien unterstellt, dass Heidi die Immobilie verkauft und die Restschuld aus dem Erlös zurückführt. Wir führen die
Berechnung einmal mit Kaufkosten von 7,5 Prozent und Verkaufskosten von 3,5 Prozent (den für Deutschland und Österreich in
etwa durchschnittlichen Größenordnungen) und einmal ohne diese
Transaktionskosten durch. Je kürzer die Betrachtungsperiode, desto
schädlicher wirken sich diese Kosten aus.

**Tabelle 7: Inflationsbereinigte Eigenkapitalrendite mit und ohne
Transaktionskosten (TK) eines durchschnittlichen Eigenheimbesitzers
in Deutschland für unterschiedliche Investitionszeitpunkte**

| | Fall 1 | Fall 2 | Fall 3 | Fall 4 | Fall 5 |
|---|---|---|---|---|---|
| Zeitraum | 1970–2009 | 1975–2009 | 1980–2009 | 1985–2009 | 1990–2009 |
| | (40 J.) | (35 J.) | (30 J.) | (25 J.) | (20 J.) |
| **Ohne TK:** | | | | | |
| Restschuld Ende 2009* | — | — | — | 17 % | 33 % |
| Reale Rendite p. a. (exkl. Inflation) | 2,0 % | 1,5 % | 0,5 % | 0,9 % | 0,4 % |
| Vermögensendwert** | 1,97 | 1,69 | 1,18 | 1,37 | 1,14 |
| **Mit TK:** | | | | | |
| Restschuld Ende 2009* | — | — | — | 17 % | 33 % |
| Reale Rendite p. a. (exkl. Inflation) | 1,7 % | 1,2 % | 0,1 % | 0,4 % | −0,3 % |
| Vermögensendwert** | 1.79 | 1.51 | 1.03 | 1.14 | 0,91 |

\*  Ausstehende Restschuld in Prozent des ursprünglichen Kredits
\*\*  Basierend auf einem hypothetischer Zeitraum von 35 Jahren (siehe Erläuterung im
   Glossar)

*Datenquellen:* siehe Anhang

Wenn unsere exemplarischen Berechnungen für den durchschnittlichen deutschen Eigenheimkäufer in den vergangenen 40 Jahren einigermaßen repräsentativ sind, so ergibt sich ein ernüchterndes Bild: Die realen Eigenkapitalrenditen bewegen sich für Zeiträume von 30 Jahren und weniger (Fälle 3 bis 5) unter 1 Prozent p. a. Das dürfte kaum mehr sein, als ein Sparbuch nach Steuern in diesem Zeitraum abwarf. Bei einer Betrachtungsperiode von weniger als 20 Jahren (später als 1990 einsetzend), die wir aus Platzgründen nicht mit abgebildet haben, wäre das Ergebnis trotz stark sinkender Zinsen während der zwei vergangenen Jahrzehnte noch enttäuschender, weil die Wertsteigerungen von Wohnimmobilien in Deutschland in den vergangenen 20 Jahren niedriger ausfielen als von 1970 bis 1990 und weil die Transaktionskosten bei einem kürzeren Betrachtungszeitraum mehr Schaden anrichten.

Hätte man statt der fixen Zinsen variable Zinssätze angewandt, wären die Renditen in den Fällen 1 bis 4 nur um etwa 0,2 Prozentpunkte höher ausgefallen; lediglich im Fall 5 hätte sich eine spürbare Verbesserung um 0,8 Prozentpunkte ergeben. Allerdings hätte ein Kreditnehmer mit einem vollständig variabel verzinslichen Kredit ein drastisch höheres Zinsänderungsrisiko getragen.

Die in der Vergangenheit in Deutschland zeitweilig existierende staatliche »Eigenheimzulage« oder etwaige zinsvergünstigte Darlehen staatlicher Förderbanken dürften zum einen nur einen Teil der Bevölkerung erreicht haben und zum anderen kaum hoch genug gewesen sein, um die hier errechneten Ergebnisse grundlegend zu beeinflussen. Auf die Zukunft bezogen ist ohnehin fraglich, ob ähnliche staatliche Subventionen angesichts der hohen Staatsverschuldung in Deutschland und anderswo wieder zu erwarten sind.

In Tabelle 6 (siehe voriger Abschnitt) hatten wir die langfristigen Renditen und Vermögensendwerte von zwei Wertpapierportfolios aufgeführt, die hinsichtlich ihres Risikos mit einem kreditfinanzierten Eigenheim vergleichbar sind. Ein Blick auf die dortigen Spalten 9 und 10 zeigt, dass auch ein kreditfinanziertes Eigenheim in den vergangenen 40 Jahren in Deutschland typischerweise zu einem niedrigeren Vermögensendwert geführt hat als eine unter Risikogesichtspunkten vergleichbare Kapitalmarktanlage. Der Unterschied zwischen Eigenheim und Kapitalmarktanlage fällt so deutlich aus, dass er erst verschwände, wenn man einige der in die Kalkulation eingeflossenen Schätzungen (Nettomietrendite aufseiten des Eigenheims, Steuern aufseiten der Kapitalmarktanlage) unrealistisch weit zugunsten des Eigenheims verschieben würde.

> ■ Eine typische Konstellation für eine kreditfinanzierte Wohnimmobilie hat in Deutschland in den vergangenen 40 Jahren zu einem deutlich niedrigeren Vermögensendwert geführt als eine dem Risiko nach vergleichbare Kapitalmarktanlage, obwohl der Kapitalmarktanleger während der Betrachtungsperiode Miete zahlt.

**Merkbox**

## 2.6 Schützen Wohnimmobilien vor Inflation?

»Ein genereller Inflationsschutz durch Immobilien lässt sich nicht nachweisen.«

*Udo Scheffel,* Chef der kommunalen GBW,
der größten Wohnungsbaugesellschaft Bayerns

»Im Kampf gegen eine mögliche Inflation bauen die Deutschen auf Häuser. In einer repräsentativen Umfrage des Meinungsforschungsinstituts Forsa gaben 54 Prozent der Befragten an, Immobilien würden am besten [unter allen Vermögensanlagen] gegen eine hohe Geldentwertung schützen.« Das berichtete die Zeitschrift *Focus* am 12.05.2009. Doch stimmt diese Meinung? Das Eingangszitat eines Praktikers, der es eigentlich wissen muss, lässt anklingen, dass die Mehrheit der Deutschen sich wohl täuscht. Dieser Irrtum hat vier Gründe: Zum einen fällt es Menschen generell schwer, den Zerrspiegel Inflation zu durchschauen – wir verwechseln Inflationseffekte mit tatsächlicher Wertsteigerung. Ökonomen sprechen von

der → Geldillusion. Ferner überschätzen wir die Wertsteigerung von
Immobilien (tatsächlich überschätzen wir die reale Rendite *aller*
Arten von Vermögensanlagen wie etwa Sparguthaben, Anleihen,
Aktien, Rohstoffe und Kapitallebensversicherungen, wie zahlreiche
Untersuchungen zeigen). Drittens *unter*schätzen wir den Renditevorsprung, den → Kapitalmarktanlagen wie etwa langfristige Staatsanleihen, Unternehmensanleihen und Aktien vor Wohnimmobilien
haben. Dieser Renditevorsprung wirkt sich aufgrund des Zinseszinseffektes langfristig geradezu dramatisch auf den Vermögensendwert
aus. Viertens missverstehen wir den wichtigen Unterschied zwischen
»erwarteter Inflation« und »unerwarteter Inflation«. Doch zunächst
einmal wollen wir feststellen, wie groß der Anteil der Inflation an
der sogenannten → nominalen Wertsteigerung von Wohnimmobilien
in Deutschland in den 40 Jahren seit 1970 war (Abbildung 3).

Die Abbildung zeigt, dass der größte Teil der Wertsteigerung
deutscher Wohnimmobilien über diese vier Jahrzehnte hinweg der
Inflation geschuldet war. Diese treibt zwar die Preise in die Höhe,
bedeutet aber keinen Kaufkraftzuwachs. Ein Euro (oder etwa 1,96
DM), Anfang 1970 in das typische deutsche Eigenheim investiert,
wuchs zwar bis Ende 2009 auf 3,10 Euro, doch der größte Teil dieser
scheinbaren Wertsteigerung war heiße Luft – denn das ist Inflation:
heiße Luft. Lässt man das Blähgas aus dem Ballon ab, verbleibt ein
realer Vermögensendwert von 0,99 Euro; übersetzt in eine jährliche
Wertsteigerung entspricht das negativen −0,02 Prozent p. a.

Natürlich kann man einwenden, dass die Gesamtrendite eines
Eigenheims oder einer vermieteten Immobilie nicht nur aus der
Wertsteigerung besteht, sondern aus der Wertsteigerung zuzüglich
der eingesparten Miete abzüglich aller laufenden Kosten, also der
Gesamtrendite. Wie hoch die reale Gesamtrendite von selbstgenutzten Wohnimmobilien in den deutschsprachigen Ländern seit 1970
war, haben wir in den vorhergehenden Abschnitten gesehen. Die
historischen Zahlen zeigen beispielsweise, dass über die vergangenen
40 Jahre das durchschnittliche Eigenheim in Deutschland sowohl
bei Betrachtung der reinen → Objektrendite (Rendite ohne Fremdfinanzierungseffekt) als auch der → Eigenkapitalrendite einen weit

**Abbildung 3: Nominaler und realer (inflationsbereinigter) Wertzuwachs deutscher Wohnimmobilien, 1970–2009 (indexiert)**

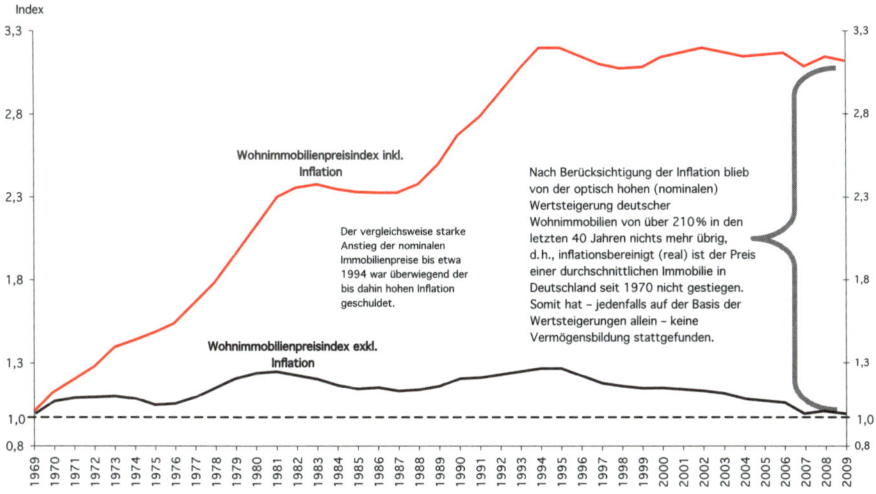

Index

Wohnimmobilienpreisindex inkl. Inflation

Der vergleichsweise starke Anstieg der nominalen Immobilienpreise bis etwa 1994 war überwiegend der bis dahin hohen Inflation geschuldet.

Wohnimmobilienpreisindex exkl. Inflation

Nach Berücksichtigung der Inflation blieb von der optisch hohen (nominalen) Wertsteigerung deutscher Wohnimmobilien von über 210% in den letzten 40 Jahren nichts mehr übrig, d.h., inflationsbereinigt (real) ist der Preis einer durchschnittlichen Immobilie in Deutschland seit 1970 nicht gestiegen. Somit hat – jedenfalls auf der Basis der Wertsteigerungen allein – keine Vermögensbildung stattgefunden.

Ohne Kaufkosten; *Datenquelle:* siehe Anhang

niedrigeren Vermögensendwert geliefert hat, als das bei alternativen Kapitalmarktanlagen mit etwa gleichem Risiko der Fall war. Selbst ein risikoärmeres Vergleichsportfolio aus mittelfristigen deutschen Staatsanleihen lieferte über einen 35-Jahres-Zeitraum einen höheren Vermögensendwert.

Ferner wird in der Inflationsschutzdiskussion stets ein Gesichtspunkt von kaum zu überschätzender Bedeutung übersehen: Bei einer Investitionsentscheidung kommt es lediglich auf die *zukünftige* Entwicklung an. Doch die sogenannte → erwartete Inflation ist in den zu einem gegebenen Zeitpunkt bestehenden Bewertungen (Preisen) aller Finanzanlagen bereits enthalten, seien dies Anleihen (und Zinsen), Aktien, Rohstoffe oder Immobilien. Daher schützen alle Finanzanlagen gleich gut vor *erwarteter* Inflation. Nominale Zinssätze (Zinsen einschließlich Inflation) entwickeln sich langfristig gesehen erstaunlich parallel zur Inflationsrate. Hohe Inflation bedeutet tendenziell hohe Zinsen und umgekehrt. Weil das so ist, schwanken die realen Zinsen (nominale Zinsen abzüglich Inflation) weit weniger als die nominalen Zinsen, von denen wir in der Zeitung lesen. Der Zinsmarkt ist »effizient« genug, um die erwartete Inflation in den nominalen Ertrag von Zinsanlagen einzupreisen und damit Inflationsschutz zu bieten. Ähnlich verhält es sich mit anderen Asset-Klassen wie zum Beispiel Wohnimmobilien.

Die oft gehörte Aussage »Inflation ist gut für Immobilien und noch besser für kreditfinanzierte Immobilien« ist daher Unsinn. Alle Anlagen (auch Nicht-Sachwerte wie Anleihen) schützen gleich gut vor der kollektiv vom Markt erwarteten Inflation. Und diese erwartete Inflation ist bereits in den jeweiligen Kreditzinssätzen enthalten. Ein Beispiel: Betrüge die erwartete Inflation heute 2 Prozent p. a. und die langfristigen Zinsen 7 Prozent p. a. und würde die Inflationerwartung des Marktes morgen auf genau 0 Prozent p. a. fallen, dann ergäben sich daraus keinerlei Konsequenzen für die Preise von Gütern wie Aktien, Immobilien und Anleihen. Lediglich die nominalen Zinsen fielen von 7 Prozent auf 5 Prozent, währen die realen Zinsen unverändert blieben (5 Prozent p. a.).

Letztlich geht es also bei der Frage des Inflationsschutzes um den Schutz vor *unerwarteten* Erhöhungen der Inflationsrate. Diese unerwartete Inflationsrate ist, wie ihr Name schon andeutet, nicht vorhersehbar. Genau so ist sie ja definiert. Wer bei der Frage des Inflationsschutzes verschiedener → Asset-Klassen keine Unterscheidung zwischen erwarteter und unerwarteter Inflation trifft, kann nicht zu verlässlichen Schlussfolgerungen kommen.

Trotz dieser altbekannten Fakten plappern die Medien seit Jahrzehnten unkritisch den von der Immobilienbranche behaupteten angeblichen Inflationsschutz durch Wohnimmobilien nach: »Wer der Geldentwertung Paroli bieten will, setzt auf deutsche Immobilien – Wohnungen und Häuser in erstklassigen Lagen« (*Focus*, 29.07.2009). Kompetente und kritische Berichterstattung sieht anders aus.

Auch wer Angst vor einer Hyperinflation oder gar einem Staatsbankrott hat, kann sich mit einem weltweit breit diversifizierten Wertpapierportfolio aus Aktien, Anleihen anderer Länder und eventuell Rohstoffen besser schützen als mit einer Einzelimmobilie in jenem Land, in dem man auch sein laufendes Einkommen bezieht.

- Bei genauerer Betrachtung ist die verbreitete Auffassung, dass Wohnimmobilien gut gegen Inflation schützen, nur in einer sehr engen, eher naiven Sichtweise richtig.

- Die reine Wertsteigerung von Wohnimmobilien nach Inflation war in Deutschland in den letzten 40 Jahren genau null und damit vermutlich nicht höher als die inflationsbereinigte Nachsteuerrendite eines Sparbuches. Somit haben deutsche Wohnimmobilienwerte über vier Jahrzehnte hinweg gerade einmal die Inflation ausgeglichen, aber nicht mehr.

- Auch in anderen Ländern und über weitaus längere Zeiträume als 40 Jahre hinweg liegt die inflationsbereinigte Wertsteigerung von Wohnimmobilien langfristig allenfalls zwischen 0 Prozent und 1 Prozent pro Jahr.

- Berücksichtigt man die eingesparte Miete, Steuern und einen typischen Fremdfinanzierungsanteil von 30 Prozent, dann haben in Deutschland seit 1970 risikoärmere Staatsanleihen die Rendite und damit den Vermögensendwert eines Eigenheims übertroffen. Konstruiert man ein simples 50/50-Portfolio aus Staatsanleihen und Aktien mit ähnlichem Risikograd wie eine teilweise fremdfinanzierte selbstgenutzte Wohnimmobilie, liefert dieses Vergleichsportfolio über eine Beispielszeitraum von 35 Jahren einen Vermögensendwert, der eineinhalb bis zwei Mal so hoch war wie derjenige der Immobilie (hierbei sind Kosten und Steuern berücksichtigt).

- Alle Asset-Klassen bieten Schutz vor der *erwarteten* Inflation, denn diese ist bereits in den aktuellen Bewertungen (Preisen) und erwarteten Renditen von Aktien, Anleihen, Gold sowie Immobilien eingepreist.

- Echter Inflationsschutz einer Vermögensanlage erschöpft sich nicht in einer langfristigen Nettorendite, die geringfügig über der Inflation liegt, sondern besteht in einer deutlich über der Inflation liegenden Realrendite. Nur so ist ein nennenswerter realer Vermögenszuwachs möglich. Gemessen am so verstandenen Inflationsschutz schneiden mehrere andere Asset-Klassen langfristig besser ab als Eigenheime.

**Merkbox**

## 2.7 Sind Eigenheime eine sichere Anlage?

»Die relative Stabilität von Eigenheimpreisen dürfte eine Illusion
sein – ermöglicht durch einen illiquiden Immobilienmarkt.
Die Marktwerte sind schlicht noch nicht weit genug gefallen.«

*The Economist*, 18.07.2009

Zwar weisen Eigenheime, wie wir inzwischen wissen, niedrige Renditen auf, doch immerhin gelten sie als sichere Anlagen. In der Tat ist die Vorstellung, Eigenheime böten Sicherheit oder anders ausgedrückt: ein geringes Risiko, für viele Bürger ein wichtiges Kaufmotiv. Wie die Immobilien- und Finanzbranche diese Vorstellung in ihrer Verkaufsförderung nährt, illustriert ein beispielhaftes, typisches Zitat: »Seit der Finanzkrise überlegen sich Anleger genau, wie sie ihr Vermögen anlegen. In der unsicheren wirtschaftlichen Situation gewinnen Sachwerte zunehmend an Attraktivität – allen voran die eigene Immobilie.« (*www.finanz-duell.de*, Zugriff am 25.01.2010)

In diesem Abschnitt werden wir zeigen, dass Eigenheime mehr Finanzrisiken in sich bergen, als uns die Immobilienbranche glauben machen will. Dazu werfen wir zunächst einen Blick auf historische Daten aus verschiedenen Ländern, die diese Risiken veranschaulichen. In einem zweiten Schritt gehen wir dann auf die Ursachen dieser Risiken ein.

In seinem Heft vom 16.06.2005 nannte der eingangs bereits zitierte *Economist* die globalen Preissteigerungen bei Wohnimmobilien in den vorangegangenen sieben Jahren »die größte Blase aller Zeiten«, größer als die Internet-Aktienblase von 1996 bis 2000 und auch als die Aktienblase von 1929, kurz vor Beginn der damaligen Weltwirtschaftskrise. Das Magazin sollte Recht behalten. Ab Mitte 2007 entwich die Luft aus der Blase, erst langsam, dann immer schneller – der globale »Housing-Crash« begann und riss die Weltwirtschaft in die schlimmste Rezession seit 80 Jahren. Nur eine in der modernen Geschichte fast einmalige Ausweitung der weltweiten Staatsverschuldung konnte verhindern, dass die Arbeitslosigkeit in den westlichen Ländern sich nicht mehr als »nur« verdoppelte (in den USA beispielsweise von 4 Prozent Ende 2006 auf 10 Prozent Ende 2009) und die Weltwirtschaft nicht noch stärker schrumpfte (−5 Prozent in Deutschland im Jahr 2009). Die nächste Generation wird diese Schulden im Wege höherer Inflation (Geldentwertung) oder höherer Steuern bezahlen müssen. Weil die deutschsprachigen Länder von diesem Hauspreis-Crash verschont blieben, neigen wir dazu, sein Ausmaß zu unterschätzen. Ende 2009 hatte Pressemeldungen zufolge jeder vierte Haushalt in den USA sein gesamtes in die Immobilie investiertes Eigenkapital (Anzahlung und alle Kredittilgungen) eingebüßt, also ein 100-Prozent-Verlust.

Tabelle 8 zeigt den inflationsbereinigten Wertverlust, den die durchschnittliche Wohnimmobilie im Dezember 2009 in neun westlichen Ländern erlitten hatte (gemessen an den nationalen Preisindizes für Wohnimmobilien). Greifen wir drei exemplarische Fälle heraus: Inflationsbereinigt kostete das durchschnittliche japanische Eigenheim Ende 2009 etwa 45 Prozent weniger als am Höchststand 1990. In den USA betrug der reale Wertverlust seit dem letzten inflationsbereinigten Höchststand der Wohnimmobilienpreise 32 Prozent, in Deutschland 21 Prozent, in der Schweiz 26 Prozent und in Österreich 20 Prozent. In Deutschland liegt der inflationsbereinigte Höchststand des Wohnimmobilienmarktes bereits 15 Jahre zurück (siehe Tabelle »Inflationsbereinigte Wertsteigerungen von Wohnimmobilien in zehn westlichen Ländern auf Jahresbasis« im Anhang).

Bei denjenigen Ländern, die in den letzten vier Jahren vom globalen »Housing-Crash« betroffen waren, hat der durchschnittliche Kreditnehmerhaushalt einen größeren Verlust auf sein Eigenkapital erlitten, als es die Tabelle andeutet. Das hängt mit dem → Leverage-Effekt (Kredithebeleffekt) zusammen. Beispiel Großbritannien: Hätte ein Kreditnehmer im dritten Quartal 2007, als die dortigen Hauspreise ihren historischen Höchststand erreichten, ein Haus gekauft und mit 40 Prozent Eigenkapital (Anzahlung + Kredittilgungen) und 60 Prozent Kredit finanziert, dann hätte er im April 2009

45 Prozent seiner Eigenmittel verloren, obwohl die Hauspreise bis dahin erst um 18 Prozent gefallen waren.[16]

**Tabelle 8: Inflationsbereinigter kumulativer Wertrückgang seit dem letzten preislichen Höchststand in verschiedenen nationalen Wohnimmobilienmärkten per Ende 2009, in nationaler Währung**

| | Japan | USA | Schweiz | Deutschland | Österreich | Irland | Großbritannien | Spanien | Frankreich |
|---|---|---|---|---|---|---|---|---|---|
| Histor. Höchststand und seitdem verstrichene Jahre | 1990 (19 Jahre) | 2005 (4 Jahre) | 1989 (20 Jahre) | 1994 (15 Jahre) | 1992 (17 Jahre) | 2006 (3 Jahre) | 2007 (2 Jahre) | 2007 (2 Jahre) | 2007 (2 Jahre) |
| Kumul. Verlust per Ende 2009 seit hist. Höchststand | – 45 % | – 34 % | – 26 % | – 22 % | – 20 % | – 32 % | – 15 % | – 13 % | – 10 % |
| Max. kumulativer Verlust 1970–2009 | – 45 % (2009) | – 34 % (2009) | – 38 % (1999) | – 22 % (2009) | – 23 % (2004) | – 32 % (2009) | – 35 % (1995) | – 32 % (1982) | – 18 % (1984) |

Ohne Kauf- und Verkaufskosten; *Datenquellen:* siehe Anhang

Dass Tabelle 8 keinen historischen Sonderfall darstellt, zeigen die Daten für Norwegen, Frankreich und die USA in der ersten Hälfte des 20. Jahrhunderts, die in Abbildung 2 dargestellt sind. Demnach betrug der maximale kumulative Verlust in den USA –47 Prozent (1921), in Frankreich –84 Prozent (1948) und in Norwegen –57 Prozent (1954). Die Finanzprofessoren Reinhart und Rogoff (2010) untersuchten diesbezüglich 19 Länder (davon acht Schwellenländer) in den letzten 40 Jahren. Der durchschnittliche maximale kumulative Verlust in der Ländergruppe lag bei 36 Prozent und dauert sechs Jahre. Wiederum wären diese Einbrüche bezogen auf das investierte Eigenkapital bei Berücksichtigung einer Kreditfinanzierung höher ausgefallen. Weil Einzelimmobilien stärker im Wert schwanken als ein nationaler Markt, wären diese maximalen Verluste auf Einzelobjektniveau weit gravierender.

---

16 Rechnerisch: Nomineller Wertverlust dividiert durch die Eigenkapitalquote, hier 18 % ÷ 40 % = 45 %. Das Jahr 2007 verzeichnete die höchste Zahl von Hauskäufen und Neubauten in Großbritannien, seit diese Zahlen statistisch erhoben werden.

Im Jahr 1999 lagen die Hauspreise in den USA real auf demselben Niveau wie 1895, also 105 Jahre zuvor. In Norwegen dauert die längste »Nullrenditeperiode« 99 Jahre. Ähnliche Preisstürze oder »Dürreperioden« dürften auch in anderen Ländern stattgefunden haben, doch fehlen uns hierzu leider die historischen Daten. Mit Blick auf die Zukunft fällt es schwer zu begründen, warum solche Verluste oder Stagnationsphasen nicht wieder auftreten sollten.

Warum hören wir so wenig von den finanziellen Risiken des Eigenheimbesitzes? Warum assoziieren wir das Eigenheim so ungefragt und uneingeschränkt mit Vokabeln wie »sicher« und »solide«? Dafür gibt es viele Gründe:

- *Unsere Vergesslichkeit:* Weil zwischen zwei Immobilienkrisen oft 15 oder 20 Jahre liegen, haben wir und die Medien die letzte Krise längst vergessen, wenn die nächste eintritt. Und vielleicht waren wir ja bei der vorhergehenden Krise noch keine Eigenheimbesitzer; in diesem Fall nützt uns der Preiseinbruch sogar.
- *Unser mangelndes Wissen um die Wirtschaftsgeschichte der letzten 100 Jahre:* Jede Aktienmarktblase, jeder Immobilien-Crash und jede Rezession der heutigen Zeit ist in den letzten 100 Jahren schon einmal dagewesen und vermutlich in schlimmerer Form. Wir könnten viel aus dieser Historie lernen, aber leider trifft auf die meisten unter uns wohl die Beobachtung des amerikanischen Philosophen George Santayana zu: »Wer die Vergangenheit nicht kennt, ist dazu verurteilt, sie zu wiederholen.«
- *Die Geldillusion:* Damit ist die menschliche Neigung gemeint, sich von Inflation blenden zu lassen (siehe das konkrete Rechenbeispiel zu einem deutschen Eigenheim in Abschnitt 2.1). Wir verwechseln Preisanstieg, der nur Inflation repräsentiert, mit echtem Wertanstieg.
- *Unsere Psyche:* Wir wollen einfach glauben, das Richtige getan zu haben. Diese spezielle Form der »Seelenpflege« betreiben wir umso stärker, je wichtiger und »größer« eine Entscheidung war. Ein Immobilienkauf ist die größte Investition im Leben der meisten Menschen. Um uns einzugestehen, dass sie vielleicht ein

ökonomischer Fehler war, fehlt uns der Mut.[17] Auch gelingt es uns mühelos, etwaige Wertverluste unseres Eigenheims (wenn wir sie denn erfahren wollen) mental »wegzurationalisieren«, nach dem Motto: »Wir wollen ja gar nicht verkaufen.«

- *Die Verwechslung von »nicht sichtbar« mit »nicht existent«:* Immobilieninvestoren unterschätzen das Risiko ihrer Anlage, da es sich einer laufenden Beobachtung entzieht. Weil wir die Wertschwankungen einer Immobilie nicht täglich in der Zeitung oder im Internet verfolgen können (wie das im Falle einer Aktie oder eines Investmentfonds der Fall wäre), schlussfolgern wir fälschlich, das Investment sei risikoarm. Doch ein Risiko sinkt oder verschwindet nicht deshalb, weil man es nicht sieht. Eine Bergwanderung im Hochgebirge bei dichtem Nebel ist nicht weniger riskant als eine bei Sonnenschein, obwohl man vielleicht manche gefährliche Stelle wegen der schlechten Sicht nicht erkennt.

- *Schönredner-Illusionen:* Die Finanz- und Immobilienbranche gaukelt uns das Märchen vom der sicheren Sachanlage, vom Betongold, vom soliden Schutz vor Inflation vor und wir glauben es bereitwillig. Gewiss ist ein Eigenheim, sofern und solange mit relativ moderatem Fremdkapitalanteil und langfristiger Zinsbindung finanziert, kein hochriskantes Investment. »Nicht hochriskant« heißt aber eben nicht »sicher«.

- *Die Fehlinterpretation von Hauspreisindizes:* Praktisch alle Hauspreisindizes bilden zwar die langfristige Preisrendite einigermaßen korrekt ab, nicht aber die Schwankungsintensität dieser Preise. Diese Schwankungsintensität oder → Volatilität erscheint in einem Hauspreisindex konstruktionsbedingt weitaus gedämpfter, als es bei den zugrunde liegenden Preisen in der Realität der Fall ist. (Eine solche Fehldarstellung gibt es bei einem Aktien- oder Anleihenindex nicht.) Der Index täuscht uns also Sicherheit und Stetigkeit vor, die nicht der Realität einer Einzelimmobilie ent-

---

17 Einem meiner Arbeitskollegen, der Anfang 2007 in London eine Eigentumswohnung gekauft hatte, bot Mitte 2009 eine Bank eine kostenlose Bewertung der Wohnung an. Er lehnte ab, weil er nicht wissen wollte, wie viel Geld er seit dem Kauf verloren hatte.

sprechen. Daher taugen Immobilienindizes nur sehr eingeschränkt zur Risikomessung. Da uns das nicht bewusst ist, schließen wir (und die Medien) irrtümlich von der recht stetigen Entwicklung des Index auf eine stetige Preisentwicklung einer Einzelimmobilie. Das Ganze wird noch verschlimmert, wenn wir – wie üblich – nominale Indizes betrachten, die nicht inflationsbereinigt sind. Näheres zum Thema Hauspreisindizes im folgenden Abschnitt 2.8.

Dieser Abschnitt und die vorangegangenen haben zweierlei gezeigt: (a) Wohnimmobilien sind riskanter, als wir gemeinhin annehmen, und (b) dieses Risiko nimmt mit steigendem Fremdfinanzierungsanteil rapide zu. Was können wir ganz konkret tun, um unser persönliches Risiko bei unserer Eigenheimfinanzierung zu minimieren? Den Immobilienzyklus – also Preisaufschwünge, -abschwünge oder sogar Crashes – vorhersagen zu wollen, ist für Privathaushalte aussichtslos. Gar nicht in ein Eigenheim zu investieren ist für viele von uns keine akzeptable Lösung. Die Einschränkung, nur mit 100 Prozent Eigenkapital zu kaufen, würde helfen, hieße aber, dass die meisten von uns erst nach 50 Jahren oder noch später zum Zuge kämen. Somit bleibt nur die Lösung: Fremdfinanzierung ja, aber so risikoarm wie möglich. Zur Umsetzung dieses Ziels liefert Kapitel 5 dieses Buches zahlreiche Hinweise.

> ■ Die pauschale Aussage »Wohnimmobilien sind sicher« ist genauso wahr wie die berühmt-berüchtigte Aussage »Die Rente ist sicher« des ehemaligen Arbeitsministers Blüm. Das Finanzrisiko von Wohnimmobilien ist größer, als uns Banken, Finanzberater und die Immobilienbranche seit jeher vorgaukeln. Wer diese Risiken versteht und ihnen aufgeschlossen »nachspürt«, der wird sie besser bewältigen als derjenige, der wie die meisten von uns nur den Kopf in den Sand steckt.

**Merkbox**

## 2.8 Warum Hauspreisindizes das Risiko von Eigenheiminvestitionen falsch darstellen

»Aus meiner Sicht verharmlost der Bewertungsprozess [von Immobilien] die Größenordnung der Veränderungen in den Objektwerten. Die tatsächliche Wertschwankungsbreite von Immobilieninvestitionen ist weit höher, als es die Standard-messzahlen anzeigen. Der Bewertungsprozess dürfte außerdem dazu führen, dass der Diversifikationsbeitrag von Immobilien in einem gemischten Portfolio aufgrund ihrer vorgeblich geringen Korrelation zu hoch ausgewiesen wird.«

*Roger Gibson,* Geschäftsführer von Gibson Capital Management und Autor eines Standardwerkes zu Asset-Allokation

Im vorigen Abschnitt 2.7 haben wir eine Reihe von Faktoren kennen gelernt, die uns das Risiko von Investitionen in ein Eigenheim unterschätzen lassen. Dieses Risiko ist – wie an vielen Stellen im Buch gezeigt – größer, als gemeinhin angenommen wird. Tabelle 8 (Abschnitt 2.7) und die Ausführungen danach geben eine gewisse Vorstellung von diesem Risikopotenzial. Sofern der Eigenheimbesitzer einen Immobilienfinanzierungskredit aufgenommen hatte, war der maximale Verlust, bezogen auf sein gebundenes Eigenkapital (Eigenmittelanzahlung und alle bisherigen Kredittilgungen), sogar noch stärker als in der Tabelle und den darauf folgenden längerfristigen Zahlen zu USA, Frankreich und Norwegen angegeben.[18]

Zu den zahlreichen Gründen, die uns das Risiko von Immobilieninvestitionen unterschätzen lassen, zählen auch die Immobilienindizes, die den historischen Statistiken in diesem Buch und der allgemeinen Medienberichterstattung zu Wohnimmobilien zugrunde liegen.[19] Diese Indizes zeigen die langfristige Wertsteigerung von

---

18 Ein Beispiel: Ein Hauspreisrückgang von 20 Prozent bedeutet bei einer → Eigenkapitalquote von 30 Prozent einen Verlust von 67 Prozent bezogen auf das Eigenkapital (20 % ÷ 30 %).

19 Die Methodik von Hauspreisindizes ist – im Vergleich zu Akteinindizes – sehr komplex. Die Hauptschwierigkeiten, die es dabei zu überwinden gilt, sind die

Immobilien korrekt an. Sie versagen aber, wenn es um die korrekte Abbildung der kurzfristigen *Schwankungen* der Immobilienwerte geht. Mit anderen Worten: Dieses Indizes haben eine konstruktionsbedingte Tendenz, Wertschwankungen nur gedämpft anzuzeigen. Daher dürften (a) die aus den Indizes abzulesenden Wertsteigerungsangaben bei kurzfristigen Perioden nicht zuverlässig richtig sein und (b) die Schwankungsintensität (also das Risiko) zu »milde« dargestellt werden. Uns interessiert hier in erster Linie Aspekt (b). Wie kommt es dazu?

- Die Bewertung der dem Index zugrunde liegenden Objekte findet nur in vergleichsweise großen Abständen statt. Je nach Index und Indexierungsmethode betragen dieses Abstände bis zu einem Jahr. Bei einem Aktien- oder Anleiheindex erfolgt die Bewertung hingegen täglich.[20] Je größer die Abstände zwischen zwei Datenmesspunkten (Bewertungen), desto geringer sind die über die Gesamtperiode ausgewiesenen Schwankungen (statistisch gemessen durch die sogenannte Standardabweichung oder → Volatilität). Ein simples Beispiel: Stellen Sie sich drei Messpunkte (Bewertungen) einer Immobilie vor, zwischen denen jeweils sechs Monate liegen. Die Werte (Preise) sind: 100, 90 und 105. Nehmen Sie nun an, dass der zweite Messpunkt (90) tatsächlich nicht berücksichtigt wird. Simsalabim! – die ausgewiesene Schwankung ist plötzlich weit geringer, obwohl sich in der Realität nichts verändert hat.

- Die Bewertungen (Immobilienpreise) repräsentieren bei vielen Indizes keine Marktpreise, sondern Gutachterwerte. Dabei ist

---

adäquate Berücksichtigung von (a) der »Abschreibung« (nutzungsbedingte Wertminderung), (b) der im Zeitablauf langsamen Qualitätsverbesserung neuer Immobilien (technischer Fortschritt) und (c) der Vergleichbarkeit unterschiedlicher Immobilien innerhalb des Index. Und all das muss zu vertretbaren Kosten und mit möglichst geringer Zeitverzögerung geschehen. Es existieren unterschiedliche Indexierungsmethoden, die diese technischen Probleme in verschiedener Weise lösen. Wir gehen darauf aus Platzgründen nicht genauer ein. Weitere Informationen finden sich auf en.wikipedia.org unter dem Stichwort »house price index«.

20 Streng genommen findet die Bewertung sogar minütlich statt, aber die veröffentlichten Datenreihen beinhalten typischerweise den Tagesendstand.

die Bewertungsmethode der Gutachter von vornherein darauf aufgelegt, nicht den augenblicklichen Marktwert zu ermitteln, sondern einen »langfristigen nachhaltigen« Wert, der kurzfristige Abweichungen nach oben und unten bewusst ausblendet, weil diese Schwankungen nicht als »nachhaltig« gelten. Genau diese kurzfristigen Abweichungen sind es jedoch, die bei einem echten Verkauf zu einem bestimmten Zeitpunkt den realisierten Preis bestimmen.

- Bei anderen Indizes fließen Bewertungsdaten von Institutionen oder Personen ein, die einem Interessenkonflikt unterliegen. Dazu gehören insbesondere Makler, die ein ökonomisches Interesse an möglichst hohen Preisen und geringen Preisschwankungen haben, weil ihre Vermittlungsprovision überwiegend vom Kaufpreis bestimmt wird. Starke Preisschwankungen nach unten wirken sich daher – kurzfristig – ungünstig auf ihr Geschäft aus. Ob der Wert aller Objekte, die über einen Maklerschreibtisch gehen, sowie die Veränderung dieses Wertes dem Indexersteller durchgängig korrekt gemeldet werden, ist daher zu bezweifeln.

- Anders als in den Märkten für Aktien, Anleihen und Rohstoffe sinkt das Transaktionsvolumen (die Anzahl der Käufe beziehungsweise Verkäufe) im Wohnimmobilienmarkt in einem Marktabschwung rapide. Der Grund: Schwächeln die Immobilienpreise, nehmen viele potenzielle Verkäufer ihr Objekt vom Markt, weil sie den Verkaufspreis, den sie erzielen wollten, nicht erreichen. Statt sofort zu verkaufen, wie ursprünglich geplant, warten sie mit ihrem Verkauf in der Hoffnung, dass sich in einem Jahr oder später ein besserer Preis erzielen lässt. Auch Käufer werden in einem Marktabschwung zögerlicher, weil sie hoffen, dass weiteres Zuwarten sich finanziell für sie auszahlen wird. In den eingangs genannten Kapitalmärkten für Aktien und andere Wertpapiere fehlt dieses Phänomen des Umsatzrückgangs im Abschwung. Entscheidend hierbei: Dieses rein »optische Glättungsphänomen« hilft einem Eigentümer, der verkaufen will oder muss, in keiner Weise. Der Wertverlust ist eingetreten, auch wenn ihn der Index nicht vollständig anzeigt.

- Manchem Index liegt kein repräsentativer Querschnitt aller Objekte zugrunde, sondern er spiegelt zum Beispiel nur kreditfinanzierte Objekte wider, weil die Bewertungsdaten aus den internen Kreditanträgen von Banken stammen. Die Objekte, die voll aus Eigenkapital finanziert werden oder denen Kredite zugrunde liegen, die von Privatpersonen stammen (zum Beispiel Familienmitgliedern), fließen nicht in einen solchen Index mit ein. Ein ähnliches, vielleicht sogar noch gravierenderes Problem existiert bei Indizes, die auf den bereits erwähnten Maklerdaten basieren. Immobilien, die ohne Einschaltung eines Maklers verkauft werden, fehlen in diesen Indizes. Da diese Immobilien tendenziell einen niedrigeren Preis erzielen,[21] besteht auch hier die Gefahr eines risikoverharmlosenden Datenverzerrungseffektes.
- Immobilienindizes berücksichtigen – wie auch Wertpapierindizes – keine Transaktionskosten. Bei einem Wertpapierindex fällt diese Nichtberücksichtigung über Zeiträume von unter zehn Jahren recht wenig ins Gewicht. Bei Immobilien hingegen wirkt sie sich aufgrund der sehr hohen Transaktionskosten bei Zeiträumen von unter 20 Jahren stark verzerrend aus.
- Ein Immobilienindex unterstellt, dass die zugrunde liegenden Immobilien »jederzeit« zum Marktpreis verkauft werden können. Das ist im Immobilienmarkt, anders als im Wertpapiermarkt, nur ausnahmsweise der Fall. Ein sofortiger Verkauf einer Immobilie (also ein Verkauf innerhalb von weniger als etwa drei bis sechs Monaten nach der Verkaufsentscheidung), wird in der Realität einen »Liquiditätsabschlag« erfordern.

Zum Schluss noch ein Einflussfaktor, der zwar keine unmittelbare Schwäche von Immobilienindizes darstellt, sich aber ähnlich risikoverharmlosend auswirkt. Die Medien wie auch private Haushalte neigen dazu, Indexdaten und damit die historische Schwankungs-

---

21 Dennoch kann der realisierte Nettoverkaufspreis für den Verkäufer auf Nettobasis höher sein als bei einer Transaktion mit Maklerbeteiligung, denn es fällt ja keine Maklerprovision an. Der in den Index einfließende Kaufpreis ist jedoch stets der Kaufpreis *exklusive* Kaufnebenkosten.

intensität von Immobilien von Jahr zu Jahr mit den Preisschwankungen eines »durchschnittlichen« Einzelobjektes zu verwechseln – ein Fehler, denn der Index bildet nicht die Wertschwankungen eines durchschnittlichen Objektes ab, sondern die durchschnittliche Wertschwankung Tausender Objekte. Das ist ein feiner, aber gravierender Unterschied. Es mag unter Hunderten oder Tausenden von Objekten kein einziges geben, das genau denselben Wertverlauf hat wie der Index. Anders formuliert: Ein Eigenheimkäufer investiert nicht in einen Hauspreisindex, der die durchschnittliche Wertentwicklung Tausender Immobilien repräsentiert, sondern in eine Einzelimmobilie. Ein Einzelobjekt weist über längere Phasen hinweg praktisch ausnahmslos höhere Wertschwankungen auf als der Durchschnitt einer großen Gruppe von Immobilien, bei denen sich die Extreme gegenseitig ausgleichen. Warum das eine wichtige Rolle spielt, zeigt eine Analogie zum Aktienmarkt: Selbst die risikofreudigsten Aktienanleger investieren niemals ihr gesamtes Vermögen in eine einzelne Aktie, sondern streuen ihre Anlage auf mindestens fünf oder zehn Aktien. Mit Investmentfonds ist es selbst bei kleinen Anlagebeträgen leicht möglich, sein Kapital buchstäblich auf Tausende von Aktien weltweit zu verteilen. Bei einem Eigenheim geht das nicht. Tatsächlich liegen die maximalen Wertverluste eines einzelnen Immobilienobjektes – grob geschätzt – um ein Drittel höher als diejenigen des relevanten Hauspreisindex.

**Merkbox**

- Fast alle Immobilienindizes haben konstruktionsbedingte Schwächen, die dazu führen, dass der Index die Wertschwankungen der zugrunde liegenden Immobilien unterzeichnet. Immerhin dürften die langfristigen Wertsteigerungsraten, die die Indizes anzeigen, zutreffen.
- Das Problem wird noch dadurch verschärft, dass Journalisten und Eigenheimbesitzer – mehr unterbewusst als bewusst – die Wertschwankungen eines Immobilienindex mit denjenigen eines »durchschnittlichen Einzelobjektes« verwechseln.

- Tatsächlich dürfte das durchschnittliche Einzelobjekt Wertschwankungen aufweisen, die denjenigen des relevanten Hauspreisindex um ein Drittel oder mehr übersteigt, und dieser Index weist seinerseits die Wertschwankungen konstruktionsbedingt meist zu gering aus.
- Wenn man ferner den risikoerhöhenden → Leverage-Effekt der bei Eigenheimen allgegenwärtigen Kreditfinanzierung in Betracht zieht, dann erscheint es plötzlich gar nicht mehr so erstaunlich, dass in einem der reichsten Länder der Welt, den USA, Mitte 2009 jeder vierte Haushalt 100 Prozent seines im Eigenheim gebundenen Eigenkapitals verloren hatte, weil die Immobilienpreise in vier Jahren um rund 32 Prozent einbrachen.

## 2.9 Kann man die Rendite eines Immobilienobjektes prognostizieren?

»Zuverlässige Vorhersagen zum Eigenheimmarkt sind ungeheuer schwer zu treffen.«

*Immobilien-Website www.globalpropertyguide.com,*
10.09.2009

Verkaufsprospekte von Bauträgern und Immobilienfondsgesellschaften, Interviews von Immobilienexperten, Medienartikel zu Wohnimmobilien, Beratungsgespräche von Bankkundenbetreuern und unsere immobilienbezogenen Gespräche bei Cocktailpartys – sie alle sind voll davon: Prognosen zu den künftigen Wertentwicklungen und Mietrenditen von Wohnimmobilien. Ebenso sind Kreditzinssätze stets beliebter Gegenstand von Vorhersagen, sowohl der Profis als auch der Amateure. In Anbetracht dieser Prognosen kann man daraus schließen, dass wir alle – wie selbstverständlich – glauben, dass zumindest die Experten wissen, wie die künftigen Renditen von

Immobilien und ihre Finanzierungskosten aussehen werden. Leider ist das ein fataler Irrtum:

*Die Annahme, Experten könnten kurz- und mittelfristige Immobilienrenditen oder -preise oder Zinsen zuverlässig so voraussagen, dass sich damit bei Berücksichtigung von Kosten, Steuern und Risiko eine gegenüber dem allgemeinen Markt überdurchschnittliche Rendite erzielen ließe, ist eine Fiktion – ein ohne jede Einschränkung falscher Irrglaube. Die Immobilienbranche und die Banken profitieren jedoch davon, dass private Immobilienkäufer an diese Fiktion glauben.*[22]

Selbstverständlich gibt es viele Prognosen, die sich später als richtig herausstellen. Genauso wie sich nach jeder wöchentlichen Lottoziehung bestätigt, dass einige Tipper die richtigen Zahlen »prognostiziert« haben. Die Richtigkeit einer Immobilienpreis- oder Zinsprognose, vor allem wenn man bedenkt, dass jeden Monat weltweit Tausende solcher Prognosen veröffentlicht werden, belegt für sich genommen nicht, dass der betreffende Prognostiker auch in Zukunft richtige Prognosen treffen kann. Genau das wäre jedoch Voraussetzung für eine ausreichend zuverlässige »Ausbeutung« solcher Prognosen durch einen Investor oder Eigenheimkäufer, also Voraussetzung für einen über dem Marktdurchschnitt liegenden Nettogewinn oder für die Vermeidung von Verlusten.

Dass Prognosen in Systemen, die vom Menschen beeinflusst werden (im Unterschied zum Beispiel zur Tierwelt oder physikalischen Systemen wie dem Wetter oder einem Vulkan), generell nicht funktionieren, hat vor allem folgende zwei Gründe:

---

22 Ein Beispiel für die notorische Unzuverlässigkeit solcher »Experten«-Prognosen: In der 31-seitigen Studie »Wohnungsfinanzierung in Deutschland: vier Trends« der Deutschen Bank vom 11.10.2007 erstellen die Autoren dieser an Immobilienfinanzierungsinstitute (Banken, Bausparkassen, institutionelle Investoren) gerichteten Studie eine Rangliste zum »Strukturellen Marktpotenzial für Wohnungsfinanzierungen« in 33 Ländern. Platz 1 der Rangliste: USA, Platz 2: Irland. Keine zwei anderen westlichen Länder haben seit 2007 dramatischere Preiseinbrüche bei Wohnimmobilien erlebt als Irland und die USA.

(a) Märkte (so auch der Immobilienmarkt) sind »informationseffizient«. Hinter diesem Begriff verbirgt sich das Phänomen, dass alle am Markt öffentlich verfügbaren Informationen (auch Informationen über Trends sowie Vermutungen) bereits im Preis des entsprechenden Vermögenswertes enthalten (»eingepreist«) sind und daher nicht dazu taugen, eine »Überrendite« zu erzielen. Damit ist es unwahrscheinlich, dass persönliche Recherche und Nachdenken zu Informationen führen, die anderen Marktteilnehmern nicht bereits bekannt sind. Das gilt auch für Informationen und Erwartungen zur künftigen Verbesserung oder Verschlechterung der Lage einer Immobilie. Informationen, die *nicht* öffentlich verfügbar sind, können den Preis definitionsgemäß nicht beeinflussen, weil sie eben nicht bekannt sind. Solche neuen Informationen haben deshalb aus Ex-ante-Sicht einen Zufallscharakter (ex ante – lat. im Voraus). Diese auf den ersten Blick kontraintuitive Einsicht ist von enormer Tragweite für unser Denken über künftige Renditen.

(b) Prognosen in sozialen Systemen (wie zum Beispiel der Immobilienmarkt oder der Zinsmarkt) sind »selbstreferenziell«: Die Vorhersage wirkt auf den Vorhersagegegenstand zurück und entzieht der Prognose damit die Ausgangsbasis – genauso wie Baron Münchhausen sich nur in seinen Lügengeschichten an den eigenen Haaren aus dem Sumpf ziehen konnte. Der österreichisch-britische Philosoph Karl Popper formulierte diesen Sachverhalt einmal so: Die Erfindung des Rades vorherzusagen, ist gleichbedeutend mit seiner Erfindung. Auf den Immobilienmarkt bezogen: Würde jemand eine Methode für *zuverlässige* Immobilienrenditeprognosen entwickeln, würden andere Investoren diese Methode schnell in großer Zahl imitieren und so den Preis für die entsprechenden Immobilien (oder den Immobilientyp) in die Höhe treiben. Die Möglichkeit zur Erzielung der Überrendite wäre dann – im Ökonomenjargon – wegarbitriert.

Über Zeiträume ab etwa 20 Jahren ist es wahrscheinlich, dass die durchschnittliche Rendite von Immobilien relativ nahe bei ihrem langfristigen historischen Mittelwert (siehe Abschnitt 2.1) liegen wird. Dieses Phänomen nennt man → Regression zum Mittelwert. Es lässt sich bei Immobilien wie auch bei Aktien beobachten. Leider wirkt Regression zum Mittelwert (die immerhin sehr langfristig gesehen eine gewisse Prognostizierbarkeit erlaubt) nicht auf der Ebene eines Einzelobjektes oder einer → Mikro-Lage, sondern nur auf der Ebene einer Mindestzahl von mehreren Hundert Immobilien, die sich nicht alle in derselben Mikro-Lage befinden.

Dass man aus historischen Preissteigerungsraten oder Renditen – sofern weniger als drei bis vier Jahrzehnte zurückreichend – nicht auf künftige kurz- oder mittelfristige Renditen des Wohnimmobilienmarktes und noch weniger auf die Rendite eines Einzelobjektes schließen kann, haben wir in früheren Abschnitten schon dargelegt.[23]

**Merkbox**

- Zuverlässig richtige (im Unterschied zu zufällig richtigen) Prognosen zu kurz- und mittelfristigen Renditen von Immobilienmärkten und Einzelobjekten sind – wenn man Kosten, Steuern und Risiko berücksichtigt – nicht möglich. Die Immobilienbranche täuscht ihre Kunden jedoch aufgrund des großen Interessenkonfliktes, in dem sie sich befindet, über diese Tatsache hinweg. Wir alle sind willige Opfer dieser Irreführung, weil wir einfach glauben *wollen*, dass es die Experten ja wissen müssen.
- Über Zeiträume ab etwa 20 Jahren wirkt → Regression zum Mittelwert, die jedenfalls für den Immobiliensektor als Ganzes immerhin eine gewisse Prognostizierbarkeit erlaubt. Für Spekulationszwecke auf Einzelobjektebene ist jedoch auch Regression zum Mittelwert kaum zu gebrauchen.
- Wer sich diese Erkenntnisse der Finanzökonomie zu eigen macht, hilft sich selbst dabei, wirtschaftlich und emotional schädliche Fehlentscheidungen zu vermeiden.

---

23 Zur Irrelevanz historischer Renditen für zukünftige Renditen und das Prognoseproblem im Allgemeinen siehe auch Kommer, *Souverän investieren* (2007).

## 2.10 Warum Eigenheime auch künftig nur niedrige Wertsteigerungen aufweisen werden

»Für einzelne Immobilienbesitzer ist es sehr schwer,
eine Rendite über der Inflationsrate zu erzielen.«

*Andreas Schulten,* Vorstand der Immobilien-Analysefirma
BulwienGesa

Die Frage, welche Faktoren die Preisentwicklung von Wohnimmobilien bestimmen, ist unter Experten heftig umstritten. Beinahe jede makroökonomische Größe wird irgendwo, irgendwann von irgendjemandem als (mit)ursächlich für die Entwicklung der Immobilienpreise angeführt. Eine kleine Auswahl: die Entwicklung der Zinsen, der Mieten, der Einkommen, des Bruttoinlandsproduktes oder des Bevölkerungswachstums, die Zunahme der Zahl der Haushalte, der Bevölkerungsdichte, der Baulandverfügbarkeit, der Baukosten oder der Aktienkurse, Preistrends in der unmittelbaren Vergangenheit, die Verstädterung, steuerliche Anreize, die Kreditpolitik der Banken, spekulative Erwartungen der Marktteilnehmer, kulturelle Faktoren – die Liste scheint endlos. Als ob die Situation nicht schon verwirrend genug wäre, wird dann noch unterschieden zwischen lokalen, regionalen und nationalen sowie zwischen kurz- und langfristigen Preisentwicklungen. Einigkeit unter Fachleuten über die entscheidenden Ursachen für Preisentwicklungen auf dem Immobilienmarkt, die es ermöglichen würden, belastbare Prognosen zur kurz-, mittel- oder langfristigen Entwicklung von Immobilienpreisen zu entwickeln? Fehlanzeige. Bedenkt man, dass die gesamte weltweite Immobilienbranche vom globalen Immobilien-Crash von 2007/2010 auf dem falschen Fuß erwischt wurde, dann erscheint es angeraten, die dort und in den Medien angestellten Marktprognosen mit einem sehr großen Fragezeichen zu versehen.

Lässt sich mithin die künftige Wertsteigerung von Wohnimmobilien generell nicht zuverlässig prognostizieren? Kurz- und mittelfristig sicherlich nicht. Langfristig durchaus, allerdings ganz anders, als es die Immobilienbranche üblicherweise tut.

In Abschnitt 2.1 haben wir gesehen, dass in den letzten gut 100 Jahren Wohnimmobilien nur Wertsteigerungen zwischen 0 Prozent und 1 Prozent aufwiesen. Das ist nicht mehr, als ein Sparbuch abwirft – und zudem wird diese Wertsteigerung erst langfristig (ab 20 Jahre Haltedauer) und nur vom durchschnittlichen Eigenheimbesitzer erreicht. Die eine Hälfte der Eigenheime wird etwas über diesem Wert rentieren, die andere Hälfte etwas darunter.

Warum ist das so? Der vielleicht berühmteste Immobilienfachmann der Welt, der amerikanische Wirtschaftsprofessor Robert Shiller, hat 2006 für die USA gezeigt, dass die Preise dortiger Wohnimmobilien sehr langfristig (also über Perioden ab 20 Jahren) der Entwicklung der Baukosten (Herstellungskosten ohne Baulandkosten) von Immobilien folgen. Immobilienpreise spiegeln also langfristig – ganz banal – die Kosten ihrer Herstellung wider; das ist nicht anders als bei den Preisen von Badehosen, Männerhaarschnitten oder Automobilen – eine verblüffend einfache Antwort. Zur Illustration: In den 118 Jahren von 1891 bis 2008 stiegen amerikanische Wohnimmobilienpreise real um 0,3 Prozent p. a. gegenüber einem realen Baukostenanstieg von 0,4 Prozent p. a. Auch in Deutschland sehen die entsprechenden Zahlen ähnlich aus: Von 1970 bis 2008 lagen sie bei 0,0 Prozent p. a. (Anstieg der Wohnimmobilienpreise) und 0,7 Prozent p. a. (Baukostenanstieg).[24]

Natürlich können kurz- und mittelfristig in einem bestimmten lokalen, regionalen oder nationalen Markt starke Abweichungen zwischen Baukosten und Immobilienpreisen auftreten – so wie das beispielsweise ab Ende der 90er-Jahre in vielen Ländern der Fall war, als die globale Immobilienblase sich zu bilden begann –, *langfristig* betrachtet wird die Entwicklung der Wohnimmobilienpreise jedoch von der Baukostenentwicklung dominiert. Zudem gibt es keinen

---

24 Im Bausektor gibt es besonders starke Produktivitätsfortschritte. Außerdem werden Rohmaterialien (Zement, Beton, Steine, Stahl, Holz, Kunststoffe etc.) sehr langfristig real immer billiger (wie praktisch alle Rohstoffe, siehe hierzu Kommer, 2009, Seite 78 ff.). Diese beiden Entwicklungen gleichen den realen Anstieg der Löhne im Bausektor weitgehend aus.

Beleg dafür, dass die Baukosten in Zukunft durchschnittlich deutlich stärker ansteigen werden als in der Vergangenheit.[25]

»Moment mal«, werden einige Leser jetzt einwerfen: Was ist mit der Entwicklung der Baulandpreise?[26] Ist Bauland nicht eine »endliche« Größe, wird Bauland nicht immer knapper und müssen Immobilienpreise nicht von daher langfristig real zunehmen? Die Antwort lautet »Nein«. Der Anteil der Baulandkosten an den gesamten Erstellungskosten einer Immobilie bewegt sich heutzutage etwa zwischen 3 Prozent und 35 Prozent, je nach Immobilientyp – bei einem sechsgeschossigen Mehrfamilienhaus auf der »grünen Wiese« liegt der Anteil am unteren Ende dieser Bandbreite, bei einem Einfamilienhaus mit großem Garten im teuren München-Grünwald am oberen Ende. Das heißt, dass die Baulandpreise von vornherein einen im Durchschnitt weit kleineren Einfluss auf den gesamten Erstellungspreis einer Wohnimmobilie haben als die Baukosten.

Hinzu kommt, dass die Vorstellung von der begrenzten Verfügbarkeit von Bauland letztlich falsch ist. In Deutschland, einem der am dichtesten besiedelten Flächenstaaten der Welt, sind noch immer rund 95 Prozent der Landesfläche »unversiegelt«, das heißt unbebaut; ein Blick aus dem Flugzeug an einem wolkenlosen Tag verdeutlicht das auch ohne Statistik. In Ländern wie Norwegen, Schweden, Kanada, den USA, Brasilien, Russland, Indien, China und Australien, ganz zu schweigen vom gesamten afrikanischen Kontinent, liegt dieser Wert bei ca. 97 Prozent bis 99,5 Prozent. Selbst wenn man berücksichtigt, dass Hochgebirge und Binnengewässer nicht bebaubar sind, existiert sowohl in Deutschland als auch weltweit genügend unbebautes Land (wenngleich wir aus ökologischen Gründen sehr

---

25 Dass die *langfristige* Immobilienpreisentwicklung gemäß betriebswirtschaftlicher Theorie von der Entwicklung der Nettomieten und ihrer Schwankungen bestimmt wird, schränkt diese Feststellung nicht ein, denn es spielt für die Richtigkeit dieser Feststellung keine Rolle, ob Baukosten zunächst auf die Nettomieten wirken oder direkt auf die Immobilienpreise.

26 Von 1970 bis 2008 stieg der Baulandpreis pro Quadratmeter in Deutschland real um 4,7 % p. a. Die Baulandpreise in Japan fielen hingegen von 1991 (dem Spitzenwert der japanischen Immobilienblase) bis Ende 2007 um kumulativ 47 % oder 3,9 % p. a.

sparsam mit dieser Ressource umgehen sollten). Jedem nationalen Gemeinwesen steht es frei, die Menge an Bauland aus diesem schier unerschöpflichen Pool heraus fast beliebig zu erhöhen, um einen sozialpolitisch unerwünschten Preisanstieg einzudämmen. Gleichzeitig tendiert das Bevölkerungswachstum in Deutschland gegen null, und der nachfragesteigernde Effekt aus der langsam wachsenden Zahl der Haushalte[27] wird abgeschwächt durch (a) anhaltende Verstädterung (in Städten ist die Wohnfläche pro Einwohner niedriger als auf dem Land) und (b) die Umwandlung von Industriebrachen in Bauland.

**Merkbox**

- Historisch und langfristig gesehen sind die Wohnimmobilienpreise inflationsbereinigt nur um etwa 0,4 Prozent pro Jahr gestiegen; in Deutschland war der Anstieg in den letzten 40 Jahren noch deutlich geringer. Auch in langfristiger Betrachtung ist eine Änderung unwahrscheinlich, denn die Preise von Wohnimmobilien werden letztlich von deren Baukosten bestimmt und diese steigen inflationsbereinigt seit vielen Jahrzehnten um weniger als 1 Prozent p. a. – viel langsamer als die Realeinkommen.

---

27 Nicht nur die Bevölkerung in Deutschland schrumpft. Einer Prognose der Deutschen Bank aus 2008 zufolge wird bereits in sieben bis zehn Jahren die Zahl der Haushalte zu sinken beginnen.

# 3. Ein Eigenheim als Lebensstilentscheidung und Vermögensanlage

## 3.1 Das Märchen von der verschenkten Miete

»Eine der größten Lügen der Immobilienbranche ist die Vorstellung, dass Mieten gleichbedeutend sei mit ›Geld zum Fenster hinauswerfen‹. Das ist eine nützliche Erfindung von Immobilienmaklern, da sie weit, weit größere Kommissionen bei Hausverkäufen erzielen als bei der Vermittlung von Mietobjekten.«

*David Leonhardt,* New York Times, 28.05.2008

Es gibt viele gute Gründe, ein Eigenheim zu erwerben. Wenn es um die finanzielle Seite einer solchen Entscheidung geht, wird kein anderes Argument häufiger genannt als dieses: »Ich möchte ein Eigenheim, weil ich die Nase voll davon habe, jeden Monat Miete an jemand anderen zu überweisen. Das ist wie Geld zum Fenster hinauswerfen. Wenn ich eine Immobilie kaufe und finanziere, zahle ich zwar auch, aber diese Ausgaben kommen wenigstens mir selbst zugute, weil ich damit Eigentum bilde. Irgendwann werde ich meinen Kredit abbezahlt haben, dann sinken meine monatlichen Kosten fast auf null und die Immobilie gehört mir.«

So haben auch wohl schon unsere Eltern und Großeltern und deren Großeltern argumentiert, wenn sie sich zum Kauf einer Immobilie entschlossen. Das Problem an dieser intuitiv plausibel erscheinenden Sichtweise besteht darin, dass sie auf sehr wackeligen Beinen steht. In diesem Abschnitt werden wir zeigen, warum dies so ist. Dabei gehen wir in zwei Schritten vor. Zunächst zeige ich, wie man eine korrekte Kauf-oder-Miete-Kalkulation durchführt, bei der Äpfel mit Äpfeln verglichen werden, sodass am Ende ein interpretationsfähiges Ergebnis steht. Diese Betrachtung macht uns mit den sehr unterschiedlichen Zahlungen und Erträgen oder Verlusten vertraut, mit denen Eigenheimbesitzer und Mieter sich auseinandersetzen müssen. Dies schärft auch unsere Analysefähigkeit. Im zweiten Schritt werden wir dann eine ganz konkrete Kauf-oder-Miete-Rechnung mit realistischen Zahlen und Annahmen durchführen.

Zunächst zu Schritt 1. Nehmen wir an, ein Immobilienkauf wird zu 100 Prozent aus Eigenkapital bestritten, das heißt ohne Kreditfinanzierung. Das ist zwar eine eher seltene Ausnahme, die aber zu Vereinfachungszwecken unser Szenario A repräsentieren soll. Zu Szenario B, das auch eine typische Kreditfinanzierung beinhaltet, kommen wir anschließend. Für unsere Betrachtung vergleichen wir den Fall von Erich, der ein Eigenheim erwirbt, und Manfred, der Mieter bleibt. Erich kauft ein Reihenhaus in einem Vorort von Köln, Manfred mietet zum gleichen Zeitpunkt das direkt angrenzende, praktisch völlig identische Reihenhaus. Erich und Manfred befinden sich beide in einer komfortablen finanziellen Position, denn sie verfügen jeweils über 200 000 Euro Eigenkapital. Erich bezahlt damit das Reihenhaus, Manfred investiert das Geld in ein Wertpapierportfolio. Beide betrachten ihr Investment als wichtigen Teil ihrer Altersvorsorge. Tabelle 9 stellt die jeweiligen Zahlungsströme dar, die in diesem »kreditlosen« Fall bei einem Eigenheimkäufer und bei einem Mieter auftreten, die beide gleich lange in ihrer Immobilie wohnen. In der Tabelle sind alle Ausgaben oder Verluste mit einem Minuszeichen versehen, alle Einnahmen oder Gewinne mit einem Pluszeichen (genau so, wie es in einer finanzmathematischen Berechnung des internen Zinsfußes notwendig wäre).[28]

---

28 Es mag den einen oder anderen Leser wundern, dass ein Eigenkapitalinvestment (also der Kauf eines Hauses oder eines Wertpapiers) mit einem negativen Vorzeichen versehen wird. Der Grund: Aus der Perspektive des Investors ist dies ein Zahlungsmittel*ab*fluss. Umgekehrt ist beispielsweise der Verkauf der Immobilie ein Zahlungsmittel*zu*fluss. Eine solche Zahlungsstrombetrachtung, in die auch der Zeitpunkt der unterschiedlichen Zahlungsströme einfließt, ist Voraussetzung für eine korrekte Berechnung des internen Zinsfußes, also der Rendite eines »komplexen« Investments, wie es ein Eigenheim oder ein Wertpapierportfolio darstellt.

Tabelle 9: *Szenario A:* Konzeptioneller Vergleich der Zahlungsströme bei einem Eigenheimbesitzer und einem Mieter; 100-prozentige Eigenkapitalfinanzierung

| Zeile | Eigenheimbesitzer (Erich) | Mieter (Manfred) |
|---|---|---|
| 1 | – Investment (Kaufpreis) | – Investment (Kaufpreis) |
| 2 | – Kaufkosten | – Kaufkosten |
| 3 | + Wertsteigerung | + Wertsteigerung (Kursgewinne) |
| 4 | – Laufende Kosten (Instandhaltung, Versicherung etc.) | + Lfd. Erträge (Dividenden und/oder Zinsen) |
| 5 | | – Steuern auf laufende Erträge |
| 6 | | – Miete |
| 7 | – Verkaufskosten | – Verkaufskosten |
| 8 | →Rendite | →Rendite |

Die folgenden Anmerkungen beziehen sich jeweils auf die in der linken Spalte angegebene Zeilennummer von Tabelle 9.

(1) Das Anfangsinvestment (hier komplett aus Eigenkapital finanziert) ist definitionsgemäß bei Erich und Manfred gleich hoch. Aus dem verfügbaren Eigenkapital bestreitet Erich den Kaufpreis und die Kaufkosten seiner Immobilie. Manfred investiert den gleichen Betrag in ein Wertpapierportfolio abzüglich der Kaufkosten.

(2) Die Kaufkosten betragen bei Erich 8 Prozent (siehe hierzu Abschnitt 2.2), bei Manfred 1 Prozent. Das »Nettoinvestment« beläuft sich in Erichs Fall auf rund 185 200 Euro (200 000 Euro ÷ 108 Prozent) und bei Manfred auf rund 198 000 Euro (200 000 ÷ 101 Prozent). Die Differenz zu 200 000 Euro entspricht den jeweiligen Kaufkosten.

(3) Wir unterstellen in dieser Tabelle (langfristige) Wertsteigerungen, daher das Pluszeichen. Allerdings sind sowohl bei Erich als auch bei Manfred Wertverluste (Kursrückgänge) prinzipiell denkbar.

(4) Die laufenden Kosten bei Erich bestehen in Aufwendungen für Instandhaltung, Versicherung und Grundsteuer und vielleicht

gelegentliche Abgaben an die Gemeinde. Betriebskosten, die für Erich und Manfred identisch sind, weil sie ja in ähnlichen oder identischen Häusern wohnen (Energie, Wasser etc.), ignorieren wir hier, da sie den Vergleich nicht beeinflussen. Manfred bezieht je nach der konkreten Gestaltung seines Wertpapierinvestments laufende Zins- und Dividendeneinkünfte.

(5) Die in Zeile (4) genannten Kapitaleinkünfte muss Manfred versteuern. Realisierte Kursgewinne von Wertpapieranlagen im Privatvermögen waren in der Vergangenheit in Deutschland steuerfrei (und sind es noch heute für »Altanlagen«). In Österreich und der Schweiz bleiben solche Kursgewinne, sofern langfristiger Natur, ebenfalls von der Einkommensteuer verschont. Bei Steuerpflicht für realisierte Kursgewinne von Wertpapieranlagen wären diese Steuern (zum Zeitpunkt des Verkaufs der Anlage) zu berücksichtigen.[29]

(6) Bedarf keiner genaueren Erläuterung.

(7) Die Kosten eines Eigenheimverkäufers belaufen sich in Deutschland und Österreich durchschnittlich auf 2 bis 3 Prozent des Immobilienwertes (in der Schweiz mehr). Bei einem Wertpapierdepot dürften die Verkaufskosten (je nach Wertpapier) unter 0,5 Prozent liegen.

Obwohl Tabelle 9 keine konkreten Zahlenwerte enthält, leuchtet unmittelbar ein, dass Erich (der keine Miete zahlt) geringere laufende Aufwendungen hat als Manfred. Für eine reine Renditeberechnung anhand des → internen Zinsfußes ist das jedoch unerheblich – ob über 1 Jahr oder über 30 Jahre gerechnet. Will man jedoch einen sinnvollen Vergleich nicht nur der Renditen, sondern auch der *Endvermögen* von Erich und Manfred anstellen (und allein darum geht es uns bei der Kauf-oder-Miete-Frage), muss man die unterschiedlichen laufenden Ausgaben von Erich und Manfred »korrigieren«. Das lässt sich einfach und realistisch durch die folgende Annahme bewerkstelligen: Manfred, der Mieter, zahlt im Jahr 10 000 Euro

---

29 Zu der Steuerersparnis im Falle von Kursgewinnen von Aktien, wenn diese über 20 oder mehr Jahre gehalten werden, siehe Fußnote 37.

Miete (etwa 5 Prozent des Wertes der Immobilie), die im Zeitablauf im gleichen Maße wie der Wert der Immobilie steigt. Seine laufenden Erträge (Zinsen und Dividenden abzüglich Steuern) reinvestiert er brav in sein Wertpapierportfolio, denn er will vom Zinseszinseffekt profitieren. Erich zahlt zwar keine Miete, hat aber auch laufende Kosten (zum Beispiel Instandhaltung). Die Differenz zwischen Manfreds (höherer) Miete und Erichs (niedrigeren) laufenden Kosten investiert Erich, der Eigenheimbesitzer, jeden Monat in ein Wertpapierportfolio mit gleicher Struktur wie das von Manfred (nicht in Tabelle 9 berücksichtigt). Auf diese Weise haben Erich und Manfred sowohl bei der Erstinvestition als auch in jedem der folgenden Jahre betragsmäßig die gleichen Gesamtzahlungsströme, wenngleich sich diese aus unterschiedlichen Komponenten zusammensetzen. Wer von den beiden am Ende der Betrachtungsperiode besser dasteht, ist bei einer solchen Betrachtungsweise nicht nur anhand einer jährlichen Rendite (interner Zinsfuß), sondern auch anhand des Unterschiedes beim Vermögensendwert ablesbar.

Nachdem wir nun gesehen haben, wie man einen Kauf-oder-Miete-Vergleich anstellt, bei dem kein Kredit im Spiel ist, wenden wir uns in Tabelle 10 noch kurz dem geringfügig komplizierteren, aber auch realistischeren Fall zu, in welchem Erich seinen Eigenheimkauf aus beispielsweise 30 Prozent Eigenkapital und 70 Prozent Kredit finanziert (Szenario B).

Erich und Manfred sind in Szenario B weniger wohlhabend; sie haben jeweils nur 70 000 Euro Eigenkapital. Aus diesem Geld bestreitet Erich den Eigenkapitalanteil des Kaufpreises und die Kaufkosten der Immobilie. In den Erläuterungen zu Tabelle 9 hatten wir gesehen, dass Erich ein Haus mit einem Kaufpreis von 185 200 Euro erwirbt. Dasselbe nehmen wir auch hier an. Hinzu kommen wie im vorigen Szenario 8 Prozent Kaufkosten (14 800 Euro), was ein Gesamtinvestment von 200 000 Euro ergibt. Der Eigenkapitalanteil in der Immobilie beläuft sich somit auf 30 Prozent (Eigenkapital abzgl. Kaufkosten dividiert durch Kaufpreis der Immobilie). Manfred investiert seine 70 000 Euro in ein Wertpapierportfolio abzüglich 1 Prozent Kaufkosten (Nettoinvestment daher 70 000 ÷ 101 % = 69 300 Euro).

Tabelle 10: *Szenario B:* Konzeptioneller Vergleich der Zahlungsströme bei einem Eigenheimbesitzer und einem Mieter; Eigenheimkauf mit 30 Prozent Eigenkapital / 70 Prozent Fremdkapital

| Zeile | Eigentümer (Erich) | Mieter (Manfred) |
|---|---|---|
| 1 | – Investment (Eigenkapitalanteil des Kaufpreises) | – Investment |
| 2 | – Kaufkosten | – Kaufkosten |
| 3 | + Wertsteigerung | + Wertsteigerung (Kursgewinne) |
| 4 | – Laufende Kosten (Instandhaltung, Versicherung etc.) | + Lfd. Erträge (Dividenden und/ oder Zinsen) |
| 5 | | – Steuern auf laufende Erträge |
| 6 | – Annuität (Zins, Tilgung) | – Miete |
| 7 | – Verkaufskosten | – Verkaufskosten |
| 8 | →Rendite | →Rendite |

Der weitere wesentliche Unterschied zu Szenario A besteht darin, dass der monatliche »Ausgabenvorteil« nun bei Manfred liegt und nicht mehr bei Erich. Dessen monatliche → Annuität zuzüglich seiner laufenden Kosten für Instandhaltung etc. übersteigen Manfreds Mietaufwand spürbar. Der genaue Unterschiedsbetrag hängt in erster Linie davon ab, wie hoch der Eigenkapitalanteil in Erichs Immobilie ist (hier 30 Prozent), aber auch von den fallspezifischen Faktoren wie Zinssatz, Tilgungslaufzeit, den laufenden Kosten der Immobilie und Manfreds Miethöhe. Bei einem Eigenkapitalanteil von 30 Prozent und einer Kreditlaufzeit von 30 Jahren wird die monatliche Belastung von Erich während dieser 30 Jahre voraussichtlich um gut 30 Prozent höher liegen als die von Manfred.

In diesem Zusammenhang lässt sich mancher tatsächliche oder künftige Eigenheimbesitzer davon verwirren, dass die Instandhaltungskosten als Hauptelement der laufenden Kosten des Eigenheims im Zeitablauf stark schwanken. Bei einer neuen Immobilie liegen sie in den ersten Jahren fast bei null, steigen nach einigen Jahren aber abnutzungsbedingt recht rapide an. Und selbst bei einer gebrauchten Immobilie, bei der dieser Effekt eine geringere Rolle spielt, wird diese Kostenposition von Jahr zu Jahr variieren. Für die Zwecke einer Kauf-oder-Miete-Rechnung spielt das jedoch kaum eine Rolle, denn es kommt in erster Linie auf den langfristigen Durchschnitt an, und dieser lässt sich relativ gut schätzen (siehe Abschnitt 2.2). Auf keinen Fall darf man diese Kosten jedoch in der Berechnung vergessen.

In Bezug auf einen rechnerischen Vergleicht gilt auch hier die Feststellung aus Szenario A: Für eine reine Renditeberechnung im Sinne des internen Zinsfußes spielt es keine Rolle, dass Erich in Tabelle 10 höhere laufende Ausgaben hat. Will man hingegen einen aussagefähigen Vermögens*endwert*vergleich anstellen, muss man auch hier dafür sorgen, dass Erich und Manfred sowohl am Anfang als auch über die Jahre hinweg dieselben Ausgaben tätigen. Beiden haben zu Beginn gleich viel Eigenkapital eingesetzt. Um auch die laufende Belastung auf gleichem Niveau zu halten, nehmen wir zusätzlich an, dass Manfred seinen monatlichen »Ausgabenvorteil« brav und diszipliniert in sein Wertapierportfolio investiert (nicht in Tabelle 10 aufgeführt). Auch dieses Vorgehen ist – Stichwort Altersvorsorge – angemessen, obwohl es in der Realität oft unterbleibt. Unter dieser Annahme lassen sich die unterschiedlichen Vermögensendwerte von Erich und Manfred »ökonomisch fair« vergleichen, das heißt, die Unterschiede im Endvermögen resultieren nicht daher, dass der eine mehr Eigenkapital eingebracht und/oder mehr laufend gespart hat als der andere, sondern aus den Unterschieden in der Ertragskraft der beiden Investments. Nur so gelangen wir zu einem aussagekräftigen Vergleich.

Genug der grauen Theorie. Wir führen nun ein simples Rechenbeispiel mit dem diesem Buch beigefügten Kaufen-versus-Mieten-Tool (KVM-Tool) durch. Abgesehen von Abweichungen im Detail, die sich auf einige hier nicht dargestellte Feinheiten solcher Berechnungen beziehen, basiert das Tool auf dem in Tabellen 10 und 11 umrissenen Konzept. Wir füttern das Tool für unser Rechenbeispiel nicht, wie das normalerweise der Fall ist, mit in die Zukunft gerichteten Eingaben, sondern mit tatsächlichen historischen Daten aus den letzten 30 Jahren. Dabei nehmen wir an, unser hypothetischer Immobilienfreund Erich erwarb (oder baute) Anfang 1980 ein Reihenhaus im Kölner Raum für damals 100 000 Euro (etwa 196 000 DM).[30] Er bezahlte 25 Prozent des Kaufpreises (also 25 000 Euro) und die Kaufkosten von 8 Prozent (8 000 Euro) aus Eigenkapital. Weiterhin nahm er einen Kredit über 75 000 Euro auf. Erichs letzte Kreditrate war 30 Jahre später fällig (Ende 2009). Wir unterstellen, dass Erich während der Kreditlaufzeit den durchschnittlichen Hypothekenkreditzinssatz in Deutschland aus variablen Sätzen zahlte, also 7,5 Prozent p. a.[31]

Weiter nehmen wir an, dass Erichs Nachbar Manfred zum gleichen Zeitpunkt (1980) einen identischen Eigenkapitalbetrag (33 000 Euro) in ein 50/50-Portfolio aus deutschen Staatsanleihen und westeuropäischen Standardwerteaktien investierte und dabei Kaufkosten von 2,5 Prozent hatte.[32] Manfred wohnt im Reihenhaus direkt neben Erich. Die beiden Häuser sind praktisch identisch. In den drei Jahrzehnten nach Erichs Hauskauf investiert Manfred die Differenz zwischen seinen niedrigeren monatlichen Immobilienausgaben (Miete) und denjenigen von Erich (Annuität und laufende Nebenkosten) in ein Wertpapierdepot.

Erichs Ausgaben bestehen somit aus der monatlichen Annuität und den laufenden Nebenkosten seines Reihenhauses; Manfreds Ausgaben aus der Miete (die parallel zu Erichs Immobilienwert steigt) und seiner Wertpapiersparrate, einschließlich marktüblicher Kaufkosten. Beide, Erich und Manfred, tragen somit während der gesamten 30 Jahre dieselbe monatliche Belastung. Manfred zahlt auf die Zins- und Dividendenerträge, die er reinvestiert, geschätzte 20 Prozent Steuern (Kursgewinne waren in dieser Zeit steuerfrei)

---

30 Diese 100 000 Euro vor 30 Jahren (Anfang 1979) hatten die gleiche Kaufkraft wie 192 000 Euro Ende 2009.

31 Nähme man stattdessen an, dass er 1980, 1990 und 2000 jeweils eine zehnjährige Zinsbindung einging, betrüge der Durchschnitt aus diesen drei Zinssätzen 9,0 Prozent p. a.

32 Das entspricht dem Portfolio in Spalte 9 von Tabelle 6 (Abschnitt 2.4).

und marktübliche Verwaltungsgebühren für den Aktienfonds (1,4 Prozent p. a.), woraus sich für sein Portfolio über diesen Zeitraum hinweg eine nominale Nettorendite nach Steuern und Kosten von 7,6 Prozent p. a. ergab.[33]

Die Eingaben in das KVM-Tool auf der Basis der historischen Daten, der hier getroffenen Annahmen und der in Abschnitt 2.2 genannten Größenordnungen für Nebenkosten werden in Tabelle 11 dargestellt.

Am Ende der 30 Jahre haben sowohl Erich als auch Manfred Zahlungen von etwa 296 000 Euro geleistet. Wie sich diese Zahlungen zusammensetzen, geht aus Tabelle 12 hervor. Für Manfred schlagen in der Tat beträchtliche Mietaufwendungen von etwa 194 000 Euro zu Buche. Aber auch Erich hat bluten müssen, und zwar für Zinsen (»Kapitalmiete«), Tilgung und die laufenden Kosten seiner Immobilie (in erster Linie Instandhaltung). Letztlich sind jedoch alle diese einzelnen Positionen isoliert betrachtet irrelevant. Es kommt allein auf den Nettovermögensendwert an, und hier steht Manfred, obwohl er 30 Jahre lang Miete »zum Fenster hinausgeworfen« hat, erstaunlich viel besser da. Der Grund liegt vorwiegend darin, dass die Gesamtrendite von Erichs Immobilie (Wertsteigerung plus eingesparte Miete) im Verhältnis zu seinen Zinskosten einfach zu niedrig war. Bei Manfred betrug die Nettorendite (interner Zinsfuß) 3,6 Prozent p. a., bei Erich war sie negativ. Das ist daran erkennbar, dass sein Vermögensendwert niedriger ist als die Summe der Zahlungen, die er geleistet hat. Er hat alles in allem mehr Geld aufgewendet, als die Immobilie am Ende wert ist.

---

33 Dies ist der → interne Zinsfuß, der die tatsächlichen Zahlungsströme im Zeitablauf berücksichtigt. Manfreds wirkliche Steuerbelastung wäre vielleicht geringer ausgefallen, da wir hier Freibeträge für Einzelpersonen oder Ehepaare nicht berücksichtigen, die sich in diesem Fall spürbar ausgewirkt hätten. Historisch gesehen waren die Aktienrenditen in diesen 30 Jahren eher unterdurchschnittlich, die Anleihenrenditen (RexP) eher überdurchschnittlich, sodass das 50/50-Portfolio in diesen 30 Jahren historisch etwa normale Renditen aufwies. Die Kaufkosten und die laufenden Kosten könnten mit heute verfügbaren Produkten merklich unter die hier angenommenen Werte gesenkt werden.

## Tabelle 11: Eingaben für die KVM-Tool-Vergleichsrechnung »Erich (Eigentümer) versus Manfred (Mieter)«

| Eingabe | Input | Erläuterung |
|---|---|---|
| Kaufpreis (oder Baupreis) der Wohn-immobilie | 100,0 | in Tsd. € |
| Anteil des Kaufpreises, der auf das Grundstück entfällt | 15,0% | Annahme |
| Eigenkapitalanteil in der Finanzierung | 25,0% | exkl. Kaufkosten |
| Anfängl. Zuschuss (in % des Kaufpreises) | 0,0% | — |
| Laufzeit des Kredits bis zur Volltilgung (in Jahren) | 30 | — |
| Langfr. durchschnittliche Inflationsrate p. a. | 2,2% | Hist. Wert über diese 30 Jahre |
| Wertsteigerung der Immobilie p. a. (inkl. Inflation) | 1,6% | Hist. Wert über diese 30 Jahre |
| Gesamte Nebenkosten beim Kauf (in % des Kaufpreises) | 8,0% | s. Abschnitt 2.2 |
| Gesamte Nebenkosten beim Verkauf (in % des Verkaufspreises) | 3,0% | s. Abschnitt 2.2 |
| Angenommene jährl. Kaltmiete (in % des Gebäudewertes) | 5,0% | — |
| Laufende Kosten p. a. (in % des Immobilienwertes) | 1,9% | s. Abschnitt 2.2 |
| Versicherung + Grundsteuer p. a. (in % des Gebäudewertes) | 0,15% | s. Abschnitt 2.2 |
| Zinssatz (effektiv) für den Kredit p. a. | 7,5% | Hist. Durchschnitt während dieser 30 Jahre |
| Nachsteuerrendite p. a. des alternativ. Investments inkl. Inflation | 7,6% | Hist. Rendite während dieser 30 Jahre; betrifft das Portfolio von Manfred |
| Kaufkosten des alternativen Investments | 2,5% | Betrifft das Portfolio von Manfred |

**Tabelle 12: Zahlungen und Vermögensendwerte von Erich und Manfred nach 30 Jahren**

| Eigentümer (Erich) | Tsd. € | Mieter (Manfred) | Tsd. € |
|---|---|---|---|
| Anzahlung (Eigenkapital) exkl. Kaufkosten | – 25,0 | Summe der gezahlten Miete | – 193,6 |
| Summe der gezahlten Kreditzinsen | – 115,5 | Summe der Sparraten einschl. Anzahlung | – 102,2 |
| Summe der Kredittilgung | – 75,0 | | |
| Summe der sonstigen Kosten* | – 80,3 | | |
| = Gesamte Zahlungen | – 295,8 | = Gesamte Zahlungen | – 295,8 |
| →Nettovermögensendwert (nominal) | 147,0 | → Nettovermögensendwert (nominal) | 548,7 |

\* Kauf- und Verkaufskosten, Instandhaltung, Grundsteuer, Versicherung

Hätte Erich die gesamte Immobilie rein aus Eigenkapital finanziert, wäre sein Nettovermögensendwert naturgemäß höher (nämlich 546 000 Euro), denn er hätte danach ebenfalls einen gewissen Betrag in das gleiche Portfolio wie das von Manfred ansparen können. Dennoch würde Manfred auf der Basis der oben zusammengefassten Annahmen nach 30 Jahren vorne liegen (Vermögensendwert 948 000 Euro), wenngleich der relative Abstand zwischen den beiden geringer wäre.

Sicherlich kann man über die hier getroffenen Annahmen zu Manfreds Kaltmiete und Erichs laufenden Kosten abweichender Meinung sein (alle andere Eingaben sind historische Fakten oder von der Größenordnung ihres Einflusses auf das Endergebnis her eher unbedeutend). Auch eine deutlich höhere Belastung bei Manfred mit laufenden Kosten und Steuern würde das Ergebnis nur graduell ändern. Ich halte diese Eingaben für realistisch und man muss sie extrem zugunsten von Erich verschieben, bis sein Fall rentabler wird. Hätte man in unserer historischen Beispielrechnung nicht die variablen Zinssätze, sondern die Festzinssätze mit zehnjähriger Zinsbindung verwandt, wäre das Ergebnis noch klarer zuungunsten von Erich ausgefallen. Der hier wohl wichtigste Einzelfaktor, der den großen Vermögensrückstand von Erich verursacht hat, war die niedrige nominale Wertsteigerung von nur 1,6 Prozent p. a. (real −0,6 Prozent plus 2,2 Prozent Inflation). Diese Wertsteigerung zuzüglich der eingesparten Nettomiete (5 Prozent minus 2,05 Prozent laufende Nebenkosten) ist nicht hoch genug, um den Malus des 7,5-Prozent-Zinssatzes auszugleichen. Deshalb hat Erich am Ende der 30 Jahre mehr Geld ausgegeben, als sein Haus wert ist. Hätte Erich sein Haus vor Ablauf von 30 Jahren verkauft, hätten sich die Transaktionskosten stärker negativ ausgewirkt.

Der eine oder andere Betrachter mag ferner einwenden, es handele sich hier nur um eine historische Momentaufnahme, einen Einzelfall. Das ist zwar richtig, aber mir ging es hier darum, anhand tatsächlicher Zahlen zu illustrieren, dass Kaufen eben nicht immer – wie gemeinhin angenommen – der finanziell bessere Weg ist, selbst dann nicht, wenn man einen langen 30-Jahres-Zeitraum zugrunde legt. Das Argument, dass die variablen Immobilienkreditzinsen (in Deutschland) seit etwa 2000 unter 7 Prozent liegen, hilft hier auch nicht weiter. Zum einen sind die seit 2000 niedrigeren Zinsen in diese Berechnung eingeflossen, und zum anderen ist nicht einsichtig, warum die variablen Zinsen künftig im Durchschnitt niedriger sein sollen als in der Vergangenheit. Hätte man dieser Berechnung fixe Zinsen zugrunde gelegt, wäre sie – wie erwähnt – für Erich noch ungünstiger ausgefallen.

Einen wichtigen Gesichtspunkt sollte man in diesem Zusammenhang allerdings unbedingt hervorheben: In unserer Berechnung hat Manfred sich anders verhalten, als es viele tatsächliche Mieter in seiner Situation getan hätten: Manfred hat nämlich konsequent die monatliche Differenz zwischen seiner Miete und Erichs höherer Gesamtbelastung auf sein Wertpapierdepot überwiesen. Er hat diesen »Cashflow-Vorteil«, den Mieter typischerweise haben, solange vergleichbare Selbstnutzer noch eine Kreditfinanzierung bedienen müssen, eben nicht für zusätzlichen Konsum (ein schickes Auto, teure Urlaubsreisen etc.) genutzt, sondern – genauso wie Erich – in seine Vermögensbildung investiert. Manfreds monatliche Ausgabenbelastung (die Summe aus Miete und Sparrate) war nicht höher, aber auch nicht niedriger als diejenige von Erich. Zwischen beiden bestand dennoch ein wichtiger Unterschied: Erich hatte keine andere Wahl, als seine monatlichen Ausgaben zu leisten, nachdem er Kauf- und Kreditvertrag seiner Immobilie unterschrieben hatte. Dagegen sparte Manfred 30 Jahre lang monatlich auf rein freiwilliger Basis, das heißt, er hätte damit jederzeit zugunsten von mehr Konsum aufhören können. Diesen eigentlich trivialen, aber dennoch manchmal übersehenen Nebenaspekt kreditfinanzierter Eigenheime kann man als »positiven Zwangssparvertrag« bezeichnen. Er spielt bei der Kauf-oder-Miete-Analyse eine kaum zu überschätzende Rolle, weshalb wir uns in Abschnitt 3.5 genauer mit ihm beschäftigen werden.

**Merkbox**

- Isoliert betrachtet ist das Argument der »verschenkten Miete« in der Kauf-oder-Miete-Diskussion ganz einfach falsch. Wer allein auf dieser Basis eine Kaufentscheidung für eine Immobilie trifft, handelt uninformiert und kann sich und seiner Familie unter Umständen großen finanziellen Schaden zufügen – in fast allen Fällen jedoch, ohne es jemals zu bemerken.
- Bei einem rechnerisch korrekten Vergleich war Mieten in Deutschland während der vergangenen 30 Jahre im Durchschnittsfall (fast) sicher rentabler als Kaufen. Dieser Renditevorteil mündete jedoch nur dann in einem höheren Endvermögen, wenn der Mieter ebenso viel Eigenkapital und monatliche Sparbeträge investierte, wie der Selbstnutzer für Kauf, Finanzierung und laufenden Unterhalt aufwendete.
- Wie bei den Gebrüdern Grimm könnte man auch das »Märchen von der verschenkten Miete« mit der Schlussformel beenden: »Und wenn sie nicht gestorben sind, dann verbreiten sie's noch heute …« – die Makler, Bankberater, Bauträger, Bausparkassenvertreter und »Immobilienexperten«, die dieses uralte Pseudoargument immer wieder neu aufbrühen, weil es ihr Geschäft fördert.

Auch viele Eigenheimbesitzer erzählen das Märchen bereitwillig weiter, weil es ihr Gefühl, das Richtige getan zu haben, rechtfertigen hilft – auch wenn dieses Gefühl selten auf belastbaren Zahlen beruht.

## 3.2 Muss man sich vor steigenden Mieten schützen?

»Wenn ein Ökonom sich mit einem Widerspruch zwischen Theorie und statistischen Daten konfrontiert sieht, verabschiedet er sich von der Theorie, die Finanzbranche verabschiedet sich von den Daten.«

*Andrew Smithers,* Wirtschaftswissenschaftler, Bestsellerautor und Chef der Finanzberatungsfirma Smithers & Co

Ein oft gehörtes Argument für den Kauf einer Wohnimmobilie ist der Wunsch, sich vor steigenden Mieten zu schützen. Mieten, so heißt es, würden einerseits mit der Inflation und andererseits aufgrund der Gewinnsucht der Vermieter immer weiter klettern. Eigenheimbesitzer bräuchten diesen fortwährenden Anstieg nicht zu fürchten.

Wie so manches Argument in der Kauf-oder-Miete-Diskussion steht auch dieses auf einem wackeligen Fundament. Schauen wir uns zunächst einmal die historischen Fakten an. Abbildung 4 stellt die inflationsbereinigte Entwicklung von Mieten, Wohnimmobilienpreisen und Löhnen im Zeitraum 1970–2008 für Deutschland dar.

Die Grafik zeigt, dass:

- die realen Löhne und Gehälter in Deutschland sich in den abgebildeten 39 Jahren mehr als verdoppelten;
- die durchschnittliche Quadratmetermiete real nur minimal anstieg (0,2 Prozent p.a.) und seit der Jahrtausendwende sogar gefallen ist. Die Schwankungen der Mieten von Jahr zu Jahr

**Abbildung 4: Mieten, Löhne und Wohnimmobilienpreise in Deutschland, 1970–2008 (inflationsbereinigter Index)***

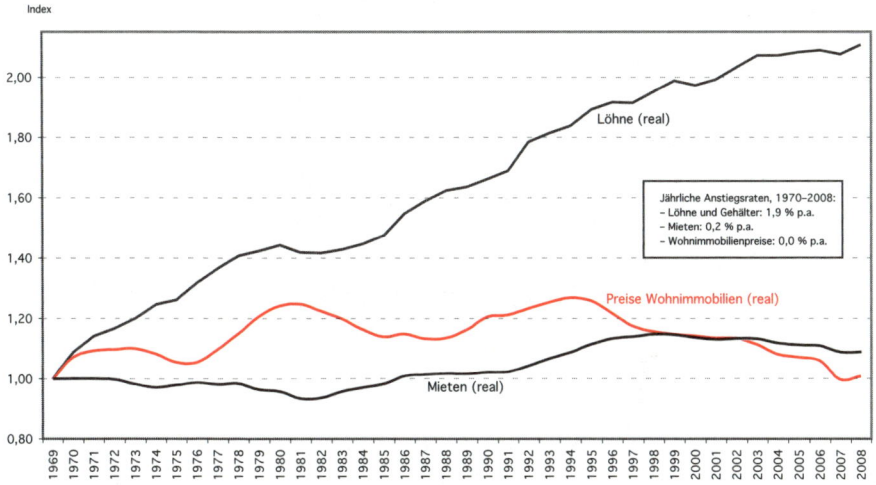

\* Alle drei Größen bis 1990 oder 1991 nur Deutschland-West, danach gesamtes Bundesgebiet.
*Datenquellen:* siehe Anhang

waren im Vergleich zu anderen (hier nicht dargestellten) volkswirtschaftlichen Größen wie etwa dem Zinsniveau, aber auch relativ zu denjenigen der Reallöhne und Immobilienpreise, gering. In gewisser Hinsicht ist sogar der ausgewiesene jährliche Anstieg von 0,2 Prozent möglicherweise »übertrieben«, denn er berücksichtigt die beträchtliche Qualitätsverbesserung des Wohnraums in diesen vier Jahrzehnten nicht;[34]

■ die Preise für Wohnimmobilien – trotz eines vorübergehenden Anstiegs Anfang der 80er- und Anfang der 90er-Jahre – bei Berücksichtigung der Inflation per heute stagnierten;

---

34 Die verbreitete Auffassung von den stets »zu hohen« oder stets »ansteigenden« Mieten lässt sich (abgesehen von der bereits besprochenen → Geldillusion) auch darauf zurückführen, dass die Wohnfläche pro Bürger aufgrund steigender Ansprüche im Zeitablauf (sehr langsam) zunimmt. Gleichzeitig sinkt (ebenfalls sehr langsam) die durchschnittliche Haushaltsgröße auf in Deutschland inzwischen 2,1 Personen. Aus all diesen Entwicklungen ergibt sich ein optischer Anstiegseffekt der absoluten Mieten pro Haushalt. Ein echter Mietanstieg liegt jedoch nur dann vor, wenn die Quadratmetermieten inflationsbereinigt zunehmen.

■ somit der Anteil des Durchschnittseinkommens deutscher Haushalte, den diese für Miete aufwenden müssen, in den letzten 39 Jahren stark gefallen ist.

Warum unterliegen viele Menschen dennoch dem Eindruck, dass die Mieten im Zeitablauf fortwährend steigen? Da ist zum einen der allgegenwärtige Fehler, inflationsbedingte (nominale) Preissteigerungen mit tatsächlichen Preissteigerungen zu verwechseln, auf den wir bereits eingegangen sind. Ferner unterliegen viele von uns dem Glauben, dass steigende Hauspreise zwangsläufig steigende Mieten nach sich ziehen – ein Trugschluss, wie Abbildung 4 für Deutschland veranschaulicht. Noch viel größer klafft die für Mieter positive Lücke zwischen Mieten und Eigenheimpreisanstieg in Ländern mit zeitweilig starkem Wohnimmobilienpreisanstieg: In den neun Jahren von Ende 1996 bis März 2006 schossen amerikanische Eigenheimpreise um mehr als 100 Prozent in die Höhe (und damit letztlich auch Zins- und Tilgungsverpflichtungen), während die Mieten im Vergleich um lächerliche 4 Prozent zunahmen, was inflationsbereinigt sogar einem Rückgang entsprach.

Überdies ist selbst ein langfristig etwas über der Inflation liegender Mietanstieg harmlos, solange die Einkommen ebenso oder schneller steigen, und genau das ist der Fall: Kumulativ stiegen die realen Löhne in Deutschland in den letzten 39 Jahren um 110 Prozent, die Mieten jedoch nur um 9 Prozent. Generell kann man schlussfolgern: Ja, Mieten steigen minimal schneller als die Inflation; wenn aber die Einkommen – wie die Kurve der Löhne und Gehälter in Abbildung 4 zeigt – ebenso oder sogar schneller wachsen, müssen wir uns eigentlich wenig Sorgen über den nominalen Anstieg der Mieten machen. Dass wir es dennoch tun, hat also nichts mit den Fakten zu tun, sondern mit unserer verzerrten Wahrnehmung.

Es erscheint sehr wahrscheinlich, dass Quadratmetermieten hierzulande – so wie in den vergangenen vier Jahrzehnten – auch in Zukunft langfristig nicht viel stärker als die Inflation und insbesondere langsamer ansteigen werden als Löhne und Gehälter. (Die letztlich unbedeutende Entwicklung in einem einzelnen Jahr oder Jahrfünft, die typischerweise die tagespolitische Diskussionen in Politik und Medien bestimmt, kann natürlich anders ausfallen.) Dafür sprechen (a) die weltweit fast einmalige Mieterschutzgesetzgebung in den deutschsprachigen Ländern, (b) der Umstand, dass die durchschnittliche Wohnimmobilie sehr langfristig betrachtet nur reale Preissteigerungen von zwischen 0 Prozent und 1 Prozent erfährt und (c) die Tatsache, dass Mieten selbst ja ein wichtiger Bestandteil der Inflationsberechnung (des Verbraucherpreisindex) sind.

■ Wer primär aus Furcht vor steigenden Mieten ein Eigenheim erwirbt, der läuft vor einem harmlosen Papiertiger davon. Mieten steigen sehr langfristig betrachtet deutlich langsamer als unsere Einkommen.

**Merkbox**

## 3.3 Der »Lage-Lage-Lage«-Mythos

»Auch wenn 50 Millionen Franzosen eine Dummheit glauben, so bleibt es doch eine Dummheit.«

*Anatole France* (1844–1924), französischer Schriftsteller und Literaturnobelpreisträger

Ein inzwischen abgedroschenes, weil viel zu oft wiederholtes Bonmot aus der Immobilienwirtschaft lautet: »Bei Immobilien sind drei Dinge wichtig: Lage, Lage, Lage.« Kein Zeitungsartikel zum Thema Eigenheim, kein immobilienwirtschaftliches Seminar kommt ohne den »Lage-Spruch« aus. Und in der Tat erscheint er ja ebenso selbstverständlich wie wahr. Oft noch im selben Absatz wird dem Drei-Lage-Spruch hinzugefügt, dass »gute City-Lagen« überdurchschnittliche Renditen versprächen. Doch stimmt der Lage-Mythos wirklich? Bei näherer Betrachtung entpuppt er sich – je nach Analyseblickwinkel – als inhaltsleere Trivialität oder schlicht als falsch. Beides lässt sich recht einfach anhand eines kurzen Frage-Antwort-Spiels zeigen.

- Liefern Wohnimmobilien in »Top-Lagen«, also zum Beispiel attraktiven Großstädten, höhere Renditen als Wohnimmobilien in ländlicheren Lagen oder außerhalb dieser Großstädte?

Antwort: Nein. Vier Beispiele:

- In den 69 Jahren von 1937 bis 2005 wies Paris trotz stärkeren Bevölkerungswachstums, trotz europaweit einmaliger Zentralisierung aller wichtigen politischen, wirtschaftlichen und kulturellen Funktionen in der französischen Hauptstadt, eine niedrigere Preissteigerungsrate für Wohnimmobilien auf als das restliche Frankreich.[35]

- Unter den vier größten Städten Norwegens verzeichneten Wohnimmobilien in Oslo (das wirtschaftliche, politische und administrative Zentrum des Landes und heute siebenmal größer als die viertgrößte Stadt, Kristiansand) in den 112 Jahren von 1897 bis 2008 die niedrigste Wertsteigerung.

- San Francisco, die Stadt, die in puncto Lebensqualität auf US-amerikanischen Ranglisten regelmäßig einen der ersten drei Plätze einnimmt, erlitt im Immobilien-Crash von 2006 bis 2009 einen weit über dem nationalen Durchschnitt liegenden Preissturz von in der Spitze 47 Prozent (dies entspricht einer Halbierung des durchschnittlichen Hauspreises).

- Dem deutschen Gewos-Hauspreisindex zufolge fielen die Preise von Einfamilienhäusern in Westdeutschland in den fünf Jahren von 2004 bis 2008 inflationsbereinigt um kumulativ 8,1 Prozent gegenüber einem Rückgang von nur 1,9 Prozent in Ostdeutschland.

Aber um den Unsinn der Annahme zu erkennen, der zufolge Großstadtlagen oder wirtschaftlich stärkere Regionen stets eine höhere Rendite aufweisen als ländliche Lagen, benötigen wir gar keine historischen Zahlen. Simple Realschularithmetik genügt bereits. Läge die jährliche Hauspreissteigerung in einer Großstadt kontinuierlich

---

35 Die in diesem Abschnitt zitierten Daten stammen, wo nicht anders angegeben, aus den im Anhang genannten Quellen.

um nur zwei Prozentpunkte höher als auf dem Land, wäre die Großstadtimmobilie nach drei Generationen (100 Jahre) mehr als siebenmal so teuer wie die Landimmobilie und nach vier Generationen fast vierzehnmal so teuer. Selbst bei Alice im Wunderland würde das keiner für möglich halten. Großstadtimmobilien sind teurer als Landimmobilien, aber sie können diesen Preisvorsprung niemals kontinuierlich ausdehnen, was Voraussetzung für eine dauerhaft höhere Rendite wäre. Hinzu kommt, dass die Mietrenditen aufgrund der hohen Immobilienpreise in Großstädten häufig sogar niedriger sind als in billigen ländlichen Regionen.

- Können wir annehmen, dass die Qualität einer Lage schon im gegenwärtigen Preis einer Immobilie enthalten ist und daher per se keine Auswirkung auf die zukünftige relative Rendite haben kann?

Antwort: Ja, eindeutig. Eine Lage, die heute »gut« ist und auch in zwanzig Jahren »gut« ist (also sich weder verbessert noch verschlechtert), hat keinen positiven Renditeeffekt. Das »Lage-Dogma« ist statisch und deswegen falsch. Überdurchschnittliche Renditen ergeben sich in erster Linie durch Verbesserung einer Lage. Verbesserung ist oft leichter von einem sehr niedrigen Niveau aus erzielbar – also einer schlechten Lage.

- Ist es möglich, über mittel- bis langfristige Zeiträume hinweg die Entwicklung der Qualität von Standorten zuverlässig zu prognostizieren? Kann man langfristig »gute« Lagen im Voraus erkennen?

Antwort: Nein. Niemand kann zuverlässige 5- bis 25-Jahres-Prognosen über die künftige Entwicklung einer → Mikro- oder Makro-Lage treffen, was aber notwendig wäre, um nach Transaktionskosten und Steuern solche Veränderungen profitabel ausbeuten zu können. Und noch einmal: Wenn wir von einer »guten Lage« sprechen, dann genau deshalb, weil sie bereits allgemein als gute Lage anerkannt ist, der Lage-Vorteil also schon eingepreist ist. Daraus allein kann sich kein Renditevorteil ergeben. Viele von uns, auch sogenannte Experten, verwechseln »teuer« und »rentabel«.

- Sind viele mit historischen Zahlen unterlegte Gleichsetzungen von guten Lagen mit guten Renditen nicht einfach nur nutzlose »Ex-post-Rationalisierungen«?[36]

Antwort: Ja, das sind sie, und diese Art von Erklärungen aus der Rückschau ist wohlfeil. Für die Zukunft haben sie keinerlei Aussage-kraft. Diese Lagen wiesen in der Vergangenheit vermutlich deshalb besonders gute Renditen auf, weil sie vorher schlechtere Lagen waren.

- Kann man von historischen Renditen auf zukünftige Renditen schließen?

Antwort: Nein. Historische Renditen in der jüngeren Vergangenheit, zum Beispiel während der letzten drei, fünf oder zehn Jahre, lassen keine verlässliche Extrapolation (Trendverlängerung) in die nahe oder ferne Zukunft zu, auch wenn die »Experten« noch so oft das Gegenteil behaupten. Prognosen, die es zuverlässig erlauben, nach Berücksichtigung von Kosten, Risiko und Steuern eine über dem Marktdurchschnitt liegende Rendite zu erzielen, gibt es auf dem Markt für Wohnimmobilien ebenso wenig wie auf dem Zinsmarkt, dem Devisenmarkt oder dem Aktienmarkt.

- Werfen hochwertige Immobilien höhere Nettorenditen ab als Immobilien mittlerer oder schlechter Qualität?

Antwort: Dafür gibt es keine Evidenz.

- Ist die Aussage »Ich investiere nur in Immobilien mit überdurch-schnittlichem Potenzial« ernst zu nehmen?

Antwort: Nein. Zwar wird das jeder Immobilieninvestor von sich behaupten, doch wenn es einem privaten Investor möglich wäre, kon-

---

36 Ex post = lat. im Nachhinein. Aus den historischen Renditedaten der jeweils letz-ten fünf oder zehn Jahre filtern Makler und Immobilienfinanzierer gezielt diejeni-gen Standorte oder Objekttypen heraus, die eine Überrendite lieferten, vielleicht weil sich ihre Lage in den vorangegangenen fünf oder zehn Jahren verbesserte. Diese Standorte werden dann als »gute Lagen« deklariert und es wird wie selbst-verständlich angenommen, dass sich der festgestellte Renditevorsprung in Zu-kunft fortsetzen wird. Wissenschaftler nennen das Data-Mining (Datenschürfen).

sistent die Immobilienrosinen mit besonders hohem Ertragspotenzial herauszupicken und fast jede Fehlinvestition zu vermeiden, wäre er in kürzester Zeit Multimillionär. Der Erfolg einiger weniger in der Vergangenheit bedeutet nicht, dass sie diesen Erfolg in der Zukunft wiederholen oder andere diesen nachahmen könnten. In der Finanz- und Immobilienkrise ab 2007 haben viele der größten und professionellsten Immobilieninvestoren der Welt Milliarden verloren.

■ Das Bonmot »Lage, Lage, Lage« ist eine inhaltsleere Aussage von etwa derselben logischen Qualität wie die Feststellung »Wenn es regnet, wird man nass«. Es spricht nicht eben für die Immobilienbranche, dass viele ihrer Vertreter diese mit historischen Daten ebenso wie mit gesundem Menschenverstand widerlegbare Pseudoeinsicht noch immer als »Immobiliengrundgesetz« oder sogar als Analyseinstrument propagieren.

**Merkbox**

## 3.4 Ein Eigenheim aus steuerlicher Sicht (Deutschland, Österreich, Schweiz)

»Die Besessenheit der Regierungen, Eigenheimbesitz steuerlich zu fördern und die Immobilieneigentümerquote in die Höhe zu treiben, hat genauso viel zum weltweiten Immobilien-Crash beigetragen wie bonusgierige Banker.«

*The Economist*, 18.04.2009

Einer weit verbreiteten Auffassung zufolge sind selbstgenutzte Wohnimmobilien im Vergleich zu anderen Kapitalanlagen eine steuerlich attraktive Vermögensform. Stimmt das wirklich? Dieses Kapitel gibt darauf für Deutschland, Österreich und die Schweiz eine knappe Antwort.

Die Zusammenstellung der Steuerregeln in Tabelle 13 berücksichtigt jedoch nur die wichtigsten steuerlichen Bestimmungen in den drei Ländern mit Stand von März 2010 und lässt zahlreiche wichtige Detailregelungen aus, beispielsweise Untergrenzen für die Einkommensteuererhebung (Nichtveranlagungsgrenzen). Die Tabelle dient also lediglich dazu, einen ersten Überblick zu gewinnen, und kann eine detaillierte Beratung durch einen Steuerberater nicht ersetzen. Die Angaben gelten ferner nur für Steuerinländer und bezogen auf inländische Einkünfte und Vermögenswerte im unmittelbaren Privatvermögen (nicht im Betriebsvermögen).

**Tabelle 13: Vereinfachter Überblick über die Besteuerung von Kapital- und Mieteinkünften aus dem Privatvermögen natürlicher Personen in Deutschland, Österreich und der Schweiz (Stand 03/2010)**

| Steuertypus | Deutschland | Österreich | Schweiz |
|---|---|---|---|
| **Einkommensteuer** | | | |
| Dividendeneinkünfte aus Wertpapieren und Ausschüttungen bei offenen Investmentfonds *, **<br><br>Im Falle von Fondsanlagen spielt es für die Besteuerung im Wesentlichen keine Rolle, ob die Dividenden, Zinsen oder Mieterträge an den Fondsanleger ausgeschüttet oder ob sie thesauriert werden. | – 26,4 % Abgeltungssteuer auf jährliche Einkünfte (einschl. »Solizuschlag«, ggf. zzgl. Kirchensteuer, wodurch der Steuersatz auf 28,4 %–28,6 % steigt), es sei denn, der persönliche Einkommensteuersatz ist niedriger<br><br>– Freibetrag für Zinsen und Dividenden zusammen € 801 p. a. pro Steuerzahler (€ 1602 bei Verheirateten). Der Freibetrag wird insgesamt nur einmal für alle Kapitaleinkünfte gewährt<br><br>– Keine Anrechenbarkeit von investmentbezogenen Schuldzinsen | – 25 % KESt (Kapitalertragssteuer)<br><br>– Freibetrag (Veranlagungsfreibetrag) für Zinsen und Dividenden zusammen € 730 p. a. pro Steuerzahler<br><br>– Keine Anrechenbarkeit von investmentbezogenen Schuldzinsen | – Besteuerung mit dem persönlichen Steuersatz auf Bundes-, Kantons- und Gemeindeebene (Vermögensverwaltungs- und Depotkosten als Gewinnungskosten abziehbar)<br><br>– Bei Ausschüttung durch schweizerische Gesellschaft wird eine Verrechnungssteuer in Höhe von 35 % einbehalten (Sicherungssteuer). Diese wird bei Deklaration der Erträge in der Steuererklärung zurückerstattet<br><br>– Kein Freibetrag<br><br>Anrechenbarkeit von investmentbezogenen Schuldzinsen bis zur Höhe der steuerbaren Vermögenserträge und weiterer 50 Tsd CHF. |
| Zinseinkünfte aus Wertpapieren und offenen Investmentfonds *, ** | – Abgeltungssteuer<br><br>– Freibetrag für Zinsen und Dividenden zusammen € 801 p. a. pro Steuerzahler (€ 1602 bei Verheirateten) | – 25 % KESt (Kapitalertragssteuer)<br><br>– Freibetrag (Veranlagungsfreibetrag) für Zinsen und Dividenden zusammen € 730 p. a. pro Steuerzahler | – Besteuerung mit dem persönlichen Steuersatz auf Bundes- und Kantonsebene (Vermögensverwaltungs- und Depotkosten als Gewinnungskosten abziehbar)<br><br>– Bei Ausschüttung durch schweizerischen Schuldner wird eine Verrechnungssteuer in Höhe von 35 % einbehalten (Sicherungssteuer). Diese wird bei Deklaration der Erträge in der Steuererklärung zurückerstattet |

| Steuertypus | Deutschland | Österreich | Schweiz |
|---|---|---|---|
| | | | – Freibeträge für Zinseinkünfte auf Bundes- und Kantonsebene bis zu bestimmten Maximalbeträgen (z. B. bei der Bundessteuer für Verheiratete 3 000 CHF und für Alleinstehende 1 500 CHF zzgl. Kinderzulagen i. H. v. 600 CHF, kantonal unterschiedlich Sätze) |
| Mieteinkünfte von vermieteten, inländischen Wohnimmobilien | – Persönlicher Einkommensteuersatz<br>– Etwaige Aufwendungen (Afa, Zinsen, Erhaltungsaufwendungen) gegenrechenbar<br>– Kein Freibetrag | – Persönlicher Einkommensteuersatz<br>– Etwaige Aufwendungen (Afa, Zinsen, Erhaltungsaufwendungen) gegenrechenbar<br>– Kein Freibetrag | – Besteuerung mit dem persönlichen Steuersatz auf Bundes- und Kantonsebene<br>– Etwaige Aufwendungen (Zinsen, Erhaltungsaufwendungen, jedoch keine Afa) oder Pauschalbeträge gegenrechenbar |
| Eingesparte Miete bei Selbstnutzung einer Wohnimmobilie | – Steuerfrei<br>– Bei Sanierung oder Modernisierung von denkmalgeschützten Immobilien ist ein gewisser Sonderausgabenabzug (Afa) möglich | – Steuerfrei | – Besteuerung des sog. Eigenmietwertes bei selbstgenutztem Wohneigentum mit dem persönlichen Einkommensteuersatz. Auch hier können Schuldzinsen (siehe Zelle Dividendeneinkünfte) in begrenzter Höhe und Unterhaltungskosten, Versicherungsprämien und Kosten der Verwaltung durch Dritte abgezogen werden (tatsächliche Aufwendungen oder Pauschalbetrag) |
| Realisierte Kursgewinne bei Wertpapieren (Aktien, Anleihen, offene Investmentfonds) ***, **** | – Investitionszeitpunkt (Kauf) ab dem 01.01.2009: Abgeltungssteuer<br>– Investitionszeitpunkt (Kauf) vor dem 01.01.2009 und Haltedauer von mehr als 12 Monaten: keine Besteuerung<br>– Keine Anrechenbarkeit von investmentbezogenen Schuldzinsen<br>– Keine Besteuerung auf Fondsebene<br>– Verrechnung von »Spekulationsgewinnen« mit »Spekulationsverlusten« möglich | – Unterscheidung zwischen Anlegerebene und Fondsebene ist relevant. Die Gesamtbelastung für private Anleger ergibt sich aus der Summe der Besteuerung auf der Investorenebene und derjenigen auf der Fondsebene<br>– Auf Investorenebene: Nach einer Haltedauer von einem Jahr steuerfrei, sonst normale Einkommensteuer<br>– Auf Investmentfondsebene: Effektive Steuerbelastung von 5 % bei Aktienfonds (0 % bei Anleihenfonds)<br>– Keine Anrechenbarkeit von investmentbezogenen Schuldzinsen<br>– Unter bestimmten Umständen Verrechnung von »Spekulationsgewinnen« mit »Spekulationsverlusten« möglich | – Kapitalgewinne im Privatvermögen sind steuerfrei.<br>– Anrechenbarkeit von investmentbezogenen Schuldzinsen bis zur Höhe des steuerlichen Ertrages und weiterer 50 Tsd. CHF<br>– Keine Besteuerung auf Fondsebene |

| Steuertypus | Deutschland | Österreich | Schweiz |
|---|---|---|---|
| Realisierte Wertsteigerungen bei selbstgenutzten Wohnimmobilien ***, **** | – Keine Besteuerung ausschließlich bei Nutzung zu eigenen Wohnzwecken im Jahr der Veräußerung und in den beiden vorangegangenen Jahren. Bei durchgehender Selbstnutzung zwischen Kauf und Verkauf keine Fristbeachtung erforderlich<br><br>– Nicht selbstgenutzte Wohnimmobilie nach 10 Jahren steuerfrei<br><br>– Keine Anrechenbarkeit von investmentbezogenen Schuldzinsen | – Im Wesentlichen identische Regelungen wie in Deutschland | – Keine Besteuerung auf Bundesebene<br><br>– Wertzuwachsgewinne werden von der Grundstücksgewinnsteuer auf Kantons- und Gemeindeebene erfasst<br><br>– Tarife variieren von Kanton zu Kanton (Bsp. Kanton ZH: bis 100 Tsd. CHF progressiver Tarif bis 40%; ab 100 Tsd. CHF linear 40%)<br><br>– Zuschläge für Besitzdauer bis 1 bzw. 2 Jahre (Kanton ZH: 50% bzw. 25%)<br><br>– Ermäßigungen für Besitzdauer von 5 bis 20 Jahren (Kanton ZH: 5%–50%, erste 5 000 CHF steuerfrei)<br><br>– Anrechenbarkeit von investmentbezogenen Schuldzinsen bis zur Höhe des steuerlichen Vermögensertrages und weiterer 50 Tsd. CHF |
| **Erbschafts-steuer******* | | | |
| Bei Wertpapieren, Fondsanteilen und vermieteten Wohnimmobilien | – Steuersätze zw. 7% und 50% je nach Verwandtschaftsgrad und vererbtem Vermögenswert, vom Erben zu zahlen (nicht vom Erblasser), jedoch hohe Freibeträge, sodass wohl in der Mehrzahl aller Erbfälle keine oder nur eine sehr niedrige steuerliche Belastung erfolgt (z. B. Freibetrag für Ehepartner €500 Tsd., für jedes Kind €400 Tsd.). Dennoch nennenswerte Steuerbelastung bei Neffen, Nichten oder Geschwistern und hohe Steuerbelastung bei Nichtverwandten | – Keine Erbschaftssteuer | – Keine Erbschaftssteuer auf Bundesebene<br><br>– Steuerhoheit liegt bei den Kantonen, aber in fast allen Kantonen werden überlebende Ehegatten/Lebenspartner und direkte Nachkommen von der Steuer befreit. Einige Kantone befreien auch Eltern von der Steuerpflicht. Der Kanton Schwyz erhebt als einziger Kanton generell keine Erbschaftssteuer |
| Bei selbstgenutzten Wohnimmobilien | – Bei Vererbung an Ehepartner Steuerfreiheit, sofern dieser mind. 10 weitere Jahre in der Immobilie verbleibt; bei Vererbung an Kinder Steuerbefreiung, sofern Selbstnutzung für weitere 10 Jahre und Immobilie nicht größer als 200 qm (dann nur Immobilienanteil, der über 200 qm hinausgeht, steuerpflichtig). Schenkung des »Familienwohnheims« an den Ehegatten steuerfrei | – Keine Erbschaftssteuer | – Keine Erbschaftssteuer auf Bundesebene<br><br>– Steuerhoheit liegt bei den Kantonen, aber in den meisten Kantonen werden überlebende Ehegatten/Lebenspartner und direkte Nachkommen von der Steuer befreit (in einigen Kantonen sind auch Eltern steuerbefreit). Der Kanton Schwyz erhebt als einziger Kanton generell keine Erbschaftssteuer |

| Steuertypus | Deutschland | Österreich | Schweiz |
|---|---|---|---|
| | | | – Der Eigentumswechsel durch Erbgang unterliegt der Grundstücksgewinnsteuer. Die Besteuerung wird allerdings bis zur tatsächlichen Veräußerung durch den/die Erben aufgeschoben.<br><br>– Tarife variieren von Kanton zu Kanton (Bsp. Kanton ZH: 2 %–7 %, ab CHF 1.5 Mio. 6 % zzgl. Zuschläge je nach Verwandtschaftsgrad bis zum sechsfachen Betrag) |
| **Andere Steuern** | | | |
| Grunderwerbssteuer (bei Immobilien) | – 3,5 % einmalig auf notariellen Kaufpreis einer Wohnimmobilie (Grundstück + Gebäude), in Berlin und Hamburg 4,5 % | – 3,5 % einmalig auf notariellen Kaufpreis einer Wohnimmobilie (Grundstück + Gebäude) | – Manche Kantone erheben eine Handänderungssteuer, die meist abhängig von der Besitzdauer und des Verwandtschaftsverhältnisses ist (im Kanton SG bspw. 0,5 % bzw. 1 %) |
| Grundsteuer (bei Immobilien) | – Variiert von Gemeinde zu Gemeinde; ca. 0,1 % p. a. oder weniger des Marktwertes der Immobilie | – Variiert von Gemeinde zu Gemeinde; ca. 0,1 % p. a. oder weniger des Marktwertes der Immobilie | – Einige Kantone (und/oder Gemeinden) erheben eine sog. Liegenschaftssteuer in Höhe von 0,3 ‰ bis 3 ‰ p. a. des Steuerwertes der Liegenschaft |
| Vermögenssteuer | – Ein Vermögenssteuergesetz existiert zwar, darf aber seit 1997 gem. BverfG-Urteil nicht mehr angewandt werden | – Existiert nicht | – Vermögenssteuer auf Kantons- und Gemeindeebene; Bemessungsgrundlage ist das Vermögen am 31.12. des Jahres. Der Grundtarif der Vermögenssteuer beträgt z. B. im Kanton ZH zwischen 0 ‰ und 3 ‰ p. a. |

\*      Fondsbezogene Angaben in dieser Tabelle gelten nur für uneingeschränkt von der jeweiligen Aufsichtsbehörde im Inland zum Vertrieb an Privatanleger »zugelassene« Fonds der »normalen«, das heißt »günstigsten« Besteuerungskategorie.

\*\*     Bei Wertpapieren ausländischer Herkunft erheben viele Staaten eine Quellensteuer (Withholding Tax) auf Dividenden und Zinsen (Bsp. USA: 15 %). Diese Quellensteuer kann sich der Anleger typischerweise im Rahmen seiner Einkommensteuererklärung anrechnen lassen. Allerdings scheitert die Anrechnung in der Praxis oft an der Komplexität und dem Aufwand des Verfahrens.

\*\*\*    Nicht realisierte Kursgewinne/Wertsteigerungsgewinne sind im Allgemeinen nicht zu versteuern.

\*\*\*\*   Oft wird im Zusammenhang mit der Abgeltungssteuer übersehen, dass durch die »nachgelagerte« Besteuerung von Kursgewinnen (Kapitalgewinnen), also der Besteuerung dieser Gewinne erst bei Realisierung und nicht dann, wenn sie tatsächlich anfallen, die effektive Steuerbelastung mit der Länge der Halteperiode eines Investments beträchtlich abnimmt.[37] Dieser Effekt kommt jedoch nur sehr langfristig orientierten → »Buy-and-Hold«-Anlegern zugute.

\*\*\*\*\*  Erbschaftssteuer und Schenkungssteuer sind weitgehend, aber nicht vollständig identisch.

---

37 Ein Beispiel: Unterstellt man einen Steuersatz von 28 Prozent und eine Halteperiode von 20 Jahren, reduziert sich die effektive Belastung bei Aktien von nominell 28 Prozent auf effektiv 18 Prozent, bei einer Halteperiode von 40 Jahren auf effektiv 13 Prozent, denn etwa drei Viertel des Gesamtertrages von Aktien sind Kursgewinne und nur ein Viertel sofort zu versteuernde Dividenden (Näheres hierzu siehe Kommer, 2009, S. 138 ff.).

Welche wichtigen Schlüsse kann man aus Tabelle 13 ableiten?

■ Im Vergleich zu Österreich und noch mehr im Vergleich zur Schweiz werden Eigenheimbesitzer, Sparer und Anleger in Deutschland vom Fiskus hinsichtlich Einkommensteuer und Erbschaftssteuer alles in allem deutlich stärker zur Kasse gebeten. Dieser Befund überrascht zunächst nicht.

## (a) Einkommensteuer

■ Der wichtigste Vorteil selbstgenutzter Wohnimmobilien in Deutschland und Österreich besteht darin, dass die eingesparte Miete (der »laufende Ertrag« eines Eigenheims) im Gegensatz zu den tatsächlichen laufenden Erträgen bei Kapitalmarktanlagen und Sparguthaben steuerfrei ist. In der Schweiz besteht dieses Privileg für selbstgenutzte Wohnimmobilien allerdings nur in geringerem Umfang.

■ Bei den meisten relevanten Haushalten dürften laufende Einkommen aus Kapitalmarktanlagen (Zinsen, Dividenden) in Deutschland und Österreich einem tendenziell geringeren Grenzsteuersatz (Abgeltungssteuer oder KESt) unterliegen als Mieteinkünfte (persönlicher Einkommensteuersatz). Wenn man berücksichtigt, dass bei dieser Analyse der Grenzsteuersatz und nicht der Durchschnittsteuersatz zur Anwendung kommen muss, dürfte damit die relative Steuerbelastung von Mieteinkünften typischerweise höher sein als diejenige von Zinsen und Dividenden. Allerdings relativiert sich die effektive Belastung in manchen Fällen durch die Möglichkeit, Abschreibungen zu verrechnen, denen nicht immer eine tatsächliche Wertminderung oder Ausgabe gegenübersteht.

■ Realisierte Wertsteigerungs- oder Kursgewinne: In Österreich und der Schweiz haben Wohnimmobilien diesbezüglich keine Einkommensteuervorteile relativ zu Kapitalmarktanlagen. In Deutschland besteht zwar ein solcher Steuervorteil, allerdings nur im Vergleich zu Kapitalmarktanlagen, die nach dem 31.12.2008 getätigt wurden. Kapitalmarktanlagen, die davor erworben wurden, genießen auch zukünftig in Deutschland grundsätzlich Steuerfreiheit auf Kursgewinne.

## (b) Erbschaftssteuer

In der Schweiz und in Österreich haben Eigenheime im Wesentlichen keine erbschaftssteuerlichen Vorteile gegenüber Kapitalmarktanlagen. In Deutschland scheint es zwar auf den ersten Blick so, als bestünde ein solcher Vorteil, aber eine nähere Betrachtung relativiert diese Schlussfolgerung. Zum einen dürften die relativ hohen Freibeträge auf Erbenebene in der großen Mehrzahl der Fälle zu einer Nullbesteuerung oder jedenfalls sehr geringen Besteuerung von vererbten Kapitalmarktanlagen führen und zum anderen sind selbstgenutzte Wohnimmobilien, jedenfalls für andere Erben als Ehefrau und Ehemann, nur unter relativ restriktiven Bedingungen von der Erbschaftssteuer befreit.

## (c) Sonstige Steuern

■ Bezüglich der Grunderwerbsteuer und der Grundsteuer (Letztere fällt allerdings kaum ins Gewicht) werden Eigenheime (und Immobilien im Allgemeinen) gegenüber Kapitalmarktanlagen benachteiligt.

Ob es volkswirtschaftlich, sozialpolitisch und ethisch gerechtfertigt ist, Eigenheimbesitzern Steuerprivilegien gegenüber Mietern und Sparern einzuräumen, erscheint fragwürdig. Damit geht eine – von Wirtschaftswissenschaftlern seit vielen Jahren angeprangerte – steuerliche und sozialpolitische Benachteiligung der finanziell schwächeren Bevölkerungsschichten einher. Einen eindeutigen volkswirtschaftlichen Nutzen hat die steuerliche Begünstigung der → Asset-Klasse Eigenheim gegenüber anderen Formen der Vermögensbildung ebenfalls nicht.

**Merkbox** ■ Alles in allem kann man schlussfolgern, dass Eigenheime (nicht jedoch vermietete Immobilien) im Vergleich zu Kapitalmarktanlagen in Deutschland und in Österreich einkommenssteuerlich begünstigt werden. Bei der Erbschaftssteuer gewähren Österreich und die Schweiz keine Vorteile für Eigenheime, und in Deutschland sind sie wohl in der großen Mehrzahl der Fälle eher gering oder sogar null. Die Grunderwerbssteuer ist ein kleiner, wenngleich nicht ganz zu vernachlässigender Steuernachteil selbstgenutzter Wohnimmobilien relativ zu Kapitalmarktanlagen; dieser wiegt aber die einkommensteuerlichen Vorteile selbstgenutzter Wohnimmobilien nicht auf.

## 3.5 Das Eigenheim als »positiver Zwangssparvertrag«

»All jene, die sparsam wirtschaften, werden wohlhabend werden; all jene, die eher konsumorientiert sind, werden es nicht.«

*Roger Gibson*, Geschäftsführer von Gibson Capital Management und Autor eines Standardwerks zu Asset-Allokation

In Abschnitt 3.1 hatten wir bereits das Phänomen des »positiven Zwangssparvertrags« angesprochen. Hinter dieser sperrigen Formulierung verbirgt sich ein uns allen intuitiv bekannter Aspekt selbstgenutzter Wohnimmobilien: Eine kreditfinanzierte Immobilie zwingt zum Sparen.

Wer eine Immobilie nicht erbt oder geschenkt bekommt oder wer nicht zu den wenigen Glücklichen gehört, die sie vollständig aus Eigenmitteln bezahlen können, der muss zu ihrer Finanzierung ein Darlehen aufnehmen. In den deutschsprachigen Ländern liegt die typische Relation zwischen Fremd- und Eigenmitteln zu Beginn einer Immobilienfinanzierung bei etwa 70 zu 30. Je höher der anfängliche Fremdfinanzierungsanteil, desto höher ist naturgemäß auch

die nachfolgende monatliche Ausgabenbelastung des Eigenheimbesitzers. Diese Belastung setzt sich aus der → Annuität und den
laufenden Aufwendungen für Instandhaltung und andere Kosten
zusammen. Unterstellt man beispielhaft den für Deutschland historischen Zinssatz von durchschnittlich 7,9 Prozent p. a. für langfristige
Immobilienkredite an Privathaushalte sowie eine Kreditlaufzeit von
30 Jahren bis zur Volltilgung, dann liegt der ungefähre → Break-
Even-Punkt, unter dem die monatliche Gesamtkostenbelastung eines
Eigentümers niedriger wird als die eines Mieters, bei einer anfänglichen[38] Fremdmittelquote von etwa 45 Prozent. Einen so niedrigen
oder noch geringeren Kreditanteil kann sich jedoch nur eine Minderheit von Immobilienkäufern leisten. Da der → Kapitaldienst bei
einer privaten Immobilienfinanzierung in Form einer gleichbleibenden monatlichen Annuität erfolgt, hat also der typische Finanzierer-
Haushalt während der Laufzeit des Kredites eine höhere monatliche
Ausgabenbelastung als der typische Mieter (vergleichbare Immobilien vorausgesetzt). Diese Mehrbelastung dürfte – entgegen dem,
was oft am Stammtisch und bei Cocktailpartys frischgebackener Eigenheimbesitzer zu hören ist – bei einer anfänglichen Fremd-/Eigen-
mittelrelation von 70 zu 30 in der Größenordnung von 30 Prozent
bis 40 Prozent liegen – je nach Zinsniveau und Kreditlaufzeit.[39]

Nimmt man nun an, dass der Mieter über diese 30 Jahre hinweg
seinen Ausgabenvorteil verkonsumiert, dann heißt das in der Konsequenz, dass der Eigenheimbesitzer drei Jahrzehnte lang jeden
Monat einen Beitrag zu seiner Vermögensbildung und Altersvorsorge
geleistet hat, der Mieter dagegen nicht. Anders ausgedrückt: Der
Selbstnutzer hat gespart, der Mieter hat verbraucht. Selbst wenn die

---

38 Trotz sinkender Restschuld bleibt bei → annuitätischer Tilgung (die Immobilien-
kreditgeschäfte mit Privatkunden dominiert) der monatliche → Kapitaldienst,
also die monatliche Annuität, über die gesamte Kreditlaufzeit (genauer gesagt
Zinsbindungszeit) hinweg unverändert.

39 Zu dem falschen Schluss, dass die monatliche Annuität nicht wesentlich höher
sei als die vorher gezahlte Miete (vergleichbare Immobilien unterstellt), kommen
typischerweise jene neuen Eigenheimbesitzer, welche die nicht in gleichbleibenden
monatlichen Intervallen anfallenden Instandhaltungskosten, Versicherung und
anderes mehr in ihrer (Milchmädchen-)Rechnung ignorieren.

Gesamtrendite der Immobilieninvestition aus Wertsteigerung und eingesparter Miete inflationsbereinigt, wie wohl in der Mehrzahl der Fälle, bei weniger als 1 Prozent p. a. liegt, führt das über einen so langen Zeitraum hinweg zu einer beträchtlichen Vermögensbildung. Hingegen steht bei einem konsumfreudigen Vergleichsmieter am Ende der 30 Jahre, wenn er nichts von seinem »Kostenvorteil« relativ zum Eigentümer spart, eine Null auf dem Vermögensbildungskonto.

Für den Eigenheimbesitzer war dieser über drei Jahrzehnte anhaltende Sparvorgang ein (positiver) »Zwang«, denn nachdem er sich einmal für den Kauf der Immobilie und die damit verbundene Kreditaufnahme entschieden hatte, gab es keine Alternative mehr zum Sparen. Jeden Monat musste er seine »Sparrate« (Annuität) an die Bank überweisen, andernfalls lief er Gefahr, seine Immobilie und damit womöglich einen großen Teil seines darin gebundenen Eigenkapitals zu verlieren. Denn wer seinen Kredit nicht pünktlich bedient, gerät gegenüber der Bank in Zahlungsverzug, was dazu führen kann, dass die Bank das Objekt beschlagnahmen lässt. Hinzu kommt die mit einem solchen Vorgang aus der Sicht des sozialen Umfeldes verknüpfte »Schande« der Enteignung.

Nun liegt es auf der Hand, dass nicht jeder normale Haushalt solche Zahlungen (Kreditraten und Instandhaltungsaufwendungen) 30 Jahre lang ununterbrochen völlig mühelos leisten kann. Zwischendurch wird es in vielen Fällen Phasen geben, während derer dieser Sparvorgang schwerfällt, weil sich vorübergehend und oft unerwartet die Einkünfte des Haushaltes verringern (man denke an Dinge wie Krankheit, Arbeitslosigkeit, scheidungsbedingte Trennung etc.) oder seine Ausgaben erhöhen (Zinsniveau nach Auslaufen der Zinsbindung höher als vorher, Universitätsstudium von Kindern, außergewöhnliche medizinische Kosten, nicht versicherte Schäden am Haus oder am Auto etc). Trotz all diese finanziellen Unwägbarkeiten des Lebens hat ein Eigenheimhaushalt letztlich keine andere Wahl, als diszipliniert Kapitaldienst und laufende Kosten der Immobilie zu bestreiten. Verschnaufpausen beim Zahlungsvorgang sind kaum oder jedenfalls nur eingeschränkt möglich. Daher kommt es häufig vor, dass Eigenheimbesitzer bei solchen Engpässen von Eltern, Großeltern oder anderen Verwandten finanzielle Unterstützung erhalten. Alles in allem sprechen wir daher von einem »positiven Zwangssparvertrag«, denn es ist ein Zwang, dem man sich freiwillig unterwirft und der in der Mehrzahl der Fälle vorteilhafte, vermögensbildende Effekte hat.

Ganz anders sieht es auf der Seite unseres hypothetischen Vergleichsmieters aus. Wenn wir annehmen, dass er das gleiche Haushaltseinkommen wie ein gegebener Immobilienfinanzierer hat und in einer vergleichbaren Immobilie lebt, sind seine monatlichen Mietausgaben spürbar niedriger als die des Selbstnutzerhaushaltes. Niemand »zwingt« den Mieterhaushalt, diese Differenz jeden Monat zum Beispiel auf ein Sparkonto, in einen Wertpapiersparvertrag oder eine private Rentenversicherung einzuzahlen. Und wenn er das doch tut, kann er diesen Sparvorgang jederzeit leicht unterbrechen. Die Sparleistung des Mieterhaushaltes ist also rein freiwillig. Falls er sie nicht erbringt, geht er nicht das Risiko einer Zwangsräumung, eines damit verbundenen Vermögensschadens und der sozialen Stigmatisierung ein. Und weil das so ist, unterliegen viele Mieterhaushalte in der Tat der Versuchung zu konsumieren, anstatt zu sparen: ein größeres Auto, aufwändigere Urlaubsreisen, teurere Hobbys, schickere Kleidung und viele andere kleine Mehrausgaben, die sich aufsummieren. Sparen wird im schlimmsten Fall 30 oder 40 Jahre lang auf die Zukunft verschoben, bis es irgendwann bei Rentenbeginn zu spät ist.

Dass Haushalte, die relativ frühzeitig Immobilieneigentum erworben haben, bei Eintritt in die Ruhestandsphase häufig finanziell besser dastehen als dem Einkommen nach vergleichbare Mieterhaushalte, hängt also nicht damit zusammen, dass Eigenheime eine besonders rentable Vermögensanlage wären (das sind sie nicht), sondern damit, dass ihr »Gesamtinvestment« pro Periode über einen langen Zeitraum höher war als dasjenige mancher vergleichbarer Mieterhaushalte. Beim Eigentümerhaushalt besteht dieses Gesamtinvestment aus den Tilgungen und laufenden Kosten (die Zinsen sind »Kapitalmiete«), beim Mieterhaushalt aus etwaiger Sparleistung.

Die Standardkonstellation sieht wohl in etwa so aus: (a) Der Mieter erbringt über den fraglichen Gesamtzeitraum eine geringere Sparleistung als der zum Zwangssparen verpflichtete Selbstnutzerhaushalt; (b) er investiert aus Unkenntnis zudem in eine schwach rentierende Anlageform, wie etwa ein Sparkonto oder eine Kapitallebensversicherung (siehe Kapitel 4).· Aus (a) und (b) erklärt sich der häufig höhere Vermögensendwert, den Eigentümerhaushalte im Vergleich zu Mieterhaushalten nach 30 oder 40 Jahren aufweisen.

**Merkbox**

- Eine selbstgenutzte Wohnimmobilie, die mit einem typischen Fremdkapitalanteil von 60 Prozent bis 85 Prozent fremdfinanziert ist, entspricht einem »positiven Zwangssparvertrag«, denn aufgrund dieser Finanzierungsstruktur ist der Eigenheimbesitzer gezwungen, über einen sehr langen Zeitraum hinweg ununterbrochen eine beachtliche Sparleistung zu erbringen. Diesem Zwang unterliegen im Einkommen vergleichbare Mieterhaushalte nicht, denn sie sparen jeden Monat rein freiwillig. Über den Gesamtzeitraum einer Immobilienfinanzierung von normalerweise etwa 30 Jahren ergibt sich daher sehr oft eine höhere Sparleistung des Selbstnutzerhaushaltes.

- Diese höhere Sparleistung des Eigenheimhaushaltes ist im typischen Fall Ursache dafür, dass viele Eigentümerhaushalte bei Eintritt in die Ruhestandsphase über ein größeres Nettovermögen verfügen als vergleichbare Mieterhaushalte. Nicht ursächlich für diesen Unterschied ist hingegen die Nettorendite der Wohnimmobilie selbst, denn diese ist normalerweise niedriger als die Nettorendite dem Risiko nach vergleichbarer Vermögensanlagen aus Aktien und Anleihen. Wer öfter als alle 15 Jahre sein Eigenheim verkauft, bei dem ist sogar sehr wahrscheinlich, dass er (inflationsbereinigt) Geld verliert.

## 3.6 Sind Eigenheime eine gute Altersvorsorge?

»Der Glaube, dass man vom Wertzuwachs des Heimes, das man vor 30 Jahren gekauft hat, im Alter noch profitieren kann, wird für die meisten eine Illusion bleiben.«

*Axel Börsch-Supan*, Professor für Betriebswirtschaftslehre, Universität Mannheim

»Eigenheime eignen sich gut zur Altersvorsorge« – eine längst nicht mehr hinterfragte Binsenweisheit. In einer Studie des Institutes für Demoskopie in Allensbach im Jahr 2008 antworteten zwei Drittel der Befragten, das Eigenheim sei die beste Altersvorsorge. Stefan Jokl vom Bundesverband der Privaten Bausparkassen in Berlin: »Der finanzielle Vorteil durch die eigenen vier Wände ist im Alter erheblich.« Das Eingangszitat eines im Unterschied zur Bausparkassenbranche nicht von Interessenkonflikten belasteten Fachmannes hingegen deutet an, dass die Wahrheit so einfach wohl nicht ist. In diesem Abschnitt werden wir uns die Fakten genauer ansehen, um zu einer fundierten Antwort auf die in der Überschrift gestellten Frage zu gelangen.

- Die inflationsbereinigte Wertsteigerung von Wohnimmobilien bewegt sich, wie wir jetzt wissen, langfristig zwischen 0 Prozent und 1 Prozent p. a. – das ist weit weniger, als Eigenheimbesitzer und Mieter üblicherweise annehmen. In Österreich und Deutschland sind die Wohnimmobilienpreise seit 1993 und 1995 real um etwa 20 Prozent gefallen, in der Schweiz seit 1989 um 26 Prozent, in den USA seit 2005 um 32 Prozent, in Japan seit 1990 um 45 Prozent. Dies zeigt: Nach Abzug der Inflation steigen Hauspreise keineswegs automatisch, und aus der Wertsteigerung einer Wohnimmobilie allein ergibt sich über einen Zeitraum von 35 Jahren hinweg kein oder allenfalls ein fast zu vernachlässigender realer Vermögenszuwachs.
- Auch wenn man die eingesparte Miete hinzurechnet, hat eine selbstgenutzte und voll aus Eigenkapital finanzierte Wohn-

immobilie über ein hypothetisches Sparerleben von 35 Jahren hinweg in Deutschland auf Basis der Daten seit 1970 zu einem geringeren Nettovermögensendwert geführt als ein dem Risiko nach vergleichbares einfaches 50/50-Portfolio aus mittelfristigen deutschen Staatsanleihen und europäischen Standardwerteaktien (siehe Abschnitt 2.4).

- In allen unseren historischen Beispielsrechnungen für exemplarische Kreditfinanzierungen von Eigenheimen in Deutschland ab 1970 mit 30 Jahren Tilgungszeit schlug das das eben genannte einfache 50/50-Portfolio die selbstgenutzte Wohnimmobilie (einschließlich Nettomietrendite) hinsichtlich des Nettovermögensendwerts (siehe Abschnitte 2.5 und 3.1).

- Auf der Basis internationaler Daten aus den westliche Ländern kann man hinsichtlich des Risikos von Wohnimmobilien sagen, dass inflationsbereinigte Wertverluste von bis zu 50 Prozent historisch keine Seltenheit darstellen. Diese Wertverluste können von der Inflation »versteckt« und schleichend[40] vonstatten gehen, wie in den deutschsprachigen Ländern und Japan über die letzten rund 20 Jahre, oder offen und plötzlich wie seit ungefähr 2005 in Spanien, Irland, Großbritannien oder den USA. Das Wertverlustpotenzial einer *einzelnen* Wohnimmobilie, im Unterschied zu den soeben zitierten und in diesem Buch dargestellten *Markt*indexdaten, ist sogar noch größer. Hierbei ist der risikoerhöhende Effekt einer teilweisen Fremdfinanzierung noch nicht berücksichtigt.

- Hinsichtlich der Frage des Inflationsschutzes, den viele mit Blick auf ihre Altersvorsorge als wichtiges Ziel ansehen, gilt: Inflationsschutz ist für sich allein genommen kein anstrebenswertes Ziel. Wichtiger als bloßer »Inflationsschutz« ist die Frage der relativen

---

40 Mit »versteckt und schleichend« meinen wir, dass (a) die Wertverluste nur zutage treten, wenn man aus den nominalen Wertsteigerungen die Inflation herausrechnet (eine Wertsteigerung von 2 Prozent bei einer Inflation von 3 Prozent ist ein realer Wertrückgang von 1 Prozent), und (b) jährliche geringe reale Wertverluste sich über einen langen Zeitraum »kaum spürbar« zu einem zweistelligen Wertverlust aufsummieren können (kumulativer Verlust).

Rendite einer Vermögensanlage im Vergleich zu allen alternativen Vermögensanlagen mit gleichem oder niedrigerem Risiko. Hier schneiden selbstgenutzte Wohnimmobilien, wie dargelegt, relativ schlecht ab, was mit einem schlechteren (aber nicht notwendigerweise schlechten) Schutz vor Inflation einhergeht.

- Da die gesetzlichen Renten inzwischen so langsam steigen oder sogar real fallen, dass sie den vor dem Ruhestand erreichten Lebensstandard in der Mehrzahl der neuen Rentnerhaushalte nicht mehr gewährleisten, wird in Zukunft der teilweise oder vollständige Verbrauch des angesparten Vermögens bis zum Tod des letzten Haushaltsmitgliedes zur Regel werden. Das ist ein ganz neues, im Denken vieler Bürger noch nicht verankertes Phänomen. Ein Weitervererben des im Laufe des Lebens angesparten Vermögens an die Nachkommen wird immer seltener werden. In einer solchen Situation haben Eigenheime jedoch gegenüber Kapitalmarktanlagen einen gravierenden Nachteil: Eine Immobilie kann nicht, wie ein Sparkonto, ein Wertpapierportfolio oder eine Lebensversicherung peu à peu »verbraucht« werden. Tabelle 14 illustriert, was gemeint ist. Zwei Ehepaare sind soeben in den Ruhestand eingetreten. Das Ehepaar Ender hat ein schuldenfreies Haus im Wert von 200 000 Euro, das Ehepaar Mendel besitzt ein Bankdepot (Staatsanleihen) im Gesamtwert von ebenfalls 200 000 Euro. Die Tabelle listet die unterschiedlichen Zahlungsströme der beiden frischgebackenen Jungrentnerehepaare auf, die exakt denselben Lebensstandard haben. Sie verfügen bei Beginn des Ruhestandes über das gleiche Nettovermögen und beziehen eine identische gesetzliche Rente. Diese reicht in beiden Haushalten jedoch nicht aus, um die gesamten Lebenshaltungskosten zu decken. Den Enders fehlen jedes Jahr 5 700 Euro, den Mendels 6 100 Euro.

**Tabelle 14: Vergleich Selbstnutzer-Ehepaar Ender und Mieter-Ehepaar Mendel**

|  | Ehepaar Ender | Ehepaar Mendel |
|---|---|---|
| Nettovermögen bei Ruhestandsbeginn (in Euro) | 200 000 (Eigenheim) | 200 000 (Bankdepot) |
| Jährliche Zahlungsströme (in Euro) |  |  |
| Einkommen aus gesetzlicher Rente | + 30 000 | + 30 000 |
| Lebenshaltungskosten | – 31 500 | – 31 500 |
| Mietaufwand Mendels = 5 % von € 200 000 | – | – 10 000 |
| Immo-Nebenkosten Enders = 2,1 % von € 200 000 | – 4 200 | – |
| Zinseinkommen Mendels nach Steuern = 2,7 % * | – | + 5 400 |
| Jährliche Unterdeckung (in Euro) | – 5 700 | – 6 100 |

\* Inflationsbereinigter Durchschnitt aus Kurz- und Langfristzinsen in Deutschland in den vergangenen 40 Jahren nach Abzug von 15 % für Kosten und Steuern. Alle Zahlenwerte in dieser Tabelle sind durchgängig exklusive Inflation dargestellt

Ehepaar Mendel hat es relativ leicht, das »Cashflow-Unterdeckungsproblem« zu lösen. Es entnimmt seinem Bankdepot am Jahresbeginn jeweils 11 500 Euro (das jährliche Defizit vor Berücksichtigung der Zinseinkünfte). Bei dieser Entnahmerate reicht das Depot knapp 23 Jahre. Das Ehepaar könnte die 200 000 Euro alternativ bei einer Versicherung in eine »ewige Rente« umwandeln lassen. Dann würde eine bestimmte jährliche bzw. monatliche Rente bis zum Tod des überlebenden Ehepartners gezahlt (also unter Umständen länger als 23 Jahre), wodurch das sogenannte »Langlebigkeitsrisiko« gedeckt wäre. Wie hoch der Abschlag der jährlichen Rentenzahlung in diesem Falle gegenüber dem Referenzbetrag von 11 500 Euro wäre, würde von versicherungsmathematischen Fragen (zum Beispiel Restlebenserwartung) abhängen.

Doch was macht Ehepaar Ender? Es hat im Prinzip die fünf folgenden Möglichkeiten: (a) Es könnte die Liquiditätslücke durch Hereinnahme eines Untermieters in ihr Heim füllen, was aber mit

Einschränkungen der Privatsphäre und damit der Lebensqualität der Enders verbunden wäre. (b) Es könnte die Immobilie verkaufen, an ihrer Stelle eine kleinere, billigere Immobilie erwerben (abzüglich Transaktionskosten für Kauf und Verkauf von in Deutschland durchschnittlich 11,5 Prozent) und mit dem Erlös einige Jahre die Unterdeckung ausgleichen, um dann bei Bedarf mit einer noch kleineren Immobilie dieses »Geldschöpfungsspiel« zu wiederholen. (c) Es könnte die Immobilie verkaufen (abzüglich Transaktionskosten), diese sofort vom Käufer zurückmieten (oder eine andere, gleichwertige Immobilie mieten) und sich damit effektiv in dieselbe Position wie die Mendels versetzen. (d) Es könnte die Immobilie an die Erben oder an einen Dritten bei gleichzeitiger Einräumung eines lebenslangen Wohnrechtes verkaufen. Der Kaufpreis (oder eine gleichwertige → Verrentung) wäre um den (allerdings schwer zu bemessenden) Wert des Wohnrechtes gemindert. Eine bloße Übertragung der Immobilie (mit Wohnrechtseinräumung) an einen Dritten ohne Kaufpreiszahlung, wie sie in der Praxis innerhalb der Familie häufig vorkommt, würde das Liquiditätsproblem der Enders allerdings nicht lösen. Eine Verrentung durch einen privaten Käufer (also kein Versicherungsunternehmen) hätte zudem den Nachteil, dass sich die Enders beinahe auf Gedeih und Verderb an diese Privatperson binden müssten, die möglicherweise irgendwann nicht mehr zahlen könnte. (e) Es könnte ein sogenanntes Rückwärtsdarlehen bei einer Bank aufnehmen. Der von der Restlebenserwartung des Kreditnehmers (in diesem Fall des Ehepaars) abhängige Kreditbetrag liegt dabei allerdings selten bei mehr als 50 Prozent des Zeitwertes der Immobilie. Dieser Kreditbetrag wird von der Bank dann üblicherweise in Form einer lebenslangen Rente ausgezahlt (Verrentung). Das Rückwärtsdarlehen hat jedoch eine Reihe von Nachteilen, die wir in dem Artikel »Hilft ein Rückwärtsdarlehen im Ruhestand?« näher untersuchen. (Sie finden diesen Text im PDF-Format auf der CD-ROM.)

Zwar sind nicht alle hier dargestellten Problemlösungswege der beiden Ehepaare völlig gleichwertig, aber dennoch wird deutlich, dass die fünf Alternativen, die den Enders offenstehen, relativ zu den beiden Möglichkeiten der Mendels vergleichsweise komplex, technisch aufwändig oder mit höheren Transaktionskosten verbunden sind. Das bestätigt die oben getroffene Aussage: Eine selbstgenutzte Wohnimmobilie lässt sich im Gegensatz zu Finanzvermögen nur schlecht und oder jedenfalls nur mit Zusatzkosten und -aufwand »entsparen« (verbrauchen).

- Eine Wohnimmobilie verleitet oder zwingt manchen Haushalt jedenfalls vorübergehend, in einer Immobilie zu leben, die ihm eigentlich zu groß ist: am Anfang – wenn beispielsweise ein Ehepaar eine große Immobilie erwirbt, obwohl noch keine Kinder da sind – und später, wenn die Kinder ausgezogen sind. Im Alter wird normalerweise ein Ehepartner den anderen überleben und dann vielleicht zehn und mehr Jahre allein in einem 220-qm-Heim leben, das einmal eine fünfköpfige Familie beherbergte. Während des hier im Zeitraffer dargestellten Gesamtzeitraums von vielleicht 40 bis 50 Jahren war im zeitgewichteten Durchschnitt vermutlich mehr als ein Drittel der Wohnfläche überflüssig oder blieb ungenutzt. Diese Fläche musste jedoch instandgehalten werden und konsumierte Energie. Ökonomisch betrachtet ist das vergeudetes oder »totes« Kapital, denn damit hätte ein risikoloser Zinsertrag erwirtschaftet werden können. Würde der Witwer oder die Witwe aus unserem Beispiel in einer 220-qm-*Miet*immobilie wohnen, würde sie vermutlich in ein preisgünstigeres und oft auch praktischeres Haus umziehen.

Hinzu kommt ein verwandter Gesichtspunkt. Aufgrund der in den westlichen Ländern erfreulicherweise weiter steigenden Lebenserwartung sind altersbedingte gesundheitliche Probleme bis hin zur Pflegebedürftigkeit ein Thema, mit dem wir notgedrungen umgehen müssen. Die im Zeitablauf zunehmenden physischen Einschränkungen eines alternden Menschen haben in vielen Fällen auch Konsequenzen für seine Wohnbedürfnisse. Im Falle eines Mieterhaushaltes können Umzüge in jeweils bedarfs- und ortsgerechten Wohnraum (einschließlich betreutes Wohnen und Altersheime) problemlos und mit geringem Kostenaufwand realisiert werden. Immobilieneigentümer tun sich in dieser Hinsicht schwerer, denn zum einen stellt sich bei ihnen die Frage, was mit der Eigentumsimmobilie geschieht, und zum anderen verursacht ein etwaiger Verkauf (der oft erst nach Jahren des Leerstandes vollzogen wird) nicht selten emotionale Schwierigkeiten in der Familie (seltener beim ehemaligen Eigentümer) sowie beträchtliche Transaktionskosten.

Doch Eigenheime haben als Altersvorsorgevehikel nicht nur Nachteile gegenüber gleichwertigen Finanzvermögen. Im Gegenteil: Kreditfinanzierte Eigenheime besitzen in dieser Hinsicht zwei Vorteile, die anderen Vermögensanlagen fehlen. Der erste dieser beiden Vorteile besteht in dem im vorigen Abschnitt beschriebenen »Spardisziplinierungseffekt«. Altersvorsorge geschieht – abgesehen von der gesetzlichen Rente für Arbeitnehmer (die, wie erwähnt, für künftige Rentnergenerationen nur eine Grundversorgung darstellen wird) – nicht automatisch. Notwendige Bedingungen einer erfolgreichen Altersvorsorge sind daher (a) ein diszipliniertes und kontinuierliches Sparverhalten und (b) eine inflationsbereinigte Nettorendite, die spürbar über null liegt und jedenfalls nicht negativ ist. Von den beiden Voraussetzungen (a) und (b) ist jedoch (a) bedeutender für den Vermögensbildungserfolg. Hierbei dürfte sich der mit einem kreditfinanzierten Heim einhergehende Sparzwang über 20 bis 30 Jahre hinweg für die meisten Betroffenen segensreich auswirken. Ohne *positiven Zwangssparvertrag* hätten sie vermutlich weniger gespart und dafür mehr konsumiert.

Der zweite, kaum zu unterschätzende Vorteil von Eigenheimen aus Altersvorsorgesicht: Langfristiger Erfolg bei der Vermögensbildung setzt voraus, dass der Sparer oder Investor das Vermögensbildungsprodukt wirklich versteht. Aufgrund vieler wissenschaftlicher Untersuchungen wissen wir, dass dies bei selbstgenutzten Wohnimmobilien für die breite Bevölkerung viel eher gilt als bei Aktien, Anleihen, Zertifikaten, offenen oder geschlossenen Fonds, Rohstoffinvestments oder anderen Kapitalmarktprodukten. Deren (bei richtiger Vorgehensweise) höhere Nettorendite hilft all jenen Haushalten nicht weiter, die die »richtige Vorgehensweise« nicht kennen oder sich von Banken in Form von übertreuerten, unangemessenen und verlustträchtigen Produkten über den Tisch ziehen lassen. Letzteres geschieht leider sehr häufig.

**Merkbox**

- Aus rein renditebezogener Sicht dürfte eine sachverständig gema-nagte Kapitalmarktanlage einer selbstgenutzten Wohnimmobilie im Normalfall überlegen sein und damit rein finanziell besser zur Altersvorsorge beitragen als ein Eigenheim. Die pauschale Behaup-tung, mietfreies Wohnen im Alter sei die beste Altersvorsorge, ist daher Unsinn, denn sie ignoriert fast ein halbes Dutzend finanziell entscheidender Gesichtspunkte der Kauf-oder-Miete-Entscheidung.

- Auch hinsichtlich einiger zwar ökonomischer, aber schwer mess-barer Gesichtspunkte liegt die Kapitalmarktanlage bei der Altersvorsorge vorne. Ein Eigenheim weist beim heute immer wichtigeren Gesichtspunkt des »Entsparens« (dem allmählichen Vermögensverzehr im Alter) beträchtliche Nachteile gegenüber einer Kapitalmarktanlage auf. Ähnliches gilt für das Problem des »toten Kapitals«, das Eigenheime in vielen Fällen über längere Phasen hinweg belastet.

- Die rein renditebezogene Überlegenheit einer klug strukturierten und verwalteten Kapitalmarktanlage (Aktien, Anleihen, In-vestmentfonds) gegenüber einer Wohnimmobilie wiegt für die Mehrheit der Bevölkerung kaum deren zwei Vorteile auf: (a) den *positiven Zwangssparcharakter* eines Eigenheims (sofern es in nennenswertem Umfang kreditfinanziert ist oder war) und (b) ihre relative Einfachheit und Verständlichkeit verglichen mit Kapitalmarktanlagen, die, wie Studien immer wieder zeigen, nur ein kleiner Teil der Bevölkerung ausreichend versteht. Paradoxer-weise gilt Vorteil (a) nur für die kreditfinanzierte, also riskantere Form des Eigenheimbesitzes.

- Alles in allem ist das Eigenheim für viele Bürger vermutlich die bessere Ergänzung zur gesetzlichen Rente oder einer Privatrente, obwohl die selbstgenutzte Wohnimmobilie rein ökonomisch be-trachtet einer klug strukturierten und verwalteten Kapitalmarkt-anlage unterlegen ist.

## 3.7 Warum Sie keine Immobilie zur Vermietung erwerben sollten

»Vermeiden Sie Konzentrationsrisiken. Als Hauseigentümer würde ich mich davor hüten, eine zweite Immobilie zu kaufen. Eine Überinvestition in Immobilien kann in die Katastrophe führen.«

*Professor Robert Shiller,* Yale University, Immobilienexperte und Bestsellerautor

Knapp 60 Prozent der etwa 24 Millionen vermieteten Wohnungen in Deutschland gehören Privatpersonen oder »Kleinanbietern«, wie das Statistische Bundesamt jene Vermieter definiert, die das gewerbliche Wohnimmobilienvermietungsgeschäft nur in bescheidenem Stil betreiben – überwiegend durch Vermietung einer oder zweier Wohneinheiten.[41] Die anderen etwa neun Millionen Mietwohnungen befinden sich im Eigentum professionell-gewerblicher Anbieter. Diese Gruppe besteht aus Immobilienunternehmen, deren Gesellschafter entweder einen öffentlich-rechtlichen (zumeist kommunalen), genossenschaftlichen, kirchlichen oder rein gewerblichen Hintergrund haben. Angesichts des hohen Anteils privater Vermieter müsste man meinen, dass die Vermietung von Wohnimmobilien durch Private ein attraktives Geschäft sei. An die 15 Millionen privater Vermieter können schließlich nicht irren. Oder vielleicht doch?

Kaum jemand wird bezweifeln, dass der Zweck einer vermieteten Immobilie aus der Sicht des Vermieters darin besteht, eine zufriedenstellende Rendite nach Steuern und Kosten zu erwirtschaften, die in einem gesunden Verhältnis zum Risiko des Investments steht. Hingegen bestehen durchaus Zweifel daran, ob private Vermieter diese zufriedenstellende Rendite tatsächlich erzielen.

---

41 In dieser Zählung sind auch Reihenhäuser und Doppelhaushälften enthalten, jedoch keine vermieteten freistehenden Einfamilienhäuser. Bei diesen liegt der Anteil der Privatvermieter wohl bei 95 Prozent oder höher (Quelle: Statistisches Bundesamt).

Bei Wohnungen und Einfamilienhäusern gibt es zwar immer mal wieder ein tatsächlich »einzigartiges« und daher außerhalb des Wettbewerbs stehendes Objekt, aber die meisten Immobilien konkurrieren gegen viele Dutzende, Hunderte, manchmal auch Tausende andere Objekte und werden dementsprechend auf einem wettbewerbsintensiven, recht gut funktionierenden Markt gehandelt.[42] Betriebswirtschaftsstudenten lernen im Grundstudium, was dem Rest der Bevölkerung von vornherein klar ist: Der Preis eines Gutes in einem funktionierenden Markt tendiert stets in Richtung des Preises des »Kostenführers«, also desjenigen, der es am günstigsten anbieten kann. Alle teureren Anbieter müssen dem günstigsten Anbieter preislich nach unten folgen, andernfalls wird ihr Gut nicht (oder nicht vollständig) abgenommen. Das ist auch auf dem Wohnungsmarkt nicht grundsätzlich anders. Der Kostenführer diktiert den Marktpreis. Auf dem Mietwohnungsmarkt sind das tendenziell die *gewerblichen* Vermieter – nicht die privaten. Warum? Ganz einfach, die gewerblichen Vermieter genießen im Allgemeinen beträchtliche Vorteile bei Kosten und Steuern. Daher sind sie es, die tendenziell den Marktpreis (die Miete) bestimmen, an der sich alle, auch die privaten Vermieter, zu orientieren haben. Da Märkte, auch der Mietimmobilienmarkt, sich kontinuierlich und von keinem einzelnen Marktteilnehmer kontrollierbar verändern, können die privaten Vermieter in diesem Hase-Igel-Rennen nur mithalten, wenn sie sich im Vergleich zu gewerblichen Vermietern mit einer niedrigeren Eigenkapitalrendite zufriedengeben. Tabelle 15 beleuchtet diesen strukturellen Kostennachteil privater Vermieter im Einzelnen.

---

42 Dass es in Deutschland schon immer Mode war, sich über den angeblich nicht oder nicht richtig funktionierenden Wohnungsmarkt zu beklagen, ändert nichts an diesem Faktum. Einen funktionierenden Markt kann man daran erkennen, dass er von allen Marktseiten gleichermaßen kritisiert wird.

**Tabelle 15: Kosten- und Steuervorteile gewerblicher Wohnimmobilien-vermieter gegenüber privaten Vermietern (in Deutschland)**

| Kostenposition | Erläuterung des Kostenvorteils gewerblicher Vermieter vor privaten Vermietern |
|---|---|
| Kaufpreis | Bedingt durch ihre Größe und Marktmacht haben gewerbliche Vermieter Kostenvorteile beim Einkauf von Bauleistungen, u. U. auch beim Einkauf von Bauland. Sie kaufen nicht eine einzelne Wohnung, sondern ein ganzes Mietshaus oder sogar eine Gruppe von Häusern, in manchen Fällen ganze Siedlungen. |
| Maklerkosten bei Kauf und Verkauf | Diese liegen typischerweise bei 1,5 %–5,5 % (inkl. Mehrwertsteuer). Zwar variieren diese Kosten stark und in eher seltenen Fällen gelingt einem privaten Investor ein Kauf oder Verkauf ganz ohne Transaktionskosten, dennoch gilt, dass Gewerbliche im Durchschnitt geringere Maklerkosten zahlen. |
| Zinskosten | Gewerbliche Vermieter erhalten von Banken unter sonst gleichen Umständen (z. B. Höhe des Eigenkapitalanteils) niedrigere Zinssätze und zahlen niedrigere Gebührensätze (z. B. Bearbeitungsgebühren) als private Vermieter. |
| Steuervorteil | Tendenziell dürften zumindest private Vermieter mit relativ gutem Einkommen einen höheren Grenzsteuersatz bei der Einkommensteuer haben als gewerbliche Vermieter (Körperschaftssteuer). Bei Privaten kann dieser in Deutschland bis zu 42 % (ohne »Reichensteuer« von 3 %) betragen, bei gewerblichen Wohnungsunternehmen 16 %. |
| Instandhaltungs-kosten | Gewerbliche Vermieter haben Kostenvorteile, da sie größere Mengen an Material und Dienstleistungen einkaufen und oft sogar eigene Handwerker beschäftigen, also die Gewinnmarge des Handwerksbetriebes einsparen. |
| Versicherungs-kosten | Gewerbliche Vermieter haben einen Kostenvorteil, da sie größere Versicherungspakete einkaufen. |
| Rechtsberatungs-kosten | Auch bei etwaigen gerichtlichen Auseinandersetzungen mit Mietern, Baufirmen und Handwerkern dürften gewerbliche Vermieter wirtschaftlicher »einkaufen« als private Vermieter. Zudem besitzen gewerbliche Vermieter gegenüber privaten Vermietern einen Wissensvorsprung beim enorm komplexen Mietrecht in Deutschland. |

Den in Tabelle 15 dargestellten Kostenvorteilen gewerblicher Vermieter stehen allerdings auch einige Kostennachteile gegenüber, die aber die genannten Kostenvorteile selten vollständig aufwiegen. Private Vermieter haben keine oder vielfach geringere Verwaltungskosten (die Verwaltungsleistung erbringen sie gewissermaßen als eine nicht »bepreiste« Eigenleistung). Ähnliches gilt für etwaige Eigenleistungen des privaten Vermieters beim Bau der Immobilie. Das größere Kostenbewusstsein und der kostenschonende Wegfall von Bürokratie werden vielen privaten Vermietern zum Vorteil gereichen.

Dass private Vermieter wegen ihres normalerweise höheren Einkommensteuersatzes unter Umständen einen prozentual höheren Anteil dieser Last einsparen können, soweit sie zeitweilig steuerliche Verluste aus »Vermietung und Verpachtung« oder anderen Einkommensarten erzielen, wird von manchen privaten Vermieter mit einem echten Vorteil verwechselt. Wer einen Grenzsteuersatz von 42 Prozent auf Bruttomieteinkünfte hat und diesen im langfristigen Durchschnitt durch Verlustverrechnung (aus »Werbungskosten«) auf die Hälfte senken kann, steht immer noch schlechter da als ein Gewerblicher, der einen Steuersatz von nur 16 Prozent hat und diesen auf 10 Prozent senken kann.

Es ist zwar nicht unmöglich, all diese Kostenvor- und nachteile zu quantifizieren, doch kann es sich dabei zwangsläufig nur um Schätzungen handeln, die je nach Urheber variieren dürften. Der Autor hat eine solche Quantifizierung vorgenommen. Zwar hängt das konkrete Ergebnis von einigen subjektiven Annahmen ab, doch ist der Vorsprung des gewerblichen Vermieters so eindeutig, dass an der Grundaussage nur wenig Zweifel bestehen können.

Wenn dem so ist, würde man als Ökonom annehmen, dass private Vermieter im Laufe der Jahre weitgehend vom Markt verschwänden. Das ist, wie wir eingangs gesehen haben, in Deutschland offensichtlich nicht der Fall. Dieser erstaunliche Befund mag damit zusammenhängen, dass private Vermieter nur selten ein aussagefähiges Rechnungswesen für ihr Vermietungsgeschäft einsetzen. Ohne ein solches Rechnungswesen werden sie aber nie erfahren, wie schlecht sich ihr eingesetztes Eigenkapital tatsächlich verzinst. Im Ergebnis verbleiben sie jahrzehntelang in diesem Gewerbe, nach dem Motto: Hauptsache, die eingenommene Miete deckt im Wesentlichen die laufenden Aufwendungen und nicht jedes Jahr ist ein »Zuschussjahr«. Doch selbst wenn ein privater Vermieter erkennt, dass die Wirtschaftlichkeit seines Vermietungsobjektes nicht seinen ursprünglichen Zielvorstellungen entspricht, wird er in vielen Fällen jahrzehntelang an seiner Immobilie festhalten. Denn er lebt von zwei Hoffnungen: erstens, dass er die Immobilie – an der er zwar »im Moment«, gemessen an dem darin gebundenen Eigenkapital, kaum etwas verdient – später einmal mit Gewinn veräußern kann, und zweitens, dass der Steuervorteil seine in den meisten Jahren defizitäre Zahlungsbilanz schon irgendwie ausgleichen wird. Dass die erste Hoffnung sich jedenfalls in Deutschland und der Schweiz in den vergangenen 20 Jahren beim durchschnittlichen Vermieter nicht erfüllt hat, dürfte Abschnitt 2.3 gezeigt haben. Dass die zweite Hoffnung ein fundamental schwaches Investitionsprojekt kaum je retten kann, wird Ihnen ein guter Steuerberater bestätigen.

Abgesehen von den Renditenachteilen einer im Privateigentum stehenden Vermietungsimmobilie existieren im Vergleich zu einer Kapitalmarktinvestition (wie zum Beispiel einer simplen Staatsanleihe) noch eine Reihe anderer Nachteile, die sich gar nicht oder nur schwer quantifizieren lassen:

- *Konzentrationsrisiko:* Wer Eigenheimbesitzer ist und eine Vermietungsimmobilie besitzt (oft sogar noch in der gleichen Stadt oder Region), der verletzt den ältesten und noch immer wichtigsten Risikomanagement-Grundsatz der Menschheitsgeschichte: Lege nicht alle Eier in einen Korb.
- → *Event Risk:* Ein gern übersehener Risikotyp, der zwar selten zuschlägt, aber wenn, dann manchmal mit enormem Schaden. Event Risk gibt es bei Sparbüchern, Bundesanleihen und Aktienfonds kaum.
- *Illiquidität:* Immobilien sind im Vergleich zu einer Staatsanleihe eine äußerst illiquide Anlageform. Es kann im schlimmsten Fall Jahre dauern, bis man bei einem Verkaufswunsch an sein Geld kommt.

- *Arbeitsaufwand:* Eine Vermietungsimmobilie verursacht beträchtlichen Verwaltungsaufwand. Man denke nur an den sprichwörtlichen Fall, in dem ein wütender Mieter seinen Vermieter an einem Sonntagmorgen um 8 Uhr morgens aus dem Bett klingelt, weil die Warmwasserzubereitung zum dritten Mal in vier Wochen ausgefallen ist. Und wenn der Mieter auszieht, beginnt die mühsame Suche nach einem neuen Mieter. Das gibt es bei einem Bundesschatzbrief nicht.

- *Klotz am Bein:* Wem eine Vermietungsimmobilie in Kiel, dem eigenen Wohnort, gehört, der kann oft nicht einfach nach Potsdam umziehen, weil er oder sie dort überraschend seinen Traumpartner oder Traumjob gefunden hat. Wer es dennoch tut, muss mit Zusatzkosten für die Verwaltung der Immobilie durch einen Dritten rechnen. Zudem sollte ein Privater ohnehin nur ein Objekt vermieten, zu dem er von seinem eigenen Wohnort aus – überspitzt gesagt – hinradeln kann. Das bedeutet nämlich, dass er den Standort wirklich kennt, und senkt außerdem die Kosten.

Freilich zählen manche dieser Nachteile, allen voran die beiden zuletzt genannten, für alle jene Vermieter nicht oder kaum, deren Vermietungsobjekt ihnen als Hobby oder unternehmerischer Spielball dient. Sie sind tief in ihrem Herzen »Immobilienidealisten«, auch wenn sie oft über unsinnige staatliche Auflagen, unverschämte Mieter oder inkompetente, überteuerte Handwerker schimpfen. Wer als Privathaushalt jedoch ein Vermietungsobjekt nicht als Hobby, sondern rational und nüchtern als Vermögensanlage betrachtet, der wird in vielen Fällen zu dem Schluss kommen müssen, dass eine Wohnimmobilie zwar gut als Eigenheim taugt, aber nur selten als zufriedenstellendes Investitions- oder Altersvorsorgeobjekt.

**Merkbox**

- Für private Haushalte lohnt es in der großen Mehrzahl der Fälle nicht, eine Immobilie zu erwerben und sich als Vermieter zu betätigen. Private Vermieter haben gegenüber Gewerblichen kostenmäßige und steuerliche Nachteile, die es ihnen sehr schwer machen, eine akzeptable Nachsteuerrendite auf ihr eingesetztes Eigenkapital zu erzielen.

- Daneben existiert noch eine Reihe nicht quantifizierbarer Nachteile, die ein Vermietungsobjekt für einen privaten Vermieter mit sich bringt, darunter insbesondere das Konzentrationsrisiko. Daher sollte ein normaler Haushalt, der bereits ein Eigenheim besitzt, sein weiteres Vermögen aus Risikogründen nicht in eine zweite Wohnimmobilie investieren.

## 3.8 Nichtfinanzielle Argumente in der Kauf-oder-Miete-Entscheidung

»Lassen Sie es mich klar ausdrücken: Ja, unsere Emotionen definieren unsere Menschlichkeit, das, was uns mit unserer Familie, mit Freunden und mit Nachbarn verbindet. Ohne sie wären wir seelenlose, herzlose Automaten – ohne Sinn und ohne Zweck. In der Welt der Vermögensanlage bedeuten Emotionen jedoch buchstäblich den Tod selbst.«

*William Bernstein,* Neurologe, Finanzökonom und Bestsellerautor

Bei Ihnen, lieber Leser, ist in den vorigen Kapiteln vielleicht der Eindruck entstanden, dieses Buch befasse sich mit dem Thema Kauf oder Miete ausschließlich aus wirtschaftlicher Sicht. Doch der Kauf (wie im Grunde genommen auch der Nicht-Kauf) einer selbstgenutzten Wohnimmobilie ist stets zweierlei: eine Vermögensanlage *und* eine »Lebensstilentscheidung«. Ein Eigenheim ist für viele Menschen einerseits die größte Investition ihres Lebens und andererseits ein privater Ort, in dem sie – oft über Jahrzehnte hinweg – ihr Leben als Single oder als Teil ihrer Familie verbringen, vielleicht ihre Kinder großziehen, selbst alt werden oder ihre Eltern alt werden sehen. Das Eigenheim stellt einen großen Teil ihrer finanziellen Altersvorsorge dar, aber es bildet auch den Lebensmittelpunkt, den sie nach eigenen

Vorstellungen und ästhetischen Präferenzen gestalten wollen. In dieser Dualität unterscheidet sich ein Haus oder eine Wohnung von herkömmlichen Vermögensanlagen wie Sparbüchern, Aktien, Anleihen, Investmentfonds oder Kapitallebensversicherungen. Und in dieser spannenden Zweischichtigkeit liegt auch der Grund, warum eine kluge Kauf-oder-Miete-Entscheidung, die nicht nur auf Omas »Fibel der sieben Lebensweisheiten« oder einer reinen Bauchentscheidung basiert, letztlich gar nicht so einfach ist.

Dieser Abschnitt möchte die interessante Verquickung von Lebensstil- und Investmententscheidung bei Wohnimmobilien beleuchten. Ein Eigenheim ist der Beleg dafür, dass fast jede Lebensstilentscheidung ökonomische Konsequenzen hat und jede (größere) ökonomische Entscheidung sich auf das Alltagsleben auswirkt. Je besser man diese oft subtilen Zusammenhänge durchschaut, desto weiser wird man hinsichtlich der Frage, ob die Zeit reif ist, aus seinem Mietverhältnis auszuscheiden, ein Heim zu erwerben und dafür Schulden aufzunehmen – oder aber sich als Eigenheimbesitzer von den langfristigen finanziellen und nichtfinanziellen Verpflichtungen, die ein Eigenheim unweigerlich mit sich bringt, zu befreien.

Nachfolgend nenne ich dreizehn Argumente, die in der Kauf-oder-Miete-Überlegung eine wichtige Rolle spielen, sich aber gar nicht oder nur schwer quantifizieren lassen. Sie verdeutlichen, dass die Kauf-oder-Miete-Abwägung sich nicht in der Frage erschöpft, wie hoch das verfügbare Eigenkapital und das Einkommen eines Haushaltes sind und wo die derzeitigen Zinssätze liegen. Auch veranschaulichen diese Argumente die Unschärfe der Trennlinie zwischen finanziellen und nichtfinanziellen, zwischen quantifizierbaren und nicht quantifizierbaren Argumenten – mithin die sprichwörtlichen »zwei Seiten einer Medaille«.

*Argument 1: Eine selbstgenutzte Wohnimmobilie bietet Schutz vor einer unerwünschten Mietvertragskündigung.*

Bewertung: Das oft gehörte Argument – eine Variante des Argumentes »Ein Eigenheim schützt vor steigenden Mieten« (siehe Abschnitt

3.2) – ist formal richtig. Die Frage ist jedoch, ob das in den deutschsprachigen Ländern, wo ein weltweit fast einzigartig hoher Mieterschutz besteht, ein relevanter Vorteil ist. Wirklich unerwartete und unerwünschte Mietvertragskündigungen (und nur auf diese kommt es in dieser Betrachtung an) geschehen tatsächlich selten. Hinzu kommt, dass die Einkommen in Deutschland und wohl allen anderen westlichen Ländern langfristig viel stärker steigen als die Mieten und von einer wirklichen Wohnungsknappheit (einigen Politikeraussagen und der gelegentlichen Panikmache in den Medien zum Trotz) schon lange nicht mehr die Rede sein kann. Die Mehrzahl der Vermieter wünscht sich möglichst langfristige Mieter, vorausgesetzt diese zahlen eine (marktgerechte) Miete. Würden dieselben Mieter stattdessen eine Immobilie kaufen, bliebe ihnen ebenfalls keine andere Wahl, als einen marktgerechten Kaufpreis und marktgerechte Zinsen zu zahlen.

*Argument 2: Ein Selbstnutzer hat größere Gestaltungsmöglichkeiten bezüglich seiner Immobilie als ein Mieter, der seine Immobilie kaum seinen persönlichen Vorstellungen anpassen darf. In den eher seltenen Fällen, in denen ein Mieter die Genehmigung zu einer baulichen Anpassung des Objekts erhält, kommt sie ihm vermögensmäßig nicht selbst zugute, sondern dem Vermieter. Generell sind Verschönerungsarbeiten an der eigenen Immobilie oder vielleicht im eigenen Garten für manche Menschen ein Hobby, das eine gemietete Immobilie nicht bietet.*

Bewertung: Das Argument ist korrekt, wenngleich man es ein wenig relativieren sollte. Auch eine gemietete Immobilie kann einen Garten haben, und gewisse Verschönerungsarbeiten sind nicht generell ausgeschlossen – auf Kosten des Vermieters, wenn dieser zustimmt, oder auf Kosten des Mieters. Wer als Mieter mehr als fünf oder zehn Jahre in einer Immobilie verbleibt, für den rechnet sich manche Investition in sein Mietobjekt, denn diese wäre nach diesem Zeitraum auch im Falle des Eigenheims weitgehend oder vollständig »abgeschrieben«. Eine kürzere Haltedauer führt auch bei einem Eigenheimbesitzer, wie wir in Abschnitt 2.2 gesehen haben, zu oft hohen Kosten oder Verlusten, wenn er kurz vorher bauliche Veränderungen nach dem »eigenen Geschmack« vorgenommen hat, die ein potenzieller Käufer selten preislich honoriert.

*Argument 3: Eine Immobilie ist eine Form der langfristigen Vermögensanlage und Altersvorsorge, die die meisten Bürger besser verstehen und mit der sie erfolgreicher zurechtkommen als mit Kapitalmarktanlagen wie Aktien, Anleihen, Investmentfonds, geschlossenen Fonds, Zertifikaten und Kapitallebensversicherungen. Je weniger man eine Vermögensanlage missversteht, desto weniger gravierende Fehler wird man im Umgang mit ihr machen und desto eher wird der Investor die → erwartete Rendite und damit das erwartete Vermögensziel langfristig tatsächlich erzielen.*

Bewertung: Diese Argument ist korrekt und es ist zugleich eines der beiden wichtigsten Argumente überhaupt für ein Eigenheim zur Vermögensbildung und Altervorsorge. Merkwürdigerweise taucht gerade dieser kaum zu überschätzende Gesichtspunkt in der öffentlichen Diskussion und in privaten Gesprächen zum Thema Wohnimmobilien nur selten auf. Die weit überwiegende Mehrheit der Bürger in allen westlichen Ländern verfügt nicht über ausreichendes Fachwissen und die emotionale Disziplin, um im »Dschungel« der Bank- und Börsenprodukte zu überleben. Schuld daran ist erstens eine von der Finanzbranche geschaffene übertriebene Produktvielfalt und -komplexität, zweitens die mit Interessenkonflikten überfrachteten Banken und Finanzberater, die den Anlegern Produkte mit kaum glaublichen versteckten Kosten und Risiken verkaufen, und drittens die Anleger selbst, die sich bei der Geldanlage oft genug von Gier, Angst, Selbstüberschätzung und Bequemlichkeit leiten lassen. Bei Eigenheiminvestitionen entfallen die ersten beiden Problemfelder fast vollständig und das dritte kann sich aufgrund der hohen Transaktionskosten von Wohnimmobilien, die häufiges → Traden fast unmöglich machen, nicht so schädlich auswirken wie bei Bank- und Kapitalmarktprodukten.

*Argument 4: Für viele Menschen trägt ein Eigenheim und vor allem ein Haus zu einem höheren Selbstwertgefühl bei. Sie fühlen sich in einer Immobilie, die ihnen gehört, einfach besser. Ebenso bietet ein Eigenheim ein höheres Sozialprestige, als zur Miete zu wohnen – ein für viele Menschen wichtiges Kriterium.*

Bewertung: Dieses subjektive Argument trifft in der Tat für viele Bürger zu – genau so, wie große Autos und schicke Kleidung aus der Sicht vieler Menschen zu einem höheren Sozialprestige beitragen.

*Argument 5: Das Angebot an Einfamilienhäusern (im Unterschied zu Wohnungen) zur Vermietung ist sehr begrenzt. Wer in einem Einfamilienhaus leben will, hat daher in den meisten Fällen keine andere Wahl, als zu kaufen.*

Bewertung: Eine solche immer wieder pauschal behauptete Marktlücke existiert hinsichtlich Reihenhäusern und Doppelhaushälften (von einzelnen Stadtvierteln einmal abgesehen) gewiss nicht. Und auch bei freistehenden (kleinen und großen) Einfamilienhäusern handelt es sich hierbei vermutlich eher um eine landläufige Meinung als um eine Tatsache. Natürlich gibt es auf dem Markt für Mietimmobilien weniger Einfamilienhäuser als Wohnungen, weil die absolute Zahl von Wohnungen größer ist und weil bei freistehenden Einfamilienhäusern Wohneigentum dominiert. Diese Erscheinung ist aber unerheblich hinsichtlich der eigentlich relevanten Frage: Wie sieht das Verhältnis von Angebot und Nachfrage bei solchen Mietobjekten aus? Auch gilt salopp gesagt: Wer auch nur den halben Zeitaufwand in die Suche eines geeigneten Einfamilienhauses zur Miete investiert, den ein Immobilienkäufer typischerweise in die Suche eines Kaufobjekts verwendet, wird normalerweise eine geeignete Immobilie finden. Solche Objekte sind in aller Regel überdies langfristig mietbar.

*Argument 6: Ein Eigenheim ist – relativ zu anderen Vermögensanlagen – sehr inflexibel hinsichtlich der »ungeplanten Wechselfälle des Lebens«, wie zum Beispiel Scheidung, Arbeitslosigkeit, berufsbedingter Umzug, Krankheit, Pflegebedürftigkeit, Tod oder der wie auch immer begründete Wunsch, sein Leben radikal zu ändern (Auswanderung, »Midlife Crisis«, Existenzgründung etc). In solchen Situationen kann sich ein Eigenheim als schwerer Klotz am Bein, als ein um den Hals hängender Mühlstein erweisen. Diese mit einem Eigenheim verknüpfte Inflexibilität und Einschränkung der Mobilität kann ungeplante und beachtliche Zusatzkosten verursachen.*

Bewertung: Korrekt. Einige Beispiele: Selbstgenutzte Wohnimmobilien reduzieren tendenziell die räumliche Mobilität des Haushaltes und schränken damit in bestimmten Situationen sein »Einkommenspotenzial« ein. Im Falle unerwarteter Einkommensminderungen (zum Beispiel durch anhaltende Arbeitslosigkeit) kann ein Miethaushalt in den meisten Fällen flexibler und kostengünstiger reagieren. Er kann in eine kostengünstigere Immobilie umziehen oder dorthin, wo das Arbeitsplatzangebot besser ist. Bei Scheidungen sind Eigenheime ein → Asset, das deutlich schwerer zu teilen ist als ein Wertpapierdepot und möglicherweise eine für die Familie emotional schwierige oder sogar traumatische Phase noch weiter belastet.

*Argument 7: Immobilien sind eine illiquide Anlageform. In der Mehrzahl der Fälle verstreichen zwischen dem Entschluss zur Veräußerung und dem Erhalt des Kaufpreises mehr als zwölf Monate. Diese Illiquidität kann für den Eigentümer womöglich hohe Zusatzkosten verursachen (zum Beispiel Zwischenfinanzierungszinsen, wenn er eine neue Immobilie kaufen oder eine andere Investition vornehmen will).*

Bewertung: Korrekt. Dagegen benötigt der Verkauf von Kapitalmarktanlagen typischerweise nicht mehr als ein paar Werktage. Hinzu kommt: Wer den Verkauf einer Wohnimmobilie beschleunigen möchte, muss mit Preisabschlägen von bis zu 30 Prozent rechnen.

*Argument 8: Viele Mieter, die sich ein Eigenheim wünschen, machen sich falsche Vorstellungen von den Gesamtkosten einer solchen Investition. Die meisten der im Internet verfügbaren Kauf-oder-*

*Miete-Rechner unterstellen direkt oder indirekt zu geringe Neben-kosten.*

Bewertung: Das Argument trifft zu, wie der Artikel von Atiles u. a. (2007) anhand der USA aufzeigt. Der häufigste Irrtum besteht hierbei in der Unterschätzung der Instandhaltungskosten einer Wohnimmobilie. Dieses anscheinend verbreitete Problem wird aus sozialpolitischer Sicht noch dadurch verschlimmert, dass kapitalschwache Haushalte tendenziell Immobilien in schlechterem Zustand erwerben, die höhere laufende Instandhaltungskosten aufweisen.

*Argument 9: In Haushalten mit Immobilieneigentum bestehen für die berufstätigen oder schulpflichtigen Haushaltsmitglieder statistisch gesehen längere Pendlerzeiten, weil ein Selbstnutzerhaushalt nicht so einfach dorthin ziehen kann, wo die Anfahrt zu Arbeitsplatz und/oder Schule günstiger ist.*

Bewertung: Ein korrektes und in wissenschaftlichen Untersuchungen belegtes Argument. Hierbei sind außerdem Forschungsergebnisse zu bedenken, denen zufolge sich lange Pendlerzeiten schädlich auf die subjektive Lebenszufriedenheit auswirken.

*Argument 10: Eine selbstgenutzte Wohnimmobilie verleitet oder zwingt viele Haushalte vorübergehend, in einer Immobilie zu leben, die eigentlich zu groß ist. Damit geht Vermögensbildungspotenzial verloren, denn bei einer übergroßen Immobilie handelt es sich um »totes Kapital« (Kapital ohne oder mit einer negativen Rendite).*

Bewertung: Das Argument ist korrekt. In Abschnitt 3.6 sind wir darauf näher eingegangen.

*Argument 11: Eine Immobilie, sofern nicht kreditfinanziert oder bis zu dem nicht kreditfinanzierten Anteil, kann besser und billiger beliehen werden als andere Vermögensgegenstände.*

Bewertung: Das Argument ist nur eingeschränkt richtig. Aktien-, Aktienfondsvermögen oder Kapitallebensversicherungen können ebenfalls beliehen werden (sogar einfacher als Immobilien), wenngleich typischerweise zu einem geringeren Prozentsatz (Beleihungsquote) und einem höheren Zinssatz. Die Beleihung von → Geldmarktanlagen oder Anleihen lohnt normalerweise ohnehin nicht, da es wirtschaftlich vorteilhafter ist, diese zu veräußern.

*Argument 12: Eine hohe nationale Eigenheimquote ist ein Wohlstandskriterium.*

Bewertung: Diese verbreitete Ansicht dient in vielen Ländern direkt oder indirekt dazu, die staatliche Subventionierung des Eigenheimerwerbs durch Steuervorteile und Zuschüsse zu rechtfertigen. Dennoch ist sie falsch. Warum? Zunächst einmal, weil das Argument schon allein statistisch nicht stimmt: Beispielsweise hat die Schweiz, ein Land mit einem der höchsten → Bruttoinlandsprodukte pro Kopf in Europa, mit 37 Prozent eine niedrigere Eigenheimquote als Großbritannien (70 Prozent) oder Spanien (85 Prozent), die beide weit geringere BIP-Werte pro Kopf aufweisen. Die gleiche Quote liegt in vergleichsweise armen Schwellen- und Entwicklungsländern fast immer merklich über 80 Prozent. Darüber hinaus sagt das rechtliche Eigentum an einer Immobilie (das in der Eigenheimquote zum Ausdruck kommt) ohnehin nichts darüber aus, wie stark die Haushalte verschuldet sind – und nur das Nettovermögen (Bruttovermögen minus Schulden) zählt im Sinne von Wohlstand. In der Tat weisen die beiden zuletzt genannten Länder eine höhere private Verschuldungsquote als die Schweizer auf. Drittens ist in den meisten westlichen Ländern mit besonders hoher Eigenheimquote eine Kombination zweier Ursachen hierfür verantwortlich: Die De-facto-Mietpreisdeckelung durch den Staat, die bewirkt, dass der Mietimmobilienmarkt schrumpft und wirtschaftlich rentables Vermieten nur eingeschränkt möglich ist, und die Tatsache, dass der Staat keine andere Vermögensanlage durch steuerliche Begünstigung oder andere Subventionen im gleichen Ausmaß wie Eigenheimbesitz fördert. (In Deutschland hat insbesondere der weltweit fast einmalige »soziale Wohnungsbau« zu einer niedrigen Eigentümerquote beigetragen.)

*Argument 13: Eigenheimhaushalte sind gesellschaftspolitisch aktiver (im Sinne der Beteiligung am lokalen Gemeinschaftsleben zum Beispiel in Vereinen) und haben eine niedrigere Kriminalitätsrate. Daher ist Eigenheimbesitz förderungswürdig.*

Bewertung: Dieses seitens konservativer Politiker gerne geäußerte Argument, das angeblich auf statistischen Untersuchungen beruht, ist falsch. Die behauptete → Korrelation zwischen Eigenheimbesitz und »sozialem Engagement« verschwindet, wenn man Einkommen, Wohlstand und Bildungsniveau korrekt berücksichtigt. Diese Faktoren sind es, die in Wirklichkeit für den zitierten Effekt verantwortlich sind, der jedoch – aus politischen Motiven heraus – dem Kriterium Eigentum an einer selbstgenutzten Wohnimmobilie zugeschrieben wird.

**Merkbox**

- Ein erklecklicher Anteil der in diesem Abschnitt genannten Argumente contra Eigenheim wird von der Immobilienbranche und von Banken in ihrem Drang, potenzielle Immobilienkäufer und -finanzierer möglichst schnell zu einer positiven Entscheidung zu drängen, bewusst verschwiegen.
- Aber auch wir selbst in unserer allzumenschlichen Neigung, unser Wissen zu überschätzen (→ Overconfidence-Bias) und komplizierte Dinge nach Möglichkeit zu vereinfachen, tragen dazu bei, dass wir manches wichtige Argument in dieser Thematik übersehen.
- Und schließlich geraten uns nicht selten unsere mit dem Thema Wohnen und Heim stets verknüpften Emotionen in die Quere einer rationalen Kauf-oder-Miete-Entscheidung.

## 3.9  Warum und wie uns die Immobilienbranche und die Banken desinformieren

»Es ist schwer, einen Mann dahin zu bringen, eine Sache zu verstehen, wenn sein Einkommen davon abhängt, dass er es nicht versteht.«

*Upton Sinclair* (1878–1968), amerikanischer Schriftsteller

Wir alle haben sie in den letzten Jahren Dutzende Male gelesen oder von ihnen gehört: Medienberichte über die Untersuchungen der Stiftung Warentest, öffentlicher Verbraucherschutzbüros und Fachzeitschriften zur Beratungsqualität von Banken. Die Durchschnittsnote der Finanzhäuser bewegt sich in diesen Untersuchungen typischerweise im Bereich »mangelhaft« oder etwas darüber.[43] Das gilt sowohl für Anlage- als auch für Kreditberatung.

Warum führt der Wettbewerb zwischen Banken, der gemessen an der Zahl der unterschiedlichen Institute in keinem Land der Welt so intensiv ist wie in Deutschland, nicht zum Verschwinden der notorischen Schlechtberater? Warum schaffen es die Banken nach all den Jahren des wiederholten Versagens und der darauf folgenden Ermahnungen seitens der Öffentlichkeit nicht, vernünftige Beratungsqualität zu liefern? Warum lernen Bankberater, trotz gebetsmühlenhaft nach jedem Testdebakel von der Branche verkündeten »Ausbildungsoffensiven«, nichts dazu?

Die Antwort auf diese Frage hat weder mit mangelndem Knowhow der Kundenbetreuer zu tun noch mit der Komplexität der Materie noch mit unrealistischen Erwartungen der Kundschaft. Die wirkliche Ursache des Beratungsdesasters ist der unauflösbare Interessenkonflikt, innerhalb dessen die Kundenbetreuer der Banken und Finanzberater operieren, solange sie – wie es in 98 Prozent aller

---

43 Die bei Redaktionsschluss dieses Buches jüngste dieser regelmäßigen Untersuchungen der Berliner Stiftung erschien im Dezember 2009. Darin schaffte keine einzige von 21 getesteten Banken und Sparkassen das, was die Stiftung als »gute« Anlageberatung definierte. Verbraucherschutzministerin Aigner bezeichnete das Ergebnis des Anlagetests der Banken in der Presse als »beschämend«.

Fälle geschieht – über größtenteils versteckte Produktprovisionen bezahlt werden. Da gute Finanzberatung nicht umsonst sein kann und beratungslose »Finanzsupermärkte« nur für eine kleine Minderheit der Bevölkerung mit besonders hohem Finanzwissen eine Alternative zu konventionellen Banken darstellen, verbleibt nur eine Möglichkeit, das Problem zu lösen: Der Bankkunde bezahlt direkt und in bar für die Beratung, die er wahrnimmt, so wie er seit Menschengedenken in bar für die Leistungen eines Architekten, Steuerberaters, Rechtsanwalts oder Privatkassenarztes bezahlt, ohne sich darüber zu echauffieren. (Man nennt dies Honorarberatung.) Warum sollte es in der Finanzberatung anders sein? Zumal es hier für gewöhnlich sogar um viel mehr Geld geht als bei den genannten Spezialisten – Grund genug, eine Vergütung für qualifizierten und neutralen fachlichen Rat zu akzeptieren.

Die wirkliche Lösung des Problems schlechter Beratung besteht also darin, dass die Vergütung eines Bankkundenberaters in keiner Hinsicht davon beeinflusst wird, ob der Kunde schließlich Produkt A von Produktanbieter X oder Produkt B von Produktanbieter Y wählt. Die derzeit übliche Kompensation für die Beratungsleistung der Bank (und damit des einzelnen Kundenberaters) über indirekte, intransparente und versteckte Provisionen in Form nicht zurückerstatteter Zuschläge auf Zinsmargen, Ausgabeaufschläge bei Fonds oder Verbreiterungen der Geld-Brief-Spannen bei Zertifikaten, Anteile an Fondsverwaltungsgebühren, geheime Rückvergütungen von Produktanbietern und Ähnliches muss ohne jede Ausnahme unterbleiben.

In Bezug auf die Kauf-oder-Miete-Frage wirkt sich der Interessenkonflikt bei Banken und Bausparkassen dahingehend aus, dass sie – sobald bei einem Kunden das erforderliche Mindesteigenkapital (etwa 25 Prozent des Immobilienpreises plus Kaufkosten) vorhanden ist – diesen nicht mehr »beraten«, obwohl sich die entsprechenden Mitarbeiter als Kunden-»Berater« titulieren, sondern ihm eine Immobilienfinanzierung *verkaufen*. Der selten eingelöste Anspruch des *Beratens* würde jedoch eine objektive kundenspezifische Darstellung der Vor- und Nachteile des Eigenheimkaufes und seiner finanziellen Chancen und Risiken voraussetzen – was aber nicht geschieht. Das Ziel ist der schnelle Verkauf einer Kreditfinanzierung, die natürlich möglichst kompliziert ausfallen sollte, denn das hilft, Kosten zu verstecken. Wie anders lässt sich erklären, dass bei Hunderttausenden von Finanzierungen die intransparenten, riskanten und teuren Kopplungskonstruktionen (siehe Abschnitt 5.8) verkauft werden? Wie anders ist es möglich, dass in Österreich Ende 2009 sage und schreibe ein Drittel aller Immobiliendarlehen hochriskante Fremdwährungskredite waren? Wie anders erklärt sich. dass Bank-»Berater« ihren Klienten gegenüber wichtige Immobilienfakten wie Verlustrisiken und schwache historische Nettorenditen systematisch verschweigen?

Da aber der Wettbewerb unter Banken eine saubere und ehrliche Form der Beratungsvergütung (und damit qualitativ hochwertige Beratung) über produktunabhängige Honorare offenbar nicht hervorbringt, wird es ohne einen regulierenden Eingriff wohl nicht gehen. Ein solcher ist jüngsten Verlautbarungen aus dem deutschen Verbraucherschutzministerium (Stand: Dezember 2009) zufolge geplant. Auch in anderen Ländern bewegt sich etwas: In Großbritannien kündigte die dortige Finanzaufsicht FSA im Herbst 2009 an, alle Produktprovisionen im Banken- und Versicherungssektor innerhalb von drei Jahren zu verbieten. Bis jedoch in den deutschsprachigen Ländern derartige Problemkorrekturen (gegen den erbitterten Widerstand der Finanz- und Immobilienbranche) realisiert sind, wird noch viel Zeit verstreichen. Daher müssen sich Bankkunden in der Zwischenzeit selbst helfen. Der erste Schritt dazu ist die nüchterne Anerkenntnis der Beratungsmisere und ihrer Ursachen:

- Von einer Kundenbetreuung bei einer Bank oder Bausparkasse ist stets dann keine objektive und faire Beratung, welche die Wahrscheinlichkeit teurer Fehlentscheidungen minimiert und den nachhaltigen Kundennutzen im Blick hat, zu erwarten, wenn die Beratungsleistung des Betreuers – wie heute üblich – über versteckte und indirekte Produktprovisionen im Anlage- und im Kreditgeschäft vergütet wird.

- Auch das vermeintliche Vertrauensverhältnis, das manche Kunden zu ihrem Betreuer haben, ändert nichts an diesem Grundsachverhalt.

- Das Marketing-Material von Banken und Finanzberatern, aber auch Sachbücher und Artikel von Vertretern der Finanz- und Immobilienbranche, sollte man nicht ohne eine gehörige Portion Skepsis lesen.

- Wer sich keinen echten Honorarberater leisten kann oder will, dem steht nur der Weg offen, sich so gut wie möglich selbst zu informieren und bei Bedarf die Hilfe des lokalen Verbraucherschutzbüros in Anspruch zu nehmen, das preisgünstige Honorarberatung und neutrales Informationsmaterial anbietet.

**Merkbox**

- Die häufige Fehlberatung der Banken bleibt aufgrund der mangelnden Sachkenntnis der Kunden zumeist verborgen. Das Problem besteht auch bei Bausparkassen, Bauträgern und Baugeldvermittlern. Überall lauern schädliche Interessenkonflikte, die überteuerte, intransparente und überkomplexe Produkte hervorbringen.

- Sprechen Sie Ihren Kundenbetreuer direkt auf das Thema Interessenkonflikt und nicht offengelegte Provisionen an. Rechnen Sie jedoch nicht mit einer ehrlichen Antwort. Wachsamkeit, gesundes Misstrauen und Realismus können Ihnen helfen, auf diesem nicht ungefährlichen Terrain viel Geld zu sparen und Entscheidungen zu vermeiden, die Sie später bereuen werden.

- Dieses Buch und insbesondere das Kapitel »Expertenrat für Ihren Immobilienkauf und dessen Finanzierung« will Sie bei der Kauf-oder-Miete-Entscheidung mit Fakten unterstützen und Sie somit in die Lage versetzen, bei einem etwaigen Immobilienkauf auf Augenhöhe mit ihren Counterparts in der Immobilien- und Finanzbranche zu verhandeln.

# 4. Ein simples Investmentportfolio als Alternative zu einem Eigenheim

»Geldanlegen sollte vor dem Hintergrund dreier einfacher Weisheiten durchgeführt werden: ›Man kann den Markt nicht zuverlässig schlagen‹, ›Mehr Rendite nur durch mehr Risiko‹ und ›Hin und her, Taschen leer‹.«

*Professor Martin Weber,* Universität Mannheim

Wir haben bereits mehrfach auf eine »alternative Kapitalmarktanlage« Bezug genommen, in die ein Mieter hineinsparen sollte, sofern er kein oder noch kein Eigenheim kaufen möchte. Tut er dies nicht, wird er mit großer Wahrscheinlichkeit weniger Vermögen bilden als der Eigentümer, fast unabhängig davon, ob dessen Eigenheim eine hohe oder niedrige Wertsteigerung erfährt. In diesem Abschnitt werde ich diese Alternative und ihre konkrete Umsetzung darstellen. Um die Anlage besser verständlich zu machen, rekapitulieren wir kurz einige Feststellungen aus Kapitel 3:

■ Auch wenn es seit Jahrzehnten von den Medien und der Immobilien- und Finanzbranche kolportiert wird: Ein Portfolio aus → AAA-Staatsanleihen (zum Beispiel diejenigen von Deutschland, Österreich und der Schweiz) ist keine angemessene Alternative zu einem Eigenheiminvestment. Staatsanleihen und Eigenheime sind bezüglich ihres Risikos wie Äpfel und Birnen, weil solche Staatsanleihen ein weit geringeres Finanzrisiko aufweisen. Eine relevante Alternative zu einer Eigenheimanlage hingegen muss etwa auf dem gleichen Risikoniveau liegen; ansonsten ergibt ein Renditevergleich wenig Sinn.

■ Ebenfalls ungeeignete Alternativen zu einem Eigenheiminvestment sind Sparkonten bei Banken, → Rentenfonds (Investmentfonds, die in Anleihen investieren) und Kapitallebensversicherungen. Sparguthaben sind schon allein deswegen unsinnig, weil sie nach Nebenkosten, Steuern und Inflation langfristig eine negative oder bestenfalls eine Nullrendite aufweisen. Zudem trägt der Sparer das Konkursrisiko der Bank, was nur dann einigermaßen abgesichert ist, wenn sich sein Guthaben unterhalb der sogenannten Einlagensicherungsgrenze bewegt (zu den Nachteilen von Rentenfonds siehe Eintrag im Glossar, zu den Nachteilen von Kapitallebensversicherungen siehe Abschnitt 5.2).

- Ein dem Risiko nach einem Eigenheim in etwa vergleichbares Investment besteht aus einem je hälftig aus AAA-Staatsanleihen und Aktien zusammengesetzten Portfolio. »In etwa«, weil der Risikograd des Eigenheiminvestments stark davon beeinflusst wird, wie hoch der auf ihm lastende Kreditanteil ist und welche Zinsbindung der Kredit hat. Beispiel: Ein Eigenheim mit variabel verzinslichem Kredit, der noch 70 Prozent oder mehr des Eigenheimwertes ausmacht, ist deutlich risikoreicher als das genannte 50/50-Portfolio. Ein schuldenfreies Eigenheim hingegen ist vermutlich risikoärmer. In diesem Sinne ist die pauschale Gegenüberstellung also eine Vereinfachung, die allerdings in der Realität nicht allzu gravierend ist. Hierbei sollten wir uns noch einmal vergegenwärtigen, dass das Wertverlustrisiko eines Eigenheims deshalb von uns allen unterschätzt wird, weil es – im Unterschied zu Aktien, Anleihen und Investmentfonds – nicht täglich in der Zeitung oder im Internet abgelesen werden kann.

Wie sieht eine alternative Kapitalmarktanlage, ein solches 50/50-Portfolio konkret aus? Generell besteht es aus einer »risikofreien«[44] und einer risikobehafteten Komponente. Durch die Gewichtung der beiden – hier 50/50 – kann man den Risikograd des Gesamtportfolios bequem und nach eigenem Gusto steuern. Eine

---

44 Das Wort »risikofrei« ist in Anführungszeichen gesetzt, weil wirklich risikofreie Anlagen nicht existieren. Es handelt sich hier um die aus heutiger Sicht nach Auffassung von Finanzökonomen für einen Anleger in Deutschland, Österreich oder der Schweiz risikoärmsten Anlagen.

Abweichung von der hier vorgeschlagenen 50/50-Gewichtung ist für denjenigen sinnvoll, der mehr Rendite (und mehr Risiko) will, oder für den, der weniger Risiko (und weniger Rendite) bevorzugt.

Der Anlagehorizont spielt für das Mischungsverhältnis ebenfalls eine Rolle. Eine 50/50-Mischung setzt einen verbleibenden Zeithorizont bis zum Beginn des frühestmöglichen Portfolioverbrauchs (zum Beispiel für einen Immobilienkauf oder zu Konsumzwecken im Ruhestand) von mindestens sieben Jahren voraus. Wer einen geringeren Resthorizont hat, sollte für jedes Jahr weniger die Quote der risikobehaftete Portfoliokomponente um etwa zehn Prozentpunkte reduzieren und die der Anleihekomponente entsprechend erhöhen.

Nachfolgend stelle ich zwei Varianten des Portfolios vor: eine einfache Variante und eine etwas anspruchsvollere. Die einfache hat eine etwas niedrigere → erwartete Rendite. (Die historischen Renditen dieser Portfolios über die letzten 40 Jahre wurden in Abschnitt 2.4 genannt.) Beide Portfoliovarianten bestehen zu einer Hälfte aus einer »risikofreien« Anlagekomponente (Anleiheteil) und einer »risikobehafteten« Komponente (Aktienteil). Der risikofreie Portfolioteil ist für die Risikosenkung zuständig, der risikobehaftete Portfolioteil für die Rendite.

Der risikofreie Teil besteht zum Beispiel aus deutschen, österreichischen oder schweizerischen Staatsanleihen. (Schweizer Anleger sollte nur schweizerische Staatsanleihen in Betracht ziehen, um kein unnötiges Währungsrisiko einzugehen.) In Deutschland kommen statt Bundesanleihen im engeren Sinne auch Bundesschatzbriefe infrage. Die durchschnittliche Restlaufzeit der Anleihen sollte den Wert von fünf Jahren nicht überschreiten, da ansonsten das → Zinsänderungsrisiko zu hoch ist (Ausnahme Bundesschatzbriefe und inflationsindexierte Anleihen, siehe Anmerkung weiter unten). Bei der Finanzagentur des Bundes (www.deutsche-finanzagentur. de) kann man Bundesanleihen völlig ohne Nebenkosten erwerben; Wertpapiersparverträge für laufendes Sparen gibt es dort ebenfalls kostenlos. Wer Bundesanleihen über eine traditionelle Filial- oder eine Online-Bank erwirbt, zahlt beim Kauf einen kleinen Kursaufschlag und beim Verkauf einen kleinen Abschlag (die sogenannte

Geld-Brief-Spanne börsengehandelter Wertpapiere) sowie eine normalerweise geringe Depotgebühr; hinzu kommen Kaufgebühren der Bank (beides ist bei einer Online-Bank günstiger als bei einer traditionellen Filialbank). Aufgrund dieser Gebühren rechnet sich ein Wertpapierkauf typischerweise erst ab einem Investmentvolumen von circa 1 500 Euro. Wer weniger hat, spart diesen »Mindestbetrag« zuerst in einem Sparkonto an.

Eine bequemere und unkompliziertere Alternative zu Direktanlagen in Anleihen ist ein Staatsanleihen-ETF (*Exchange traded fund*, börsengehandelter Investmentfonds, siehe Glossar). Die Vorteile der Bequemlichkeit und Einfachheit gehen allerdings einher mit Kauf- und Verkaufskosten, die geringfügig höher sind als bei einer einzelnen Anleihe,[45] und laufenden Verwaltungsgebühren von etwa 0,2 Prozent p. a. bis 0,45 Prozent p. a. (Letztere entfallen bei direkt gekauften Anleihen.) Für eine Reihe von ETFs gibt es bei verschiedenen Banken inzwischen Wertpapiersparverträge (»Fondssparen«). Doch auch hier kann es sein, dass die Kaufkosten einen solchen Sparvertrag bei kleinen monatlichen Sparraten unwirtschaftlich machen und daher ein separates Ansparen wie oben geschildert sinnvoller ist. Wie erwähnt, bietet die Finanzagentur kostenlose Sparverträge auch für kleine Sparraten an.

Die Aktienkomponente des 50/50-Portfolios wird im Falle der einfachen Portfoliovariante über ein einzelnes Aktien-ETF dargestellt, im Falle der komplexeren Variante über drei Aktien-ETFs. Tabelle 16 nennt hierzu Näheres und gibt konkrete Produkthinweise.

---

45 Bei einem traditionellen → aktiv gemanagten Aktienfonds belaufen sich die Kaufkosten auf etwa 5 Prozent (Ausgabeaufschlag), doch lassen sich diese Kosten leicht reduzieren, indem der Anleger auf einen »passiv« gemanagten → ETF (Indexfonds) ausweicht (Kaufkosten ca. 0,4 Prozent) oder zumindest den aktiv gemanagten Fonds über eine Online-Bank, einen Fonds-Supermarkt oder eine Börse erwirbt, wo die Kaufkosten typischerweise nur die Hälfte oder weniger des normalen Ausgabeaufschlages betragen. Bei einzeln erworbenen Staatsanleihen oder Aktien übersteigen die Kaufkosten selten 0,2 bis 0,4 Prozent (null bei Erwerb über die Finanzagentur). Die Verkaufskosten liegen bei all diesen Produkten nahe bei null (siehe auch Kommer, *Souverän investieren*).

**Tabelle 16: Die »alternative Kapitalmarktanlage« (50/50-Portfolio): Eine einfache und eine komplexe Variante[46]**

| Portfolioteil | Allgemeine Erläuterungen | Produktbeispiele für ETFs |
|---|---|---|
| »Risikofreier« Portfolioteil (Anleiheteil) | Direktanlagen in AAA-Staatsanleihen mit Restlaufzeit bis ca. 5 Jahre, zum Beispiel über:<br>– Bundesschatzbriefe, Finanzierungsschätze des Bundes (in Deutschland)<br>– Staatsanleihen-ETFs, die in Staatsanleihen mit durchschnittlicher Restlaufzeit bis ca. 5 Jahre investieren<br>– »Zweitbeste Alternativen«: Langfr. Festgelder bei Banken (aber nur innerhalb der Einlagensicherungsgrenze) und → Geldmarktfonds (sofern Verwaltungsgebühr < 0,25 % und ohne Ausgabeaufschlag)<br><br>Niemals infrage kommen Anleihen in Fremdwährung, einzelne Anleihen von Staaten, die ein → Rating schlechter als AAA oder AA– haben oder Unternehmensanleihen.<br><br>Thesaurierende ETFs sind im Allgemeinen ausschüttenden ETFs vorzuziehen, da die Wiederanlage der Dividenden bei einem thesaurierenden ETF kostenfrei ist und automatisch geschieht. Steuerlich gibt es (bis auf seltene Ausnahmen) keinen Unterschied. | – iShares eb.rexx Government Germany 2,5–5,5 (DE), Wertpapierkennnummer (WKN) 628948<br>– iShares € Government Bond 3–5 (WKN A0LGQD)<br>– Lyxor ETF EuroMTS 3–5Y (WKN A0DKMB)<br>– db x-trackers iBoxx € Sovereigns €-Zone 3–5Y (WKN DBX0AE)<br>– db x-trackers iBoxx € Inflation Linked (WKN DBX0AM)*<br>– Lyxor ETF EuroMTS Inflation Linked (WKN A0F7AM)* |

46 Bei den in der Tabelle genannten Produktbeispielen für ETFs handelt es sich nicht um spezifische Produktempfehlungen. Dass irgendwann preisgünstigere Produkte mit besserer Rendite und/oder geringerem Risiko (insbesondere im Rückblick) auf dem Markt erscheinen werden, ist wahrscheinlich. Im Anhang sind drei Websites aufgeführt, die nützliche ETF-Listen veröffentlichen.

| Portfolioteil | Allgemeine Erläuterungen | Produktbeispiele für ETFs |
|---|---|---|
| Risikobehafteter Portfolioteil: Aktienteil – einfache Variante (siehe Spalte 9 in Tabelle 6) | Ein ETF, das in westeuropäische Standardwerteaktien (Großunternehmen) investiert | – iShares DJ Euro Stoxx (DE) (WKN A0D8Q0)<br>– iShares MSCI Europe (thes.) (WKN A0YBR2)<br>– db x-trackers MSCI Europe (WKN DBX1ME) |
| Risikobehafteter Portfolioteil: Aktienteil – komplexere Variante (siehe Spalte 10 in Tabelle 6) | Drei ETFs, die je ein Drittel dieses Portfolioteils ausmachen: (a) westeuropäische Standardwerteaktien, (b) westeuropäische Nebenwerteaktien (mittlere und kleine Unternehmen) und (c) westeuropäische → Substanzwertaktien von Großunternehmen | Für (a) siehe Angaben in der unmittelbar vorhergehenden Tabellenzeile<br>Für (b): iShares DJ Euro Stoxx SmallCap (WKN A0DPMZ) oder Lyxor ETF MSCI EMU Small Cap (WKN A0F420) oder db x-tracker MSCI Europe Small Cap (WKN DBX1AU)<br>Für (c): iShares DJ Euro Stoxx Value (WKN A0HG2N) oder Lyxor ETF MSCI EMU Value (WKN A0EQ01) |

\* → Inflationsindexierte Staatsanleihen (siehe Eintrag im Glossar)

Der Anleger sollte darauf achten, dass langfristig gesehen die zwei Portfolioteile (im einfachen Portfolio) und die vier Portfolioteile (im komplexen Portfolio) ihren ursprünglichen prozentualen Anteil am Gesamtportfolio beibehalten. Das lässt sich am besten dadurch bewerkstelligen, dass frisches Geld vorrangig in die Portfoliokomponenten investiert (gespart) wird, deren Anteil unter dem Sollwert liegt – nämlich solche, die in der jüngeren Vergangenheit am schlechtesten »gelaufen« sind, wodurch ihr Wert relativ zu den anderen Portfoliokomponenten gesunken ist. Dieser Vorgang wird neudeutsch »Rebalancing« genannt und stellt sicher, dass das Risiko des Portfolios langfristig etwa auf dem gleichen Niveau verbleibt. Außerdem führt Rebalancing (innerhalb des Aktienteils des Portfolios) sehr langfristig auch zu einer leichten Renditeerhöhung. Dieser Grundsatz gilt umgekehrt auch beim »Entsparen« (Verbrauch des Portfolios): Entnahmen finden dann aus denjenigen Portfolioteilen statt, die relativ zu ihrem Sollanteil übergewichtet sind.

Für Anleger, die es – insbesondere hinsichtlich ihrer laufenden Sparraten – einfacher haben wollen, bietet sich der Investmentfonds

»Arero« (Aktien-Renten-Rohstoffe) an. *Arero* wurde vom BWL-Professor und Anlegerschützer Martin Weber (Uni Mannheim) initiiert (WKN DWS0R4, www.arero.de). Der Fonds hat keinen Ausgabeaufschlag, sehr niedrige laufende Kosten und eignet sich besonders gut für einen Fondssparplan. Er gewichtet westeuropäische Staatsanleihen (in Euro) mit 25 Prozent, globale Aktien (einschließlich Schwellenländeraktien) mit 60 Prozent und globale Rohstoffe mit 15 Prozent des Fondsvermögens. Wem der Staatsanleihenanteil aus Risikogründen zu gering ist, der kann separat noch Staatsanleihen oder vergleichbare Anlagen dazukaufen, um so seine Zielgewichtung zu erreichen.

Bei diesem Investment nach dem Kaufen-und-Halten-Prinzip (→ Buy-and-Hold) findet keinerlei laufendes Handeln (Trading) statt – weder wenn Aktien »boomen«, noch wenn sie »crashen«. Die in Abschnitt 2.4 angegebenen Nettorenditen des einfachen und des komplexen Portfolios enthalten alle Boom- und Crash-Phasen der letzten 40 Jahre (sowie Steuern und Kosten). Das ewige Auf und Ab der Aktienmärkte ist seit über 100 Jahren zu beobachten und wird sich auch in Zukunft fortsetzen. Diese oft stürmischen Wellen sind jedoch nicht zuverlässig prognostizierbar und sind zwingende Bedingung und Voraussetzung für die langfristig überlegenen Renditen der → Asset-Klasse Aktien. Rendite ist die Belohnung für Risiko – ohne Risiko keine Rendite.

Das 50/50-Portfolio ist genauso ein Buy-and-Hold-Investment wie ein Eigenheim. In dieser Hinsicht besteht nicht der geringste Unterschied zwischen beiden Anlageformen. Weil das Portfolio aber nur zur Hälfte aus Aktien besteht und zur anderen Hälfte aus sehr sicheren Staatsanleihen, ist sein Gesamtrisiko (und nur darauf kommt es an) begrenzt. In der Tat sollte das Wertpapierportfolio eines Haushaltes stets *als Ganzes* betrachtet werden, sowohl hinsichtlich der Rendite als auch in Bezug auf das Risiko. Eine isolierte Betrachtung einzelner Anlagen ist falsch und führt allenfalls zufällig zu vernünftigen Schlussfolgerungen.[47]

---

47 Nähere Informationen über simples, aber wissenschaftlich fundiertes, »passives« Langfristinvestieren mit ETFs und → Indexfonds finden Sie in Kommer, *Souverän investieren* und *Die Buy-and-Hold-Bibel*. Auch das Buch von Professor Weber, *Genial einfach investieren*, bietet zu diesem Thema eine sehr empfehlenswerte Lektüre.

- Anleger, die kein Eigenheim erwerben möchten, sollten in eine alternative Kapitalmarktanlage investieren (sparen), um so ihren Lebensstandard im Alter nicht zu gefährden. Dieses Sparen muss genauso langfristig und diszipliniert vonstatten gehen wie der Kapitaldienst und die Begleichung der laufenden Nebenkosten des Eigenheimkäufers, der einen Bankkredit aufnimmt.

- Die in den Medien und in Immobilienbüchern einer Eigenheiminvestition oft gegenübergestellte Alternative »Staatsanleihen« ist letztlich unangemessen, weil sie risikoärmer ist als ein Eigenheim, insbesondere falls dieses teilweise kreditfinanziert ist.

- Eine angemessene, simple Alternative zu einem Eigenheiminvestment hat dieser Abschnitt vorgestellt. Unsere beispielhaften Berechnungen in Abschnitt 2.4 haben gezeigt, dass diese Alternative in den vergangenen 40 Jahren (nach geschätzten Steuern und Kosten) zu einem höheren Vermögensendwert geführt hat als ein durchschnittliches Eigenheiminvestment in Deutschland, gleichgültig ob mit oder ohne Kreditfinanzierung.

**Merkbox**

# 5. Expertenrat für Ihren Immobilienkauf und dessen Finanzierung

Die folgenden Ausführungen beziehen sich nur auf die Fremdfinanzierung von Immobilien zur Selbstnutzung, also eine Eigenheimfinanzierung. Warum sich der Erwerb von Vermietungsimmobilien für Privatpersonen selten auszahlt, haben wir in Abschnitt 3.7 erläutert.

## 5.1 Wie viel Eigenkapital einbringen?

»Ein junges Paar mit Kinderwunsch nimmt einen Kredit auf und baut. Acht Jahre später ist die Familie ruiniert, das Haus versteigert, die Zukunft ungewiss. Die Geschichte einer ganz gewöhnlichen Pleite.«

*Titelstory im SZ-Magazin der Süddeutschen Zeitung,*
30.10.2009

»Wie viel Eigenkapital einbringen?« Das ist eine der einfacheren Fragen in diesem Finanzierungskapitel. Die simple Antwort: so viel wie möglich und nicht unter 20 Prozent plus Kaufkosten, selbst wenn die Bank ausnahmsweise mit weniger zufrieden wäre. Warum so viel wie möglich? Nun, je niedriger der Eigenkapitalanteil und je höher der Kreditanteil an einer Eigenheimfinanzierung ausfällt, desto risikoreicher wird sie – risikoreicher aus Sicht des Kreditnehmers (Eigentümers), aber auch aus Sicht der Bank.

Ein simpler Plausibilitäts-Check, der Ihnen zeigt, ob Sie über eine ausreichende Eigenkapitaldecke verfügen, könnte so aussehen: Wenn am nächsten Zinsanpassungstermin, ob in sechs Monaten oder in sechs Jahren, das Zinsniveau auf den historischen Spitzenwert für kurz- und langfristige Immobilienkreditzinsen in Deutschland von etwa 12 Prozent p. a. (siehe Abschnitt 5.3) stiege, könnten Sie die Finanzierung dann noch stemmen, ohne in Schwierigkeiten zu geraten? Vergessen Sie bei Ihrer Kalkulation nicht die laufenden Instandhaltungskosten, die im Falle unerwarteter Defekte oder Schäden zudem kurzfristig stark steigen können. Ein anderer Gesichtspunkt, der für eine hohe Eigenkapitalquote spricht: Je höher diese ist, desto attraktiver ist man als Kunde für die Bank und desto stärker auch die eigene Verhandlungsposition.

Wie hoch das Risiko einer kreditfinanzierten Eigenheiminvestition sein kann und dass es gemeinhin unterschätzt wird, haben wir bereits in Abschnitt 2.5 illustriert. Doch es gibt noch einige weitere Gründe, warum eine zu hohe Fremdkapitalquote das Risiko für den Kreditnehmer in die Höhe treibt. Um dies zu veranschaulichen, nehmen wir einen Finanzierungsfall mit einer Eigenmittelquote von 20 Prozent des Kaufpreises an. Ferner werden die Kaufkosten in Höhe von 8 Prozent aus Eigenkapital bezahlt. Diese rund 26 Prozent (also 28 % ÷ 108 %) entsprechen allen Ersparnissen des Haushaltes mit Ausnahme einer Liquiditätsreserve von drei Nettomonatsgehältern. Der Immobilienkaufpreis zuzüglich der Kaufkosten von 8 Prozent wird anteilig aus den Eigenmitteln und dem Kredit finanziert. Da die Kaufkosten nach Vollzug des Kaufes »verloren« sind und der Eigentümer im Verkaufsfall sogar noch mit rund 4 Prozent Verkaufskosten zu rechnen hätte, besitzt der Eigentümer bei objektiver Betrachtung am Tag nach Unterzeichnung des Kaufvertrags eine Immobilie, die für ihn erst einmal effektiv nur noch 89 Prozent dessen wert ist, was er am Vortag bezahlt hat.[48] Der Wertabschlag vom Marktpreis, den die Bank in ihrer internen Bewertung vornimmt, wird noch weit über den 4 Prozent liegen, die wir hier als Verkaufskosten angenommen haben.

---

48 Rechnerisch: (100 − 4) ÷ (100 + 8) ≈ 89 %. Die »effektive« Fremdfinanzierungsquote beträgt 83 Prozent (= 80 % ÷ 96 %), nicht 80 Prozent, wie der Haushalt intuitiv annimmt.

Zugleich steigt die monatliche Liquiditätsbelastung des Eigentümers relativ zu der vorher gezahlten Miete je nach Eigenkapitalanteil und vorgesehener Tilgungsdauer deutlich an.[49] Materialisiert sich nun eines der vielen möglichen Risiken, die in diesem Zusammenhang bestehen können, kann leicht ein Liquiditätsengpass entstehen, aufgrund dessen der Haushalt die monatlichen Kreditraten nicht mehr pünktlich bedienen kann. Es kommt zum Zahlungsverzug. Von welchen Risiken sprechen wir? Denkbar sind Nettoeinkommenseinbußen durch Arbeitslosigkeit, Unfall oder Krankheit, scheidungsbedingte Liquiditäts- und Einkommensprobleme, unvorhergesehener Nachfinanzierungsbedarf durch nicht ausreichend versicherte Schäden aus Baupfusch, Feuer oder Flut, starker Anstieg der Zinskosten (sofern ein nennenswerter Teil des Kredites eine variable oder kurze Zinsbindung aufweist) und vieles andere mehr.

In der Situation eines solchen Liquiditätsengpasses könnte die finanzierende Bank durch Tilgungsaussetzungen oder Streckung der Rückzahlungsphase (und damit Reduktion der monatlichen Annuität) dem Kreditnehmer eine Verschnaufpause gewähren, bis seine Schwierigkeiten behoben sind. Das wird sie – unter sonst gleichen Umständen – umso eher tun, je höher der in der Immobilie steckende Eigenkapitalanteil ist. Hinzu kommt, dass die Wahrscheinlichkeit eines Liquiditätsengpasses von vornherein mit steigender Eigenmittelquote abnimmt, denn die monatliche Annuität reduziert sich in dem Maße, wie der Eigenmitteleinsatz ansteigt.

Sofern jedoch die Bank bei einem Zahlungsverzug (dessen Länge, Umfang und wirkliche Hintergründe sie ja zunächst nicht abschätzen kann) »nervös« wird, weil die Finanzierung nur eine niedrige Eigenkapitalquote aufweist, ist nicht auszuschließen, dass sie den Kredit nach einigen Monaten des Verzuges kündigt und Pfändung sowie Zwangsversteigerung der Immobilie einleitet. Kommt es dazu, entsteht üblicherweise ein hoher Verlust für den Eigentümer, der zumeist das eingebrachte Eigenkapital übersteigt und deshalb künftige

---

49 Wie schon erwähnt, fallen bei einer neuwertigen oder vollrenovierten Immobilie in den ersten Jahren deutlich unterdurchschnittliche, später aber überdurchschnittlich hohe Instandhaltungskosten an.

Gehaltspfändungen mit einschließt. Dass mit einem solchen Vorgang zudem ein schlimmes emotionales Trauma für eine Familie verbunden sein kann, versteht sich von selbst.

Insgesamt können wir festhalten, dass das Risiko einer Immobilienfinanzierung oberhalb einer anfänglichen Fremdmittelquote von etwa 80 Prozent rapide zunimmt – daher unsere einfache Grundregel: so viel Eigenkapital wie möglich und nicht unter 20 Prozent. Ausnahmen von dieser Grundregel können sein:

- Der Haushalt ist sehr vermögend und hat anderweitiges Nettovermögen, das mindestens 30 Prozent des Wertes der soeben erworbenen Immobilie beträgt. Wenn man dieses anderweitige Nettovermögen mit der fast ausschließlich fremdfinanzierten Immobilie konsolidiert, ergibt sich eine weniger »aggressive« Fremdkapitalquote. Das wird die Bank im Zweifel beruhigen.
- Andere Vermögenswerte wie Wertpapiere oder Kapitallebensversicherungen (zum Rückkaufswert) können aus bestimmten Gründen im Augenblick der Finanzierung noch nicht flüssig gemacht werden und dienen daher zunächst in der Form von Sicherheiten als Ersatz für das zu niedrige Bar-Eigenkapital. Das kann zum Beispiel bei einer Kapitallebensversicherung, deren frühester renditeunschädlicher Auszahlungstermin erst ein oder zwei Jahre später liegt, der Fall sein. Denkbar wäre hier auch ein Bausparguthaben, mit dessen Auszahlung in den nächsten 24 Monaten zu rechnen ist. In diesen Fällen sollten die zunächst illiquiden Vermögenswerte jedoch zum nächstmöglichen Zeitpunkt verflüssigt werden, um dann via Sondertilgungen eine Erhöhung der Eigenmittelquote herbeizuführen.[50]

---

50 Warum ein privater Immobilienfinanzierer auch seinen gesamten laufenden monatlichen Liquiditätsüberschuss für die Tilgung des Kredites einsetzen sollte und nicht parallel zum Kredit Banksparguthaben, Aktienanlagen oder Ähnliches unterhalten und aufbauen sollte, erläutern wir in Abschnitt 5.6. Auf die ebenfalls verwandten Spezialfälle eines Immobilienkredites, der zu Tilgungszwecken mit einer Kapitallebensversicherung oder einem Bausparvertrag gekoppelt ist, gehen wir in Abschnitt 5.8 ein.

**Merkbox**

- Bringen Sie den höchstmöglichen Eigenkapitalbetrag in Ihre Immobilienfinanzierung ein und »erzwingen« Sie – in Ihrem ureigensten Interesse – keine Immobilienfinanzierung, wenn Sie nicht wenigstens 20 Prozent des Kaufpreises sowie alle Kaufkosten mit Eigenkapital finanzieren können. Dies gilt auch dann, wenn die Bank ausnahmsweise mit weniger zufrieden wäre. Wer unter dieser anfänglichen Eigenmittelquote liegt, riskiert, dass die mit einer Krisensituation verbundenen Liquiditätsengpässe eine Kettenreaktion in Gang setzen, die im schlimmsten Falle zu einer Pfändung der Immobilie durch die Bank und damit zu großen Vermögensschäden für den Investor führen.

## 5.2  Wie spare ich heute, wenn ich in ein paar Jahren ein Eigenheim kaufen möchte?

»Der Bau oder Kauf selbstgenutzter Immobilien ist für viele Menschen die größte Investition ihres Lebens. Was auf diesem Feld, teils aus Dummheit der Kunden, teils aus Gier der Finanzindustrie, jeden Tag verkauft wird, sprengt alle Vorstellungskraft: Überhöhte Hypothekenkredite, zu langsame Rückzahlung, fragwürdige Geldanlagen und fehlende Absicherungen setzen die Menschen im wahrsten Sinne des Wortes auf Pulverfässer. Es ist ein Wunder, dass durch diesen Umgang mit Geld nicht mehr Haushalte wirtschaftlich in die Luft fliegen.«

*Volker Looman*, Finanzanalytiker, F.A.Z., 09.01.2010

Der Wunsch, ein Eigenheim zu erwerben, entsteht selten von heute auf morgen. Viele von uns entscheiden sich gedanklich für ein Eigenheim, lange bevor sie es tatsächlich erwerben wollen oder können. Wer zur Gruppe der eingefleischten Eigenheim-Aspiranten gehört – und das gilt für die Mehrheit der Deutschen, Schweizer und Österreicher –, wird sich fragen, wie er sich finanziell am besten auf die in einigen Jahren angestrebte Investition vorbereiten soll. Dieser

Abschnitt will hierzu einige Hinweise geben. Diese Hinweise sind jedoch nicht als mechanische »Wenn-dann-Regeln« zu verstehen, sondern als flexible Planungs- und Entscheidungshilfen. Da niemand die Zukunft verlässlich prognostizieren kann, ist eine gute Strategie zur Investitionsvorbereitung, die ein Maximum an Flexibilität bewahrt, wichtig – auch wenn das manchmal ein paar Euro potenzieller Rendite kostet. Im Folgenden benenne ich (a) die wichtigsten Gesichtspunkte, die eine rationale Eigenheimsparstrategie berücksichtigen sollte, und (b) konkrete Tipps, wie bereits bestehende Vermögensanlagen in diese Sparstrategie einfließen können.

Der wichtigste Grundsatz bei diesem »Zielsparen« lautet: Je kürzer die verbleibende Zeit bis zur geplanten Investition, desto risikoärmer muss die Sparform sein. Wenn Sie den genauen Zeitpunkt (das Jahr) der Investition heute noch nicht mit hoher Gewissheit kennen, dann wählen Sie als Ausgangspunkt Ihrer Überlegungen den frühestmöglichen Zeitpunkt, an dem der Immobilienkauf stattfinden könnte. Er ist für die Wahl der angemessensten Sparform relevant. Nachdem wir uns nun diesen Zeitpunkt und die verbleibende Zeit bis dahin vergegenwärtigt haben, kommen die folgenden Faustregeln zur Anwendung:

Wenn Sie innerhalb der nächsten rund sieben Jahre ein Eigenheim erwerben wollen, dann gilt: Nur die absolut sichersten und liquidesten Sparformen sind akzeptabel, denn negative Wertschwankungen sind das Letzte, was Sie in dieser Ansparphase riskieren sollten. Was Sie von nun an brauchen, ist eine möglichst hohe Sicherheit, dass Ihre Mittel zum relevanten Zeitpunkt sofort und im erwarteten Wert zur Verfügung stehen. Welche Anlageformen leisten das mit der größtmöglichen Wahrscheinlichkeit? Antwort: → Geldmarktanlagen wie etwa Sparkonten, Termingelder bei Banken (aber nur bis zur Höhe der Einlagensicherungsgrenze) und Geldmarktfonds oder kurz- bis mittelfristige Staatsanleihen eines → AAA-Staates mit einer maximalen Restlaufzeit von drei Jahren (längere Restlaufzeiten bergen die Gefahr starker Wertschwankungen). Fremdwährungsanlagen sind also tabu.

Ebenfalls tabu sollte der Versuch sein, durch Spekulation mit

Aktien oder anderen Wertpapieren Renditen zu erzielen, die deutlich über der normalen Geldmarktrendite (inflationsbereinigt 1 Prozent bis 3 Prozent p. a., vor Kosten und Steuern) liegen. Für rational handelnde Haushalte ist es nie sinnvoll, kurz- und mittelfristig zu spekulieren, und wer diesen Versuch in allzu verbreiteter Selbstüberschätzung dennoch unternimmt, geht das hohe Risiko ein, zum geplanten Immobilienkauftermin weniger als den Zielsparbetrag in den Händen zu halten. Die vergangene Dekade hat die kurz- und mittelfristigen Risiken des Aktienmarktes offengelegt.[51]

Wenn der künftige Investitionszeitpunkt jedoch nicht nur ungefähr, sondern exakt feststeht, dann bietet es sich an, eine AAA-Staatsanleihe zu kaufen, deren Restlaufzeit rund zwei Monate vor dem Investitionstermin endet. Der Vorteil: Die Rendite dürfte höher sein als bei den oben genannten Geldmarktanlagen und die exakte Rendite ist zum Kaufzeitpunkt bereits bekannt, vorausgesetzt die Anleihe wird bis zur Fälligkeit gehalten.

Sofern der frühestmögliche Zeitpunkt der Immobilieninvestition weiter als sieben Jahre entfernt liegt, könnte der Investor (wenn er die Sachkenntnis dazu hat) seinen Geldmarktanlagen zu einem gewissen Prozentsatz einen diversifizierten Aktienindexfonds (in der Form eines → ETFs) beimischen, um so etwas mehr Rendite zu erzielen, als es allein mit kurzfristigen Geldmarktanlagen möglich wäre.[52]

Neben dem frühestmöglichen oder definitiven Termin des Eigenheimerwerbes weiß ein Haushalt normalerweise recht genau, wie hoch der maximale monatliche Geldbetrag ist, den er dauerhaft für den geplanten Immobilienkauf ansparen kann. Mithilfe dieser Angabe und einer angenommenen jährlichen Rendite für die gewählte Anlageform (Anlageprodukt) kann der Haushalt dann berechnen, wie lange es voraussichtlich dauern wird, bis er den gewünschten

---

51 Finanzökonomen nennen diese fast universelle Selbstüberschätzung »Overconfidence-Bias« (Neigung zur Selbstüberschätzung). Siehe dazu Jason Zweig, 2007, Seite 95 ff.

52 Zu der Frage, wie ein simples und bequemes Staatsanleihen-Aktien-Portfolio aussehen kann und wie man dessen Risikograd auf dem gewünschten Niveau einstellt, siehe Kommer, *Souverän investieren* und *Die Buy-and-Hold-Bibel*.

Zielbetrag (das notwendige Eigenkapital) erreicht. Bei den oben genannten sicheren Geldmarkt-Anlageformen dürfte eine inflationsbereinigte Jahresrendite von 1,0 Prozent bis 1,5 Prozent nach Kosten und Steuern langfristig kaum zu übertreffen sein.[53]

Wie werden bereits vorhandene Vermögensanlagen bei diesen Kalkulationen berücksichtigt? Die Antwort hierauf ist sparformspezifisch.[54] Ich unterstelle hierbei zunächst, dass die Investition vielleicht schon innerhalb der nächsten sieben Jahre stattfinden wird.

- *Geldmarktanlagen* (Festgelder, Sparbücher, Geldmarktfonds, kurz- bis mittelfristige Staatsanleihen, → Rentenfonds): Hier brauchen Sie nichts zu verändern; Sie können diese Anlagen und entsprechende Sparverträge bis zum Eigenheimkauf einfach weiterlaufen lassen. Eine Ausnahme stellen konventionelle Rentenfonds dar, weil diese grundsätzlich ein schlechtes Anlageprodukt sind (siehe Anmerkung im Glossar).
- *Kapitallebensversicherungen*: »Finger weg von Kapitallebensversicherungen lautet die Devise, abgesehen von wenigen Ausnahmen«, so schreibt der Bund der Versicherten (BDV), eine große Verbraucherschutzorganisation, und Recht hat er. Warum Kapitallebensversicherungen als Anlageprodukt in den meisten Fällen eine ganz schlechte Idee sind, erklärt der BDV auf seiner Website überzeugend.[55] Wenn Sie diese Auffassung teilen, dann stellt sich die Frage, wie mit einer bereits vorhandenen Kapital-LV umzugehen ist. Sofern der Fälligkeitstermin *vor* dem frühestmöglichen

---

53 Am besten nehmen Sie solche Berechnungen stets *exklusive* Inflation vor. Das eliminiert einen unnötigen und die Rechnung verkomplizierenden Unsicherheitsfaktor – die Inflation. Eine reale Rendite von 1,5 Prozent p. a. entspricht bei einer Inflationsrate von 2,5 Prozent einer nominalen Rendite von 4,0 Prozent. Die Website www.zinsen-berechnen.de bietet hierzu benutzerfreundliche Rechen-Tools.

54 Die verwandte Frage, ob und wann es sinnvoll ist, eine Wohnimmobilie über Kredite zu finanzieren, während man gleichzeitig Vermögensanlagen tätigt oder besitzt, wird in Abschnitt 5.6 behandelt.

55 www.bundderversicherten.de. Die in manchen Fällen vom Kreditnehmer gewünschte oder von der Bank erzwungene Todesfallabsicherung kann zu etwa 5 Prozent der laufenden Kosten einer Kapital-LV über eine Risikolebensversicherung realisiert werden.

oder wahrscheinlichen Zeitpunkt des Eigenheimerwerbs liegt und eine vorzeitige Kündigung »steuerschädlich« wäre, kann es sinnvoll sein, die Versicherung trotz ihrer Nachteile unverändert weiter zu besparen. Eine oftmals bessere Alternative dazu ist, sie zumindest beitragsfrei zu stellen und den freiwerdenden monatlichen Betrag in einer Geldmarktanlage anzusparen. Sofern die Versicherung *nach* dem geplanten Eigenheimerwerb fällig wird, dürfte vielfach eine vorzeitige Kündigung erwägenswert sein (obwohl die Versicherungsgesellschaften sich das vor allem in den ersten Jahren mit empfindlichen Strafgebühren in Form von Abschlägen gegenüber dem einbezahlten Betrag und den mit Ihrem Geld erwirtschafteten Zinsen bezahlen lassen) oder ein Verkauf auf dem Zweitmarkt. In jedem Fall sollte der Geldzufluss aus der Versicherung zum baldmöglichsten Zeitpunkt in die Rückführung des Immobilienkredites einfließen. Wenn dieser Geldzufluss zeitlich *nach* der Kreditaufnahme erfolgt, sollten Sie die Kreditstruktur von vornherein so gestalten, dass die Mittel aus der Versicherung als Sondertilgung in den Kredit investiert werden können, was dann unproblematisch ist, wenn man diesen (ungefähren) Termin bei Abschluss des Kreditvertrags bereits kennt.

■ *Bausparverträge*: In Abschnitt 5.7 gehe ich gesondert auf Bausparverträge ein – auch mit Blick auf die Frage, ob es sich lohnt, einen Vertrag weiterzuführen, wenn die Immobilieninvestition zeitlich vor der erwarteten Zuteilung des Bauspardarlehens erfolgt.

■ *Aktien, Aktienfonds, offene Immobilienfonds, Zertifikate, Derivate, Gold*: Da diese Anlageprodukte gravierenden kurz- und langfristigen Wertschwankungen unterliegen, sollte ein künftiger Eigenheimkäufer nur dann mehr als etwa ein Fünftel seines Anlagevermögens in diese Produkte investiert haben, wenn noch mindestens sieben Jahre bis zum Immobilienkaufzeitpunkt verbleiben. Spätestens zwei Jahre vor dem Kauf sollten *alle* diese Anlagen aus Risikogründen in Geldmarktanlagen oder kurz-/mittelfristige AAA-Staatsanleihen umgewandelt werden.

- *Eine bereits vorhandene selbstgenutzte Wohnimmobilie*: Gegen die gängige Vorgehensweise, so lange wie möglich, das heißt bis zum Zeitpunkt des Kaufs der neuen Immobilie im bisherigen Heim zu verbleiben, ist nichts einzuwenden. Da beide Objekte normalerweise den gleichen oder ähnlichen marktbedingten Wertschwankungen unterliegen, sollte eine unerwartete Preisveränderung des Altobjektes eine ungefähr parallele Preisveränderung des neuen Objektes tendenziell ausgleichen.

- *Eine bereits vorhandene vermietete Immobilie*: In Abschnitt 3.7 gehe ich auf die Problematik der Vermietung von Wohnimmobilien durch Privatpersonen ein.

- *Beteiligungen an geschlossenen Fonds*: Von diesen Produkten (geschlossene Immobilienfonds, Schiffsfonds, Flugzeugfonds, Filmfonds oder geschlossene Fonds in anderen Branchen) ist einem Privatanleger ebenfalls abzuraten.

- *Beteiligungen an nicht börsennotierten Unternehmen*: Im Allgemeinen sind hiermit Unternehmen gemeint, in denen man selbst oder ein nahes Familienmitglied unternehmerisch tätig ist. Solche Beteiligungen sind aus offensichtlichen Gründen anders zu beurteilen als die reinen Finanzanlagen, die ich bisher in diesem Abschnitt angesprochen habe. Der Verkauf einer Unternehmensbeteiligung, um Mittel für eine Eigenheimfinanzierung freizusetzen, kommt vermutlich selten infrage. Allerdings: Sofern der Unternehmer im Wege einer Bürgschaft oder aufgrund der Rechtsform des Unternehmens persönlich für die Unternehmensverbindlichkeiten haftet, ist es aus meiner Sicht zweifelhaft, ob er das zusätzliche Risiko einer weiteren Kreditaufnahme für ein Eigenheim überhaupt auf sich nehmen sollte (und noch zweifelhafter, wenn Familienmitglieder ohne eigenes Einkommen existieren) – jedenfalls wenn die notwendige Fremdmittelquote über etwa 40 Prozent liegt. Letztlich kann diese Frage jedoch nur einzelfallbezogen und mit Expertenhilfe sinnvoll beantwortet werden.

**Merkbox**

- Neben der Höhe des monatlichen Sparbetrages spielt beim Sparen für eine künftige Eigenheiminvestition die Sparform die wichtigste Rolle. Wer innerhalb der nächsten etwa sieben Jahre ein Eigenheim erwerben will, sollte sich auf die sichersten und liquidesten Anlageformen beschränken. Das sind Geldmarktanlagen und kurz- bis mittelfristige AAA-Staatsanleihen, stets in der heimischen Währung. Für den einen oder anderen mag die Verlockung groß sein, durch Spekulation auf eine höhere Rendite zu wetten, als sie der Geldmarkt oder kurz-/mittelfristige Staatsanleihen bieten, doch das damit unweigerlich verknüpfte zusätzliche Risiko ist diese bloße Aussicht nicht wert. Gier und Selbstüberschätzung sind keine guten Investmentratgeber.
- Wer den genauen Zeitpunkt seines Eigenheimerwerbs ausreichend sicher abschätzen kann, ist mit dem Kauf von Staatsanleihen, die etwa zwei Monate vor dem Investitionszeitpunkt fällig sind, am besten bedient. Bei (Rest-)Laufzeiten von über drei Jahren rentieren solche Anleihen zumeist über dem Geldmarkt und zudem ist die Rendite bis zur Fälligkeit bereits bekannt.
- Eine Reihe von Anlageprodukten, wie etwa Rentenfonds, Kapitallebensversicherungen oder Beteiligungen an geschlossenen Fonds, haben so viele Nachteile, dass sie unabhängig vom Anlagehorizont bis zur Immobilieninvestition sehr selten empfehlenswert sind.

## 5.3  Die beste Zinsbindungsdauer

Zinssätze können innerhalb kurzer Zeitspannen dramatisch ansteigen. In den fünf Jahren von 1977 bis 1982 explodierten die kurzfristigen Zinsen in den USA von 5 Prozent auf 14 Prozent. Das war kein guter Zeitpunkt, um einen variabel verzinslichen Immobilienkredit zu haben. Heute [2009] ist ebenfalls kein guter Zeitpunkt. Wenn Sie einen haben, refinanzieren Sie ihn schnellstmöglich mit einer langfristigen Zinsbindung.«

*Professor Laurence Kotlikoff*, Boston University, Bestsellerautor

Bei der Wahl des für Sie bestmöglichen Immobilienkredits steht die Frage der richtigen Zinsbindung ganz oben auf der Liste der wichtigsten Einflussgrößen. Abbildung 5 zeigt die Entwicklung der Immobilienkreditzinsen mit kurz- und langfristigen Zinsbindungen in Deutschland über die 40 Jahre zwischen 1970 und 2009. Aus diesem Schaubild lassen sich folgende Schlüsse ableiten:

## Abbildung 5: Entwicklung der Zinssätze für Wohnimmobilienkredite in Deutschland, 1970–2009

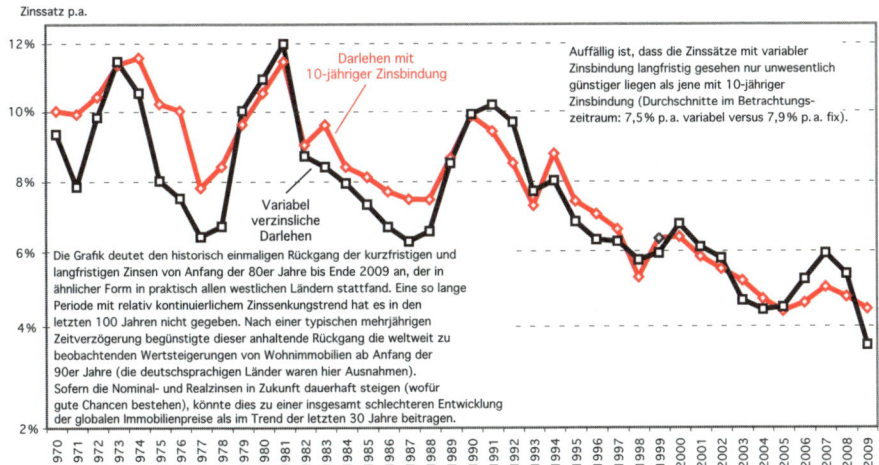

- Sowohl die kurz- als auch die langfristigen Kreditzinsen schwanken mit einer erstaunlichen Bandbreite, die aus Kreditnehmersicht bisweilen brutal anmutet. Diese maximale Bandbreite betrug bei den kurzfristigen Zinsen in Deutschland im Betrachtungszeitraum zwischen 12,0 Prozent p. a. (1981) und 2,8 Prozent p. a. (2009). In den meisten anderen Ländern fielen diese Schwankungen noch stärker aus. Bei den langfristigen Zinsen ist die Bandbreite nur unwesentlich enger. Welche schlagartigen Schwankungen auch in kurzen Zeiträumen auftreten können, zeigen die drei Jahre von Anfang 1979 bis Ende 1981, als die variablen Zinsen in kurzer Zeit um mehr als 5 Prozentpunkte anstiegen. Wer in dieser Zeit einen Annuitätenkredit mit einer monatlichen Rate von beispielsweise 800 DM besaß, dessen Zahlungsverpflichtung erhöhte sich innerhalb von drei Jahren auf 1 200 DM (ein Anstieg von 50 Prozent). Es ist ohne weiteres denkbar, dass diese → Volatilität der Zinsen künftig sogar noch zunimmt.

- Zwar sind die Zinsen bei langfristiger Zinsbindung über sehr lange Betrachtungszeiträume hinweg durchschnittlich höher als bei variablen Zinsen oder kurzfristiger Zinsbindung, aber der Unterschied ist geringer, als viele von uns intuitiv annehmen. Bei den Immobilienkreditzinsen in Deutschland betrug er während dieser 40 Jahre nur durchschnittlich 0,4 Prozentpunkte, und es gab eine Reihe von Jahren, in denen die Zinssätze bei kurzer Zinsbindung sogar höher waren als bei langer.

- Im Mittel der letzten 40 Jahre lagen sowohl die lang- als auch die kurzfristigen Immobilienkreditzinsen mit 7,5 Prozent p. a. und 7,9 Prozent p. a. deutlich höher als in den Jahren von 2001 bis 2009, also der unmittelbar zurückliegenden Vergangenheit. Es gibt keinen Grund, warum die Zinsen in den nächsten 20 Jahren durchschnittlich niedriger sein sollten als in den vergangenen 40 Jahren.

- Der fast ununterbrochene, geradezu extreme Zinssenkungstrend von 1981 bis 2009 war in den letzten 100 Jahren einmalig und wird sich – so viel ist sicher – in den nächsten 20 Jahren nicht fortsetzen. Zum einen, weil die nominalen Zinsen grundsätzlich nicht unter null fallen können, und zum anderen, weil die starke Geldmengenausweitung fast aller westlicher Zentralbanken von 2007 bis 2009 mittelfristig inflationär wirken dürfte. Steigende Zinsen wirken sich tendenziell schädlich auf die Wertsteigerung von Immobilien aus.

- In Deutschland, anders als in der Schweiz, Österreich und in vielen anderen Ländern, hat die Mehrzahl privater Immobilienkredite Zinsbindungen von fünf Jahren und mehr. Auch in Ländern wie den USA und Großbritannien dominierten noch bis Mitte der 80er Jahre die langfristigen Zinsbindungen (in den USA waren sogar Zinsbindungen bis zu 30 Jahren gang und gäbe), während die Kundschaft heute variabel verzinsliche Kredite oder kurze Zinsbindungen bis zu zwei Jahren bevorzugt, weil diese – so die

Kundensicht – billiger und flexibler sind. Warum das in Deutschland mehrheitliche Festhalten an langfristigen Zinsbindungen der bessere Weg ist, wird dieser Abschnitt im weiteren Verlauf zeigen.

Welche Zinsbindung sollte ein typischer Eigenheimfinanzierer vor dem Hintergrund unserer historischen Beobachtungen der Kreditzinsen in Deutschland in den letzten 40 Jahren und vor dem Hintergrund dessen, was wir über den risikoerhöhenden Effekt einer Kreditfinanzierung in Abschnitt 2.5 erfahren haben, wählen? Zwar ist die Antwort auf diese Frage zu einem gewissem Grade einzelfallabhängig, aber es gibt es eine Reihe allgemein gültiger Faustregeln:

- Je länger die Zinsbindung, desto risikoärmer ist die Finanzierung und damit der Immobilienkauf. Analog gilt: Je kürzer die Zinsbindung, desto riskanter ist die Finanzierung. Entgegen landläufiger Meinung ist bei einer Zinsbindung von zehn Jahren noch keineswegs das Ende der Fahnenstange erreicht. Verschiedene Banken gewähren auch 20 Jahre und manchmal sogar noch mehr. Für die meisten Eigenheimfinanzierer dürfte es sinnvoll sein, etwa die Hälfte des Gesamtkredits mit einer Zinsbindung deutlich über zehn Jahren auszustatten.[56]
- In der Regel (doch längst nicht immer, wie Abbildung 5 zeigt) sind langfristige Zinsbindungen etwas teurer als kurzfristige. Der zu einem bestimmten Zeitpunkt bestehende Kostenunterschied hängt von der sogenannten → Zinsstrukturkurve ab. Es lohnt sich für private Haushalte jedoch fast immer, den typischerweise höheren Zinssatz einer längerfristigen Zinsbindung in Kauf zu nehmen, um damit ihr Finanzierungsrisiko zu senken, sich also Kostensicherheit einzukaufen. Die Zusatzkosten einer längeren Zinsbindung gegenüber einer kürzeren Zinsbindung sind aus der

---

56 Die beiden Hauptauslöser der globalen Wirtschaftskrise von 2007 bis 2010 waren zu niedrige Eigenkapitalquoten bei privaten Immobilienfinanzierungen in den angelsächsischen Ländern und Spanien und ein zu hoher Anteil variabel verzinslicher Kredite. Als die kurzfristigen Zinsen zunächst im Dollarraum, später auch in anderen Währungsräumen ab Mitte 2004 bis Ende 2007 anzogen, gerieten Millionen Haushalte in Zahlungsverzug.

Sicht des Kreditnehmers die Prämie für eine Versicherung gegen unerwartete Zinserhöhungen. Auch wenn die kreditgebende Bank einmal selbst in Schwierigkeiten geraten sollte, ist man mit langen Zinsbindungen besser vor Zinserhöhungen geschützt.

■ Abgesehen von ihren zumeist etwas höheren Kosten haben lange Zinsbindungen den Nachteil, dass sie Sondertilgungen (außerplanmäßige Tilgungen), zum Beispiel wenn ein Haushalt aufgrund einer Erbschaft oder eines Gehaltsbonus unerwartet über zusätzliche Barmittel verfügt, erschweren oder sogar verhindern. Zudem besteht die Gefahr, dass eine vorzeitige Komplettrückzahlung des Kredits eine Vorfälligkeitsentschädigung auslöst, sofern die Zinsen seit Festlegung der Zinsbindung gefallen sind (siehe Abschnitt 5.5). Dennoch bieten heutzutage viele Banken auch bei langfristigen Zinsbindungen von vornherein die Möglichkeit begrenzter Sondertilgungen von zum Beispiel 5 Prozent der Restschuld pro Jahr an (unter Umständen gegen ein geringe Zinssatzerhöhung), wobei die in einem gegebenen Jahr nicht wahrgenommenen Sondertilgungen in der Regel nicht später nachgeholt werden können. In den meisten Fällen sind Sie gut beraten, eine Bank zu wählen, die die Sondertilgungsoption anbietet. Nach Ablauf von zehn Jahren sind auch Kredite mit längerer Zinsbindung in Deutschland aus gesetzlichen Gründen jederzeit vom Kreditnehmer kündbar, sofern dieser Privatperson ist; das heißt, Sondertilgungen sind dann ohne Mehrkosten möglich.

■ Die zumeist beste konkrete Lösung für einen Kreditnehmer sieht folgendermaßen aus: Es werden drei Kredite (oder drei Tranchen eines Kredites) aufgenommen (alle drei Kredite werden typischerweise gleichrangig mit der erstrangigen Grundschuld besichert). Kredit A hat eine Festzinsbindung von beispielsweise 20 Jahren und umfasst 50 Prozent der Gesamtkreditsumme. Kredit B hat eine Festzinsbindung von fünf Jahren und umfasst 30 Prozent der Gesamtkreditsumme. Kredit C ist ein variabel verzinslicher Kredit (mit zum Beispiel halbjährlicher oder jährlicher Zinsanpassung).[57]

---

57 Hierbei ist es sehr wichtig, dass der Referenzzinssatz ein öffentlich bekannter Marktzinssatz wie beispielsweise der → Euribor ist, den die kreditgebende Bank nicht manipulieren kann.

Diese Struktur hat den Vorteil, dass Tilgungen in beliebiger Höhe bei Kredit C praktisch jederzeit möglich sind. Bei Kredit B sind Tilgungen am Ende der fünfjährigen Zinsbindung zulässig[58] und bei Kredit A nach Ablauf von zehn Jahren. Auf diese Art und Weise wird ein sinnvoller Kompromiss zwischen Zinssicherheit (die Versicherung gegen Zinserhöhungen) und Flexibilität (Möglichkeit von Sondertilgungen) erzielt. In dem ebenfalls nicht auszuschließenden Fall, dass man den gesamten Kredit (A, B, C) nach zum Beispiel fünf Jahren zurückführen will, dürfte die Vorfälligkeitsentschädigung, wenn in diesem Moment das allgemeine Zinsniveau niedriger ist als fünf Jahre zuvor, nicht inakzeptabel hoch sein. Der Einwand der vorgeblichen »Komplexität« dieser Struktur ist unangebracht, wenn es um so viel Geld geht. Natürlich kann und sollte ein Kreditnehmer ohne weiteres von der Struktur 50:30:20 abweichen, um seinen persönlichen Verhältnissen gerecht zu werden, aber die Grundidee, dass mehr als die Hälfte des Kredits sehr langfristig gegen Zinsänderungen gesichert werden sollte, wird in den meisten Fällen richtig sein. Wenn die Kreditsumme für drei Unterkredite zu klein ist, kann man einen ähnlichen Effekt auch schon mit zwei Krediten erreichen, etwa 60 Prozent mit 20-jähriger Zinsbindung und 40 Prozent mit fünfjähriger Zinsbindung. Wenn sich eine angesprochene Bank weigert, mehr als einen Kredit auszureichen, dann sollte man zur nächsten gehen. Wer sich ganz sicher ist, auf die Möglichkeit von Sondertilgungen vollständig oder weitgehend verzichten zu können, der kann den Anteil des variabel verzinslichen Kreditteils noch unter die hier beschriebene 20-Prozent-Grenze reduzieren.

- Wo liegt die aus Risikogründen maximale Obergrenze für den Anteil des variabel verzinslichen Kreditteils? Rechnen Sie nach, ob Sie den Gesamtkredit mit Ihrem heutigen Einkommen noch bedienen können, wenn die kurzfristigen Zinsen auf den oben

---

58 Sofern der ungefähre Zeitpunkt eines nennenswerten Mittelzuflusses in den nächsten Jahren (zum Beispiel aus dem Verkaufserlös eines Geschäftes oder einer Schenkung/Erbschaft) abgeschätzt werden kann, könnte es sinnvoll sein, Zinsbindung und Volumen von Kredit B an diesem geschätzten Zeitpunkt zu orientieren.

angegebenen Höchstwert der letzten 40 Jahre (etwa 12 Prozent p. a.) oder noch etwas höher ansteigen. Wenn ihre Liquidität dann knapp wird, sollten Sie den Anteil des variabel verzinslichen Kreditteils so weit reduzieren, bis es »passt«.[59]

Je wohlhabender ein Haushalt ist (im Sinne von zusätzlichem Nettovermögen neben demjenigen, das die finanzierte Immobilie selbst repräsentiert), desto eher kann er sich leisten, weniger Zinsrisikoabsicherung als oben beschrieben zu betreiben. Daraus ergibt sich ein scheinbares Paradoxon: Ein sehr wohlhabender Haushalt kann eher das zusätzliche Risiko eingehen, das kurzfristige Zinsbindungen repräsentieren, und wird damit wohl langfristig billiger finanzieren. Zugleich aber hat es der wohlhabende Haushalt nicht nötig, das zu tun, denn er kann sich die Versicherung durch langfristige Zinsbindungen gut leisten. Ein weniger wohlhabender Haushalt hingegen, der stärker vom langfristigen Kostenvorteil der kurzen Zinsbindungen profitieren würde, kann (und sollte) das jedoch aus Risikogründen nicht oder nur in geringerem Umfang tun.

Bei Redaktionsschluss dieses Buches im März 2010 lagen die langfristigen Zinsen im Euro-Bereich auf außerordentlich niedrigem Niveau. In dieser Zinssituation ist es für einen potenziellen Immobilienkäufer »doppelt sinnvoll«, einen möglichst großen Teil seines Immobilienkredites auf der Basis einer langfristigen Zinsbindung von mindestens zehn Jahren gegen künftige Zinserhöhungen abzusichern.

**Merkbox**   ■ Sowohl kurz- als auch langfristige Zinssätze schwanken im Zeitablauf dramatisch. Diese Schwankungen können fatale Folgen für einen privaten Immobilienfinanzierer haben, wenn dieser nur einen geringen Einkommenspuffer hat (Nettoeinkommen abzüglich Annuität und anderer laufender Kosten) und zugleich ein großer Teil seines Kreditvolumens eine kurzfristige oder variable Zinsbindung besitzt.

---

59 Es handelt sich hier nur um eine grobe Faustregel. Niemand kann das künftige Zinsniveau zuverlässig vorhersagen, weder kurzfristig noch langfristig.

- Eine langfristige Zinsbindung (von fünf bis 20 Jahren) für mindestens zwei Drittel des Gesamtkreditvolumens bietet eine Versicherung gegen einen unerwarteten Anstieg der kurzfristigen Zinsen. Diese Versicherung ist für alle Haushalte, ausgenommen sehr wohlhabende, enorm wichtig. Sie kostet aber Geld in Form (zumeist) höherer Zinssätze für langfristige Zinsbindungen. Wer sich diese Versicherung nicht leisten kann, sollte eine billigere Immobilie in Erwägung ziehen oder den Immobilienkauf so lange verschieben, bis er mehr Eigenkapital angespart hat.
- Die niedrigen variablen Zinssätze während der vergangenen rund zehn Jahre sind nicht langfristig repräsentativ, und keine Privatperson sollte eine Finanzierungsstrategie verfolgen, deren Gelingen darauf angewiesen ist, dass die Zinsen weiterhin so niedrig bleiben.

## 5.4 Die richtige Tilgungsdauer und der passende Tilgungsmodus

»Obgleich wir stets gerne zum Höchstpreis verkaufen wollen, weiß niemand, wann dieser Höchstpreis erreicht ist, bevor es bereits zu spät ist.«

*Michael Edleson*, Bestsellerautor und Managing Director, Morgan Stanley Bank

Der maximale Kaufpreis einer Immobilie, den sich ein Haushalt mit teilweiser Kreditfinanzierung leisten kann, wird in erster Linie von der Höhe des Eigenkapitals, vom Zinssatz und von der angenommenen Dauer bis zur Volltilgung bestimmt. Das Eigenkapital ist durch die finanziellen Möglichkeiten des Haushalts vorgegeben, und der Zinssatz wird letztlich vom Markt bestimmt, sodass die Dauer bis zur Volltilgung die einzige beeinflussbare Variable darstellt (in diesem Abschnitt nennen wir diese Größe der Einfachheit halber die »Tilgungsdauer«).

Sie beträgt in der Praxis oft rund 30 Jahre, weil viele Kreditnehmer die Tilgung so lange wie möglich strecken wollen, um die monatliche Belastung gering zu halten, aber Banken andererseits ungern über diesen Zeitraum hinausgehen, denn dann verläuft die Tilgung unter Umständen langsamer als der zeitbedingte Wertverlust der Immobilie, wodurch das Finanzierungsrisiko der Bank zu- statt abnimmt.

**Tabelle 17: Tilgungsdauer und monatliche Annuität bei verschiedenen Zinssätzen und anfänglichen Tilgungssätzen**

| Kreditsumme: 100 000 Euro | | | | | | | |
|---|---|---|---|---|---|---|---|
| **Anfängl. jährl. Tilgungssatz** | **0,5 %** | **1,0 %** | **1,5 %** | **2,0 %** | **2,5 %** | **3,0 %** | **3,5 %** |
| **Zinssatz p. a.** | | | | | | | |
| **3,0 %** | 64,9 Jahre | 46,3 Jahre | 36,7 Jahre | 30,6 Jahre | 26,3 Jahre | 23,1 Jahre | 20,7 Jahre |
| | € 292 | € 333 | € 375 | € 417 | € 458 | € 500 | € 542 |
| **4,0 %** | 55 Jahre | 40,3 Jahre | 32,5 Jahre | 27,5 Jahre | 23,9 Jahre | 21,2 Jahre | 19,1 Jahre |
| | € 375 | € 417 | € 458 | € 500 | € 542 | € 583 | € 625 |
| **5,0 %** | 48,1 Jahre | 35,9 Jahre | 29,4 Jahre | 25,1 Jahre | 22 Jahre | 19,7 Jahre | 17,8 Jahre |
| | € 458 | € 500 | € 542 | € 583 | € 625 | € 667 | € 708 |
| **6,0 %** | 42,9 Jahre | 32,5 Jahre | 26,9 Jahre | 23,2 Jahre | 20,4 Jahre | 18,4 Jahre | 16,7 Jahre |
| | € 542 | € 583 | € 625 | € 667 | € 708 | € 750 | € 792 |
| **7,0 %** | 38,8 Jahre | 29,8 Jahre | 24,9 Jahre | 21,5 Jahre | 19,1 Jahre | 17,2 Jahre | 15,7 Jahre |
| | € 625 | € 667 | € 708 | € 750 | € 792 | € 833 | € 875 |
| **8,0 %** | 35,5 Jahre | 27,6 Jahre | 23,1 Jahre | 20,2 Jahre | 18 Jahre | 16,3 Jahre | 14,9 Jahre |
| | € 708 | € 750 | € 792 | € 833 | € 875 | € 917 | € 958 |
| **9,0 %** | 32,8 Jahre | 25,7 Jahre | 21,7 Jahre | 19 Jahre | 17 Jahre | 15,5 Jahre | 14,2 Jahre |
| | € 792 | € 833 | € 875 | € 917 | € 958 | € 1000 | € 1042 |
| **10,0 %** | 30,6 Jahre | 24,1 Jahre | 20,5 Jahre | 18 Jahre | 16,2 Jahre | 14,7 Jahre | 13,6 Jahre |
| | € 875 | € 917 | € 958 | € 1000 | € 1042 | € 1083 | € 1125 |
| **11,0 %** | 28,6 Jahre | 22,7 Jahre | 19,4 Jahre | 17,1 Jahre | 15,4 Jahre | 14,1 Jahre | 13 Jahre |
| | € 958 | € 1000 | € 1042 | € 1083 | € 1125 | € 1167 | € 1208 |
| **12,0 %** | 27 Jahre | 21,5 Jahre | 18,4 Jahre | 16,3 Jahre | 14,7 Jahre | 13,5 Jahre | 12,5 Jahre |
| | € 1042 | € 1083 | € 1125 | € 1167 | € 1208 | € 1250 | € 1292 |

Betrachten wir beispielhaft in Tabelle 17 zwei Konstellationen aus der zweiten Spalte von links. Bei einem Nominalzinssatz von 3,0 Prozent p. a. und einem anfänglichen jährlichen Tilgungssatz von 0,5 Prozent würde es 64,9 Jahre dauern, bis der Kredit vollständig getilgt wäre. Dass sich darauf wohl kaum eine Bank einlässt, liegt auf der Hand. Hingegen beliefe sich die Tilgungsdauer bei einem Nominalzins von 12,0 Prozent und demselben anfänglichen jährlichen Tilgungssatz von 0,5 Prozent auf »nur« 27 Jahre. Die beiden Beispiele verdeutlichen, dass bei einer annuitätischen Tilgung, wie sie bei privaten Immobilienfinanzierungen üblich ist, die Länge der Tilgungsdauer nicht nur vom anfänglichen Tilgungssatz bestimmt wird, sondern auch vom Nominalzinssatz.

Daraus ergibt sich die folgende praktische Schlussfolgerung: Der anfängliche Tilgungssatz allein sagt nichts über die voraussichtliche Tilgungsdauer aus. Dennoch schlägt in vielen Beratungsgesprächen der Bankbetreuer fast »automatisch« einen anfänglichen Tilgungssatz von 1,0 Prozent vor, obwohl beinahe jeder andere Wert ebenfalls möglich wäre. Auf der Basis des 1,0-Prozent-Satzes dauert es jedoch bei dem niedrigen Zinsniveau, das in den Jahren von 2002 bis 2009 vorherrschte, unter Umständen weit über 30 Jahre bis zur Vollamortisation. Das ist zu lange. Daher sollten Sie im Verkaufsgespräch mit dem Banker keine Zeit mit der aussagelose Größe des »anfänglichen Tilgungssatzes« vergeuden, sondern direkt über die gewünschte oder mögliche voraussichtliche Tilgungsdauer sprechen – »voraussichtlich«, denn die tatsächliche Tilgungsdauer kann hiervon abweichen, da es ja ungeplante Sondertilgungen (siehe folgender Abschnitt) geben kann und weil beim Auslaufen der Zinsbindung ein vermutlich neuer abweichender Zinssatz ebenfalls Einfluss auf die Resttilgungsdauer hat.

**Merkbox**

- Das Kreditverkaufsgespräch mit der Bank sollte sich um die gewünschte voraussichtliche Tilgungsdauer drehen, nicht um den anfänglichen Tilgungssatz.
- Der gerne von Banken zu Verkaufsförderungszwecken vorgeschlagene anfängliche Tilgungssatz von 1,0 Prozent ist bei einem Nominalzins von unter 7 Prozent p. a. zu niedrig, denn er führt zu einer voraussichtlichen Tilgungsdauer von über 30 Jahren. Wer die Immobilie nur auf dieser Basis finanzieren kann, übernimmt sich und sollte besser erst ein höheres Eigenkapital ansparen.

## 5.5 Sondertilgungen und Vorfälligkeitsentschädigungen

»Die Preisvorstellungen von Eigenheimbesitzern sind regelmäßig viel zu hoch angesetzt.«

*Jens Friedemann,* Redakteur Immobilienressort, F.A.Z.

Banken leihen sich das Geld für Immobilienkredite bei ihren Sparern (zum Beispiel in Form von Sparguthaben und Termingeldern) und am Kapitalmarkt über längerfristige Anleihen (zum Beispiel Bankschuldverschreibungen, Pfandbriefe). Bei dieser sogenannten Refinanzierung von Krediten durch eine Bank gilt das Prinzip der »Fristen- oder Laufzeitenkongruenz«. Ein Beispiel: Die Bank gewährt einem Kreditnehmer zwei Immobiliendarlehen über insgesamt 200 000 Euro: Kredit A über 150 000 Euro, mit einer Zinsbindung von 15 Jahren und einem anfänglichen Tilgungssatz, der so bemessen ist, dass das Darlehen in 25 Jahren getilgt sein müsste. Kredit B über 50 000 Euro ist variabel verzinslich, hat also eine Zinsbindung von (in diesem Beispiel) sechs Monaten. Bei Tranche B kann der Schuldner daher – neben der vertraglich vorgesehenen Tilgung – alle sechs Monate in beliebiger Höhe Sondertilgungen leisten.

Um das Risiko der Insolvenz (Illiquidität) für die Bank zu reduzieren, das dann eintreten könnte, wenn die Bank Kredite, die sie *langfristig* zugesagt hat (hier Kredit A für 15 Jahre), kurzfristig refinanzieren würde (etwa über jederzeit kündbare Sparguthaben), muss die Bank dafür sorgen, dass die ausgeliehenen Mittel (Kredite) und die geliehenen Mittel (Einlagen und ausgegebene Anleihen) ganz grob betrachtet die gleichen vertraglichen Laufzeiten und Zinsbindungen haben. Ist das der Fall, spricht man von fristenkongruenter Refinanzierung. Wäre diese nicht gegeben, könnte ein unerwarteter Liquiditätsabfluss in der Refinanzierung (weil zum Beispiel plötzlich viele Sparer aufgrund eines Gerüchts über Schwierigkeiten der Bank gleichzeitig ihre Guthaben auflösen) die Bank in die Insolvenz zwingen – mit fatalen Folgen für die übrigen Sparer und Anleihenbesitzer.

Da also die Bank aus Risikogründen ihre ausgereichten Kredite ungefähr fristenkongruent refinanzieren muss, sowohl bezüglich der zugesagten Laufzeit als auch hinsichtlich der zugesagten Zinsbindungen, erwächst ihr bei langfristig zugesagten Krediten ein Problem, wenn Kreditnehmer »ungeplante« (nicht von vornherein vereinbarte) Sondertilgungen für einen Teil oder den ganzen Restkreditbetrag vornehmen wollen. Das könnte zum Bespiel dann der Fall sein, wenn das allgemeine Zinsniveau merklich gefallen ist und eine → Umschuldung daher Kostenvorteile für die Schuldner hätte. Dabei ist zu bedenken, dass die Bank ja ihrerseits bei ihren eigenen langfristigen Kreditgebern (den Anleihebesitzern) keine Sondertilgungen vornehmen darf, um sich »glattzustellen«, wenn es zu solchen ungeplanten Sondertilgungen gekommen ist. Räumte sich die Bank – in Vorbereitung auf nicht vereinbarte Sondertilgungen – ein solches Sondertilgungs- oder Sonderkündigungsrecht zum Nennbetrag bei der Emission einer langfristigen Anleihe ein (was durchaus möglich wäre), würde das den Zinssatz der Anleihe erhöhen und die Refinanzierung der Bank somit verteuern. Das wiederum würde die Kreditkonditionen für die Immobilienfinanzierer verteuern, was nicht ihrem Interesse liegt.

Kommt es zu nicht vereinbarten Sondertilgungen, muss die Bank nun also das »überflüssige« Geld neu am Kapitalmarkt anlegen (zum Beispiel neue Kredite gewähren). Dabei ist jedoch vermutlich nur ein niedriger Zinsertrag zu erwirtschaften – je nach der in diesem Moment bestehenden Marktsituation für kurz-, mittel- und langfristige Zinsen. Hinzu kommt, dass die ungeplante Sondertilgung Verwaltungsaufwand innerhalb der Bank verursacht, der ebenfalls gedeckt werden muss. Den Zinsmargenminderertrag (oder sogar Verlust) und die zusätzlichen Verwaltungskosten lässt sich die Bank, wenn ein Schuldner eine nicht vereinbarte teilweise oder komplette Sondertilgung vornehmen will, von diesem Kreditkunden in Form einer »Vorfälligkeitsentschädigung« (VFE) erstatten. Wer die ökonomischen Zusammenhänge versteht, für den ist diese Vorgehensweise legitim; rechtens ist sie ohnehin.

Ignoriert man die eher unbedeutende Verwaltungskostenkomponente in einer VFE, wird deren Höhe vor allem anhand der Differenz zwischen (a) den im Augenblick der ungeplanten Sondertilgung für die verbleibende Restlaufzeit des Kredites bestehenden Marktzinsen und (b) den ursprünglichen Marktzinsen bei Abschluss des Kreditvertrags bestimmt. In den eher seltenen Fällen, bei denen (a) größer als (b) ist, wird die VFE sehr klein oder sogar null sein, denn dann hat die Bank keinen »Wiederanlageschaden« oder sogar einen Wiederanlagevorteil. In diesem Fall wird die Bank beim Wunsch nach einer teilweisen oder vollständigen Sondertilgung in der Regel kulant sein.

Es liegt auf der Hand, dass Kreditnehmer, wie erwähnt, insbesondere dann Interesse an einer teilweisen oder vollständigen Sondertilgung haben, wenn das allgemeine Zinsniveau relativ zum Zeitpunkt des Vertragsabschlusses gefallen ist. Ohne VFE könnte der Schuldner in diesem Fall den alten teuren Kredit durch einen neuen billigen Kredit ablösen (umschulden) und so seine monatliche Kostenbelastung senken.

Da viele Kreditnehmer nicht verstehen, warum es überhaupt zu einer VFE kommt, oder aber ihre konkrete Höhe für überzogen halten, hat es hierzu in Deutschland wie auch in anderen Ländern zahllose gerichtliche Auseinandersetzungen zwischen Kreditnehmern und Banken gegeben. Ein wichtiges Ergebnis dieser Auseinandersetzungen war, dass der deutsche Bundesgerichtshof in mehreren Urteilen während der vergangenen 15 Jahre die Bedingungen und das Kalkulationsverfahren für VFEs geklärt hat. Damit wurde die zuvor bestehende Rechtsunsicherheit beseitigt. Dennoch lohnt es sich, einige wichtige Gesichtspunkte in diesem Zusammenhang zu kennen. Ich fasse diese wie folgt zusammen.[60]

- Bei einem Darlehen, das durch eine Grundschuld oder Hypothek gesichert ist, besitzt der Schuldner innerhalb des Zinsbindungszeitraumes generell kein Recht zur vorzeitigen Kündigung des Vertrages oder zu Sondertilgungen (§ 609a BGB). Dennoch wird

---

60 Die folgenden Aussagen gelten nur für private Kreditnehmer in Deutschland, jedoch nicht in jedem Fall für private Kreditnehmer in der Schweiz und in Österreich und grundsätzlich nicht für Kredite an Unternehmen.

die Bank normalerweise einer Kündigung zustimmen, wenn der Kreditnehmer bereit ist, ihr den entstandenen Schaden in Form einer VFE zu ersetzen.

- Eine gesetzlich vorgeschriebene Ausnahme gilt für Immobiliendarlehen mit einer Zinsbindung von mehr als zehn Jahren. Diese können mit einer Frist von sechs Monaten vom Schuldner gekündigt werden, wenn seit der vollständigen Kreditauszahlung oder der letzten Neuvereinbarung der Konditionen zehn Jahre vergangen sind. Eine VFE kann die Bank dann nicht geltend machen. Wer eine Zinsbindung von 15 oder gar 20 Jahren vereinbarte, muss also nicht bis zum Ende der Zinsbindung warten, bis er den restlichen Kredit zurückzahlen oder umschulden kann. Bei der Kalkulation einer VFE vor Ablauf dieser Frist muss die Bank unterstellen, dass die Zinsbindung am Ende der zehn Jahre ausgelaufen wäre, auch wenn sie tatsächlich erst später ausläuft. Mit anderen Worten: Für die Zeit nach Ablauf dieser zehn Jahre darf sie keine VFE berechnen.[61]

- Sofern Sondertilgungsrechte bereits bei Vertragsabschluss vereinbart wurden, kann die Bank für diese Tilgungen keinen Schaden geltend machen.

- Nicht grundpfandrechtlich besicherte Darlehen an Verbraucher (zum Beispiel Ratenkredite zur Finanzierung sonstiger Güter oder Dienstleistungen) können unter Einhaltung einer drei- bzw. sechsmonatigen Kündigungsfrist entschädigungsfrei gekündigt werden.

- Bei Darlehen mit variabler Verzinsung kann der Kreditnehmer teilweise oder vollständige Sondertilgungen zum Zeitpunkt des Auslaufens der Zinsbindung (typischerweise alle drei, sechs oder zwölf Monate) ohne VFE-Berechnung durchführen. Allerdings ist auch hier eine Kündigungsfrist von üblicherweise drei Monaten einzuhalten.

---

61 Es ist ein verbreiteter Irrtum, anzunehmen, dass dieses gesetzliche Kündigungsrecht nach Ablauf von zehn Jahren (§ 489 BGB) einen uneingeschränkten Vorteil für den Verbraucher darstellt. Die Einräumung dieses Rechts auf Drängen von Verbraucherschützern hat dazu geführt, dass die Zinssätze für Zinsbindungen über zehn Jahre höher sind, als sie es ansonsten wären.

- Bei der vorzeitigen Rückzahlung von Darlehen aus Bausparverträgen fällt keine VFE an. Teilweise oder vollständige Sondertilgungen sind jederzeit und ohne Fristeinhaltung möglich. (Das gilt jedoch nicht für »Bauspar*voraus*darlehen«, siehe Abschnitt 5.8.)

- Bei der Kalkulation einer VFE muss die Bank den maximalen Betrag aller vertraglich vereinbarten Sondertilgungsrechte von der Restschuld abziehen, die der Berechnung zugrunde liegt, also so tun, als wären alle Sondertilgungsrechte in der Zukunft auch ausgeübt worden.

- Für die Höhe der VFE kann der exakte Berechnungszeitpunkt von großer Bedeutung sein. Tritt ein Kreditnehmer mit einem Kündigungswunsch oder einer Kündigung an seine Bank heran, kommt es in der Regel zunächst zu einer vorläufigen VFE-Berechnung. Bis zur Wirksamkeit der Kündigung kann und wird in der Praxis noch einige Zeit verstreichen. Der Kunde sollte dann darauf bestehen, dass die endgültige VFE-Berechnung genau zu dem Tag erfolgt, an dem er den Kreditbetrag an die Bank überwiesen hat; andernfalls besteht die Gefahr, dass die Bank eine mögliche Reduzierung der VFE aufgrund von Marktzinsveränderungen seit der vorläufigen Berechnung nicht an den Kunden weitergibt. Wenn es hingegen zu einer Erhöhung der VFE kommt, wird die Bank die Neuberechnung ohnehin vornehmen.

- Der Verkauf einer Immobilie oder der Wunsch nach einer Ausdehnung des ursprünglichen Kredits, den die Bank aber ausschlägt, sind Spezialkonstellationen, bei deren Eintritt die Bank unter Umständen kein Recht hat, eine ansonsten zulässige VFE zu berechnen. Liegt eine solche Konstellation bei Ihnen vor, sollten Sie sich mit einem Fachanwalt beraten.

- Weitere Spezialfälle, bei denen die Bank zwar nicht gezwungen ist, auf eine VFE zu verzichten, dies in der Praxis jedoch häufig tut, sind der »Objekttausch« oder der »Schuldnertausch«. Beim Objekttausch verkauft der Kreditnehmer eine Immobilie und erwirbt eine neue. Der alte Kreditvertrag wird mit geänderter Kreditsicherheit und den alten Konditionen fortgeführt und gegebenenfalls aufgestockt. Wesentlich aus Sicht der Bank ist, dass die neue Immobilie relativ zur Kreditsumme mindestens so werthaltig ist wie die alte. Auch die persönliche Bonität des Kreditnehmers spielt eine Rolle. Beim Schuldnertausch tritt anstelle des bisherigen Schuldners ein anderer in den Kreditvertrag ein. Dies dürfte bei einem Immobilienverkauf der Käufer sein. Hier ist wesentlich, dass die Bonität des neuen Schuldners der des alten entspricht. In beiden Fällen entstünde der Bank kein Nachteil. Stimmt sie einer derartigen Vertragsänderung zu, berechnet sie keine VFE, sondern nur eine Bearbeitungsgebühr.

Die Möglichkeit teilweiser oder vollständiger Sondertilgungen ist, wie wir nun gesehen haben, ein zwischen Banken und ihren Kreditkunden heikles Thema. Daher besteht die beste »VFE-Problemlösungsstrategie« für Kreditnehmer darin, das Problem von vornherein zu vermeiden. Das geht recht einfach, indem man sein Kreditpaket so strukturiert wie in Abschnitt 5.3 vorgeschlagen. Zwar wird die Bank ob dieser zusätzlichen Komplexität zunächst einmal reserviert oder ablehnend reagieren, aber sofern Sie hartnäckig genug sind, werden Sie eine Bank finden, die diesen Vorschlag für Sie umsetzt.

**Merkbox**

- Sondertilgungen und Vorfälligkeitsentschädigungen sind ein ewiger Zankapfel zwischen Banken und ihren Kreditnehmern. Allerdings ist die Legitimität solcher Entschädigungen, auch wenn uns das als Betroffenen nicht gefällt, nicht in Abrede zu stellen. Wären sie verboten, würde das die Zinskosten für alle Kreditnehmer erhöhen.
- Jeder Kreditnehmer sollte sein Kreditpaket so schnüren, dass er (sofern das für ihn wichtig ist) in ausreichendem Maße die Möglichkeit zu kostenfreien Sondertilgungen innerhalb der ersten zehn Jahre hat. Nach Ablauf von zehn Jahren seit der letzten Konditionenvereinbarung besteht (in Deutschland) ohnedies ein gesetzliches, unbegrenztes Sondertilgungsrecht.

## 5.6  Eine Immobilie finanzieren und gleichzeitig Vermögensanlagen tätigen

»Mit ganz wenigen Ausnahmen ist in der Gesamtsicht jede Geldanlage unrentabel, solange auf der Kreditseite noch Darlehen offen sind, also ein Minus-Kapital besteht.«

*Aus einer Studie im Auftrag des Bundesministeriums für Verbraucherschutz,* Hamburg, 09/2008

Für viele Kreditnehmer stellt sich die Frage, ob sie separates Vermögen oder etwaige Einkommensüberschüsse in die Tilgung des Immobilienkredites stecken oder stattdessen in eine alternative Vermögensanlage investieren sollten. Als Alternativen böten sich an: eine Kapitallebensversicherung, eine private Rentenversicherung, eine Vermietungsimmobilie, → Anleihen, → Aktienfonds, → offene oder geschlossene Immobilienfonds, → Rentenfonds, → Zertifikate und Gold. Auch die in Abschnitt 5.8 behandelte Kombination aus Kapitallebensversicherung und tilgungsfreiem Kredit fällt in die Kategorie »Kredit bei gleichzeitiger Vermögensanlage«. Die Antwort auf die Frage, ob es sich für einen durchschnittlich vermögenden Haushalt lohnt, solche alternativen Vermögensbildungsformen in Betracht zu ziehen, während der eigenheimbezogene Kredit noch nicht vollständig zurückgeführt ist, lautet ganz simpel: Nein.

Um diese Antwort zu erläutern, ist es sinnvoll, sich kurz mit dem Konzept einer privaten »Wirtschaftsbilanz« zu beschäftigen. Ein privater Haushalt hat genauso wie ein Unternehmen eine Bilanz aus Vermögenswerten auf der einen Seite (»Aktiva« im Buchhalterjargon) und Kapitalquellen, aus denen diese Vermögenswerte finanziert wurden, auf der anderen Seite (Passiva). Eine solche private Vermögensbilanz für unsere hypothetische Familie Schulze könnte so aussehen wie in Tabelle 18 dargestellt.

**Tabelle 18: Private Vermögensbilanz der Familie Schulze am 20. Juni 2010**

| Aktiva (Vermögenswerte) | | Passiva (Vermögensquellen) | |
|---|---|---|---|
| Barvermögen (Sparkonto, Gehaltskonto) | € 10 000 | Inanspruchnahme Dispokredit | € 6 000 |
| Bundesschatzbriefe | € 20 000 | Kreditkartenschulden | € 4 000 |
| Rückkaufswert Kapital-lebensvers. | € 30 000 | KfZ-Kredit | € 20 000 |
| Aktienfonds (Wertpapierdepot) | € 30 000 | Eigenheimkredit | € 200 000 |
| PKW* | € 30 000 | Gesamte Schulden | € 230 000 |
| Eigenheim (Zeitwert) | € 250 000 | Eigenkapital (Nettovermögen) | € 140 000 |
| Gesamte Aktiva (Bruttover-mögen)** | € 370 000 | Gesamte Passiva (Brutto-kapital) | € 370 000 |

\*   Anzusetzen zum Zeitwert, jedoch in der Bilanz nur zu berücksichtigen, sofern vollkas-koversichert.
\*\*   Der → Barwert (Gegenwartswert) des Anspruches an die gesetzliche Rentenversiche-rung wurde hier der Einfachheit halber nicht berücksichtigt. Präziser wäre die Bilanz unter Berücksichtigung dieses Barwertes.

Das Eigenkapital oder Nettovermögen der Schulzes ist die »Residual-größe« in der Bilanz, die beide Seiten der Bilanz zum rechnerischen Ausgleich bringt, sodass gilt: Aktiva = Passiva. Dieses Eigenkapital errechnet sich nach der einfachen Formel: Alle Vermögenswerte (bewertet zum Zeit- oder Marktwert) minus alle Schulden. Im Juni 2010 betrug dieser Wert bei den Schulzes 140 000 Euro. Dem ge-samten Vermögen von 370 000 Euro standen also Schulden in Höhe von 230 000 Euro gegenüber – das heißt, 62 Prozent des Gesamtver-mögens waren mit Fremdkapital finanziert (Fremdkapitalquote). Die Eigenkapitalquote betrug 38 Prozent (Eigenkapital ÷ Brutto- oder Gesamtkapital).

Sofern in einer Bilanz Fremdkapital vorhanden ist, sprechen Öko-nomen von → »Leverage« (Leverage, engl. für »Hebel«), denn das Eigenkapital ist »gehebelt« – das Volumen an finanzierbarem Vermögen wurde durch die Hinzunahme eines Kredits ausgedehnt. Neben der Vermögensausdehnung bedeutet Fremdkapitalfinanzierung auch, gegenüber der reinen Eigenkapitalfinanzierung die Nutzung von Kapitalgütern zeitlich vorzuverlegen. Dies ist das primäre Motiv bei der (teilweisen) Fremdfinanzierung eines Eigenheims, während bei Firmen das primäre Motiv ist, die Rendite auf das eingesetzte Eigenkapital zu erhöhen.

Mit Leverage – und hier unterscheiden sich Privathaushalt und Unternehmen nicht – geht aber immer auch eine Erhöhung des Vermögensrisikos einher. Ausnahmen von diesem ökonomischen Grundgesetz gibt es nicht. Wenn sich dieses Leverage-bezogene Risiko materialisiert – und das wird stets in einigen Fällen geschehen, andernfalls wäre es kein Risiko –, dann verkehrt sich der angestrebte ertragserhöhende Effekt von Leverage ins Gegenteil. Der Gewinn (Wertzuwachs) des Unternehmens oder Haushalts (zum Beispiel bezogen auf ein Jahr) sinkt dann unter den Wert, der mit einem kleineren Bruttovermögen ohne Leverage (ohne Schulden) erzielt worden wäre oder verkehrt sich sogar in einen Verlust. Auch hier unterscheiden sich Unternehmen von Privathaushalten nicht. Bei Letzteren und bezogen auf das Eigenheim allein besteht dieser Gewinn oder Verlust (a) aus der Wertveränderung der Immobilie und (b) der Differenz zwischen »Vergleichsmiete« und allen immobilienbezogenen Ausgaben (vor allem Kapitaldienst und Instandhaltungskosten), jeweils auf eine Periode (beispielsweise ein Jahr) bezogen. Wie dramatisch Leverage die Rendite von Eigenheimen beeinflusst, habe ich bereits in Abschnitt 2.5 gezeigt.

Grundsätzlich ist die bei privaten Haushalten verbreitete Sichtweise, dass Kredite nur auf das jeweils finanzierte Objekt bezogen zu betrachten sind, falsch (im Falle der Schulzes hieße das, den Kfz-Kredit nur auf das Automobil zu beziehen und den Immobilienkredit nur auf das Eigenheim). Wer diesen Irrtum begeht, wird allenfalls zufällig richtige Schlussfolgerungen aus seiner »Bilanzanalyse« ziehen. Lediglich die Berücksichtigung *aller* Vermögenswerte und *aller* Schulden zusammengenommen liefert ein aussagefähiges Bild. Und im Falle der Schulzes ist dieses Bild nicht erfreulich. Die Familie wäre gut beraten, ihre Bilanz zu restrukturieren, wie man bei einem Unternehmen sagen würde. Dabei könnte sie mehrere wirtschaftliche Vorteile realisieren. Wie diese Restrukturierung im Falle der Schulzes aussehen würde und was ihre Vorteile sind, liste ich nachfolgend auf:

- Im Allgemeinen ist es für Privathaushalte unsinnig, bargeldartiges oder anleiheartiges Vermögen zu halten, wenn zugleich auf der Passiva-Seite Schulden vorhanden sind. Ausgenommen hiervon sind allenfalls die zwei bis drei Nettomonatsgehälter, die jeder Haushalt als Sicherheitspolster in bar vorhalten sollte (das ist bei den Schulzes das Barvermögen von 10 000 Euro). Daher wären die Schulzes gut beraten, wenn sie ihre Bundesschatzbriefe (20 000 Euro) zum nächstmöglichen Termin verkaufen und zur Tilgung ihrer Schulden einsetzen würden. Dabei sollten die Schulzes mit dem teuersten Kredit beginnen, nämlich den Kreditkartenschulden.[62] Darauf sollte die Tilgung des Dispokredits folgen und danach, mit den verbleibenden Mitteln, die Tilgung der Hälfte des Kfz-Kredites. Warum Kredite tilgen? Nun, die Anlagezinsen, die Schulzes mit ihren Bundesschatzbriefen verdienen, liegen mit großer Wahrscheinlichkeit unter den Schuldzinsen, die sie auf der anderen Seite für die Kredite bezahlen. Die Familie legt also Monat für Monat Geld drauf und erhöht gleichzeitig unnötigerweise ihr Finanzrisiko.

- Als Nächstes wäre es sinnvoll, die Kapitallebensversicherung aufzulösen oder zu verkaufen, insbesondere wenn die Lebensversicherung (in Deutschland) bereits zwölf Jahre oder älter ist und damit steuerunschädlich gekündigt werden kann. Der Erlös von 30 000 Euro kann in die Tilgung der verbleibenden Hälfte des Kfz-Kredites[63] und dann des Immobilienkredites investiert

---

62 Die Zinssätze für Kreditkarten betragen in normalen Zinsphasen typischerweise zwischen 15 Prozent und 20 Prozent p. a., repräsentieren also extrem teures Fremdkapital. Die Zinssätze für Dispokredite übersteigen die normalerweise erzielbaren Anlagezinsen ebenfalls bei weitem.

63 Ein Pkw-Leasingvertrag ist ökonomisch gesehen im Wesentlichen identisch mit einem Kreditvertrag.

werden. Wiederum dürften die bezahlten Kreditzinsen weit höher sein als die Rendite der Kapitallebensversicherung – angebliche oder tatsächliche Steuervorteile der Versicherung mit eingerechnet. (Siehe hierzu auch Abschnitte 5.2 und 5.8.) Wer den Todesfallschutz der Lebensversicherung für den Immobilienkredit braucht, fährt mit einer gewöhnlichen Risikolebensversicherung besser und günstiger. Diese kann in den meisten Fällen – sobald der Immobilienkredit getilgt ist – gekündigt werden, da sie dann überflüssig wird.

■ Nun ist der Verkauf des Aktienfonds dran. Mit dem Erlös aus dem Aktienfondsverkauf sollten die Schulzes ebenfalls zum frühestmöglichen Zeitpunkt eine Sondertilgung des Immobilienkredites vornehmen. Zwar ist langfristig mit einem Aktienfonds eine die Kreditkosten minimal übersteigende Rendite nach Steuern und Kosten denkbar (während das bei den Bundesschatzbriefen und der Kapitallebensversicherung wohl fast nie der Fall wäre), doch dieser minimale Vorteil ist unsicher und es kann angesichts der extremen Rendite- und Wertschwankungen, denen Aktien unterliegen, ohne weiteres zehn bis 20 Jahre dauern, bis dieser geringe Vorteil sichtbar wird. In der Zwischenzeit besteht die Gefahr – so wie im letzten Jahrzehnt oft geschehen –, dass ein gleichzeitiger Aktienanleger und Kreditnehmer jahrelang Geld zuschießen muss – von der enormen nervlichen Belastung einmal ganz abgesehen, die mit realisierten oder nicht realisierten Aktienverlusten parallel zu einem Kredit einhergeht.

Nehmen wir einmal an, dass die Schulzes alle Sondertilgungen vornehmen konnten, die ich hier aufgeführt habe. Dann sieht die Vermögensbilanz nach diesem »De-Leveraging« (Reduzierung des Fremdkapitalhebels) so wie in Tabelle 19 dargestellt aus.

Die Bilanz der Schulzes hat sich durch das »De-Leveraging« von 370 000 Euro auf 290 000 Euro »verkürzt«; ein gesunder Vorgang, der die Ertragskraft des Haushalts vermutlich erhöht und – noch wichtiger – sein Risiko deutlich reduziert. Es kam zur Tilgung der teuren konsumbezogenen Kredite, denen Erträge aus Zinsanlagen

Tabelle 19: Private Vermögensbilanz der Familie Schulze nach dem »De-Leveraging« (Schuldenabbau)

| Aktiva (Vermögenswerte) | | Passiva (Vermögensquellen) | |
|---|---|---|---|
| Barvermögen (Sparkonto, Gehaltskonto) | € 10 000 | Inanspruchnahme Dispokredit | — |
| Bundesschatzbriefe | — | Kreditkartenschulden | — |
| Rückkaufswert Kapital-LV | — | Kfz-Kredit | — |
| Aktienfonds (Wertpapierdepot) | — | Eigenheimkredit | € 150 000 |
| PKW (vollkaskoversichert) | € 30 000 | Gesamte Schulden | € 150 000 |
| Eigenheim | € 250 000 | Eigenkapital (Nettovermögen) | € 140 000 |
| Gesamte Aktiva (Bruttovermögen) | € 290 000 | Gesamte Passiva (Bruttokapital) | € 290 000 |

gegenüberstanden, die von vornherein niedriger waren als die Kreditzinsen, oder potenziell höhere Erträge (Aktienfonds), die aber mit einem großen Risiko verbunden waren.

Die Tatsache, dass zu einem bestimmten Zeitpunkt das maximale Volumen an zulässigen Sondertilgungen des Kfz- und des Immobilienkredits ausgereizt sein mag, tut der grundsätzlichen Richtigkeit des hier vorgeschlagenen Ansatzes keinen Abbruch. Sofern und soweit momentan keine weiteren Sondertilgungen möglich sind, werden diese einfach auf den frühestmöglichen Zeitpunkt verschoben. In Phasen steigender oder gestiegener Kreditzinsen kann es sogar sein, dass die Bank nicht vereinbarte Sondertilgungen bei Festsatzkrediten zulässt, sofern der Betrag nicht zu klein ist. Bei variabel verzinslichen Krediten sind Sondertilgungen in unbegrenztem Ausmaß ohnehin an jedem Zinsanpassungstermin möglich.

Warum ist es sowohl praktisch als auch theoretisch für einen privaten Haushalt sinnvoll, alles verfügbare Vermögen und alles verfügbare laufende Einkommen zuerst in die Schuldentilgung zu investieren, bevor er neben dem Eigenheim noch zusätzlich spart oder investiert? Die Tilgung eines Kredits ist ökonomisch betrachtet das Äquivalent einer Investition mit einem sehr sicheren Ertrag in Höhe der eingesparten Schuldzinsen. Wenn man bedenkt, dass dieses Investment (die Ersparnis) völlig risikofrei, weil fast definitiv sicher ist und die Ersparnis in fast allen Fällen risikomäßig vergleichbare Renditen übersteigt, dann gebietet ökonomische Logik geradezu eine solche Handlungsweise. Es käme einer Milchmädchenrechnung gleich, hier einzuwerfen, dass es eben doch möglich sei, höhere Guthaben- oder Anlagezinsen als Kreditzinsen zu erzielen, zum Beispiel mit Hochzinsanleihen von Schwellenländern oder Unternehmen, Fremdwährungsguthaben in Hochzinsländern oder Termingeldern (in Euro) bei bestimmten Auslandsbanken ohne Einlagensicherung. All diese Investments sind hochgradig riskant. Hohen Ertragschancen stehen hohe Verlustchancen gegenüber. Es sind die sprichwörtlichen Äpfel und Birnen, wenn man die erwarteten Renditen aus solchen Spekulationen mit dem zu 100 Prozent sicheren Ertrag einer Kredittilgung vergleicht.

Eingesparte Schuldzinsen sind ökonomisch gesehen also Erträge und dazu solche, die noch risikoärmer sind als jene aus einer kurzlaufenden deutschen, österreichischen oder schweizerischen Staatsanleihe, die bei hiesigen Anlegern ansonsten als das Nonplusultra an Sicherheit gilt.

**Merkbox**

- Ein rational handelnder privater Haushalt wird jedwede Form von Schulden mit Ausnahme eines Eigenheimkredits vermeiden, ganz besonders Kreditkartenschulden, Dispokredite und Kfz-Kredite. Sofern zu einem bestimmten Zeitpunkt auf der Aktiva-Seite der Haushaltsbilanz Vermögen vorhanden ist, das wenigstens prinzipiell zur Schuldentilgung dienen kann, sollte der Haushalt diese Möglichkeit zum nächstmöglichen Zeitpunkt nutzen. Das damit erzielte De-Leveraging wird die langfristige Ertragskraft des Haushalts verbessern und sein Finanzrisiko senken. Investitionen, zum Beispiel in Aktien, in Gold oder eine weitere Immobilie, sollte ein Privathaushalt erst vornehmen, wenn sein Eigenheim vollständig oder nahezu vollständig schuldenfrei ist und auch sonst keine weiteren Kredite mehr bestehen. Von dieser Faustregel der ökonomischen Rationalität ausgenommen sind unter Umständen nur Haushalte mit sehr großem Nettovermögen oder Haushalte, in denen beide Partner ein eigenes, klar überdurchschnittliches Einkommen beziehen und es keine ökonomisch abhängigen Kinder gibt.

- Neben den unmittelbar messbaren wirtschaftlichen Vorteilen des De-Leveraging in Form besserer Ertragskraft und eines reduzierten Risikos trägt Entschuldung auch zu mehr Seelenfrieden bei und reduziert den Arbeitsaufwand – getreu dem Motto: Simplify your Life.

## 5.7 Lohnt sich ein Bausparvertrag?

»Bausparen – Kein Schlüssel zum Glück«
Artikelüberschrift im *Manager Magazin*, 24.02.2005

Statistisch kommt auf fast jede der 39 Millionen Wohneinheiten in Deutschland ein Bausparvertrag. Seit der Finanzkrise von 2007–2009 brummt das Geschäft der knapp 30 Bausparkassen in Deutschland noch mehr als vorher. Alle Bundesregierungen, egal welcher politischen Couleur, betrachten Bausparen seit jeher als einen sinnvollen Weg, auf dem junge Menschen Sparen lernen und Eigenkapital für eine eigene Immobilie bilden können. Dennoch sind Medienberichte zum Finanzierungsprodukt Bausparvertrag erstaunlich oft kritisch bis ablehnend; dasselbe gilt für die Publikationen mehrerer Verbraucherzentralen in den Bundesländern. Was ist dran an dieser Kritik?

Bevor wir diese Frage beantworten, kurz zum Funktionsprinzip eines Bausparvertrages: Zunächst schließt ein Haushalt mit einer

Bausparkasse einen Sparvertrag ab, den sogenannten Bausparvertrag. Aus der Höhe der vereinbarten monatlichen Sparleistung
relativ zur vereinbarten Zielsparsumme ergibt sich ein spezifischer
»Spartarif«, also ein Guthabenzinssatz. Auf dessen Basis prognostiziert die Bausparkasse – auf ausdrücklich *unverbindlicher*
Basis – den ungefähren Zeitpunkt in vier bis zehn Jahren, an
dem eine Zielsparsumme erreicht sein soll. Der Guthabenzinssatz des Sparvertrages liegt praktisch immer unter dem zu diesem
Zeitpunkt gültigen Marktzinssatz für kurzfristige Sparguthaben
bei Banken. Der Bausparzins verändert sich zwar seltener als die
(höheren) Sparzinssätze von Banken, ist aber ebenfalls weder fix
noch garantiert. Während der vier- bis zehnjährigen Sparphase
teilt die Bausparkasse ihrem Kunden zu keinem Zeitpunkt einen
verbindlichen »Zuteilungstermin« mit; tatsächlich darf sie eine
solche Aussage schon aus gesetzlichen Gründen nicht treffen. Verbindlich wird die Terminzusage buchstäblich erst wenige Wochen
vor dem eigentlichen Zuteilungszeitpunkt. Der Sparer weiß somit
bis zu zehn Jahre lang nicht, wann genau die Zuteilung erfolgen
wird. Dieser Zeitpunkt kann ein Jahr früher oder ein Jahr später
eintreten als ursprünglich geschätzt – das hängt vor allem von den
Erträgen ab, die die Bausparkasse mit dem Geld des Sparers erwirtschaftet, von ihrer generellen Liquiditätssituation und der Frage,
wie schnell die andere Kundenkategorie der Bausparkassen, die
Kreditnehmer, tilgen.

Ist der Zuteilungstermin erreicht, wird dem Kunden sein Sparguthaben ausgezahlt. Zusätzlich gewährt ihm die Bausparkasse ein
zinsgünstiges Annuitätendarlehen (das Bauspardarlehen) in gleicher
Höhe oder bis zur anderthalbfachen Höhe (wiederum spartarif-
abhängig) des Sparguthabens. Allerdings kann die Bausparkasse die
Einräumung des Darlehens aus Bonitätsgründen verweigern, was
jedoch selten geschieht. Bausparkassen geben sich mit einer nachrangigen Grundschuld als Kreditsicherheit zufrieden, wobei die gesamte
→ Fremdkapitalquote aus vorrangigem Darlehen und nachrangigem
Bauspardarlehen 80 Prozent normalerweise nicht überschreiten darf.
Dieser Wert setzt somit eine Obergrenze für die maximale Darle-

henssumme.[64] Die Laufzeit (Tilgungsphase) des Bauspardarlehens ist typischerweise kürzer als die eines vergleichbaren Bankdarlehens, weil die monatliche Mindesttilgungsleistung höher ist. Bis zur Volltilgung des Kredits gilt eine fixe Zinsbindung. Sondertilgungen in beliebiger Höhe sind jederzeit möglich.

Als wesentliche Vorteile des Bausparvertrages gelten der unter dem Marktzinssatz liegende und bei Abschluss des Bausparvertrages schon bekannte Kreditzinssatz (damit also auch der Schutz vor künftigen Zinserhöhungen), die Möglichkeit der Besicherung mit einer nachrangigen Grundschuld, was zu einer insgesamt höheren Kreditsumme führen kann, und die uneingeschränkte Sondertilgungsmöglichkeit. Was also sind die Nachteile?

- Es dürfte keine Übertreibung sein, den niedrigen Zinssatz von Bauspardarlehen als Mogelpackung einzustufen. Errechnet man den → internen Zinsfuß (Effektivzins) des *gesamten* Bausparprodukts (Sparvertrag plus Kreditvertrag) anstelle des Zinssatzes für den Kredit allein, wie es die Bausparkassen handhaben, ergibt sich nämlich ein deutlich oder sogar drastisch höherer Effektivzins. Der Grund: Der angegebene, nur auf den Kredit bezogene Effektivzins berücksichtigt weder Gebühren, insbesondere nicht die zu Beginn aus den Sparprämien zu bezahlende »Abschlussgebühr« von 1 Prozent bis 1,5 Prozent der »Bausparsumme«, noch die niedrigen Guthabenzinsen während der Sparphase. Da die Bausparsumme als die Summe aus Sparguthaben und Bausparkredit definiert ist, beläuft sich die Abschlussgebühr auf etwa 2 Prozent bis 3 Prozent der Kreditsumme; zudem ist sie bis zu zehn Jahre vor Inanspruchnahme des Kredits zu entrichten (sie wird von den ersten Sparraten abgezogen). Nach einer im August 2008 veröffentlichten Untersuchung der Verbraucherzentrale Bremen führte eine korrigierte Effektivzinsberechnung bei den vier untersuchten Angeboten von Bausparkassen in Hamburg und Bremen zu einer Erhöhung des tatsächlichen Effektivzinses um ein

---

64 Somit kann eine Bank, die einen zusätzlichen herkömmlichen Immobilienkredit ausgereicht hat, eine erstrangige Grundschuld als Kreditsicherheit erhalten. Banken akzeptieren für gewöhnlich keine nachrangige Position.

Fünftel im günstigsten Fall und um kaum glaubliche 100 Prozent (also einer Verdoppelung) im ungünstigsten Fall (www.verbraucher-zentrale-bremen.de).

- Bei genauem Hinsehen ist ein Bausparvertrag ein ziemlich un-flexibles Finanzprodukt. Insbesondere verbleibt der Zeitpunkt der Verfügbarkeit des Darlehens über Jahre hinweg bis kurz vor dem eigentlichen Termin im Unklaren. Diese Starrheit und Unsicherheit können dem Investor im Hinblick auf die Zahlung des Kaufpreises der Immobilie nennenswerte Zusatzkosten und Zusatzaufwand bescheren – ganz zu schweigen davon, dass sie die Lebensplanung eines Haushaltes behindern oder durch-einanderbringen können. Entscheidet sich der Kunde, sein Spar-guthaben für etwas anderes einzusetzen (zum Beispiel für eine Existenzgründung oder den Kauf einer Immobilie im Ausland), kann er den zinsgünstigen Kredit dafür in vielen Fällen nicht ein-setzen und hat über Jahre hinweg Geld »verschenkt«, da er bei Geschäftsbanken einen höheren Guthabenzins erhalten hätte.

- Seit 2003 bis zum Redaktionsschluss dieses Buches (März 2010) lagen in Deutschland die Zinssätze für zehnjährige Zinsbindungen herkömmlicher Bankdarlehen entweder nicht höher oder sogar niedriger als für Bauspardarlehen. Im Verein mit den unter den Marktsätzen liegenden Guthabenzinsen in der Sparphase eines Bausparvertrages heißt das: Die Bausparkunden haben in dieser Zeit viel Geld »draufgelegt«.

- Die unbegrenzte Sondertilgungsmöglichkeit von Bauspardarlehen ist in der Realität wohl kein schlagkräftiger Vorteil. Bauspardarle-hen haben von Haus aus schon einen hohen Tilgungssatz, was die Möglichkeit weiterer Sondertilgungen in den meisten Fallen ein-schränkt oder zunichtemacht. Auch beim Aushandeln von Bank-darlehen können Sondertilgungen bei Kreditabschluss vereinbart werden (siehe Abschnitt 5.5).

- Eine hundertprozentige Finanzierung über einen Bausparvertrag ist grundsätzlich nicht empfehlenswert, da die Mindesttilgungs-raten bei Bauspardarlehen sehr hoch sind. Daher sollte, wer nicht so schnell tilgen will, allenfalls die Hälfte einer Immobilie über einen Bausparvertrag finanzieren und den Rest über eine konventionelle Bankfinanzierung.

■ Ein Bausparvertrag lohnt sich nur für Personen, die (a) mit an Sicherheit grenzender Wahrscheinlichkeit in den nächsten zehn Jahren eine Wohnimmobilie im Inland erwerben und finanzieren wollen, (b) keinen Nachteil erleiden, wenn die Finanzierung ein Jahr früher oder später als erwartet erfolgt, und (c) zugleich der Meinung sind, dass das Immobilienzinsniveau für etwa zehnjährige Zinsbindungen zum voraussichtlichen Zuteilungszeitpunkt des Bausparvertrages in der Größenordnung von 9 Prozent p. a. oder höher liegt. All jene, für die diese drei Bedingungen oder Annahmen nicht zutreffen, dürften besser beraten sein, ihre geplante Immobilienfinanzierung ohne Bausparvertrag anzugehen.

**Merkbox**

## 5.8 Kredite gekoppelt mit Kapitallebensversicherung, Investmentfonds oder Bausparvertrag

»Potenzielle Bauherren und Käufer einer Immobilie sollten wissen, warum Finanzierungspakete, die den Baukredit mit einer Kapitallebensversicherung koppeln, nicht funktionieren können und warum diese Finanzierungsart deutlich teurer ist als ein klassisches Hypothekendarlehen.«

*Infos für kritische Bankkunden,* Presseservice der ING-Diba-Bank, 01/2006

Seit Jahrzehnten sind in Deutschland und Österreich zwei Konstruktionen zur Immobilienfinanzierung sehr verbreitet, die ein Finanzökonom, sofern nicht bei einer Bank, einem Baugeldvermittler, einer Lebensversicherungsgesellschaft oder einer Bausparkasse beschäftigt, als »haarsträubend« einstufen dürfte. Die beiden Konstruktionen sind:

(a) *Ein endfälliger Immobilienkredit kombiniert mit einer Ka-pitallebensversicherung* (nachfolgend der Einfachheit halber »KLV-Kombo« genannt). Es wird ein Immobilienkredit aufgenommen, jedoch ohne Tilgungsvereinbarung, das heißt, der Kreditnehmer leistet monatlich nur die (während der anfänglichen Zinsbindung) gleichbleibende Zinszahlung. Die Differenz zur höheren → Annuität (aus Zins und Tilgung) eines konventionellen Annuitätenkredits spart der Kreditnehmer in eine KLV.[65] Das bedeutet, dass seine monatliche Belastung ungefähr derjenigen eines alternativen konventionellen Immobiliendarlehens entspricht. Nach einer Laufzeit von mindestens zwölf Jahren (die in Deutschland aus steuerlichen Gründen notwendig ist), aber in der Praxis häufiger nach 20 oder 30 Jahren ist die KLV fällig. Der Auszahlungsbetrag *sollte* dann mindestens so hoch sein wie der dann immer noch ungetilgte Immobilienkredit. Fällt er höher aus, verbleibt für den Kreditnehmer ein Überschuss (Gewinn); wenn er niedriger ist, dann muss der Kreditnehmer den restlichen Kredit weiter in normaler Weise tilgen. In den Modellrechnungen der Bank – gerne auf der Basis selektiv ausgewählter historischer Daten – kommt es stets zu attraktiven Überschüssen.

(b) *»Bausparvorausdarlehen« kombiniert mit einem üblicherweise neu abzuschließenden Bausparvertrag* (nachfolgend »BSV-Kombo« genannt). Der Häuslebauer will heute einen Immobilienkauf finanzieren, hat aber nicht bereits vor zehn Jahren – wie bei → Bausparverträgen (BSV) eigentlich erforderlich – einen BSV abgeschlossen, der nunmehr zuteilungsreif ist (das heißt dessen Bausparguthaben samt zusätzlichem Bauspardarlehen nun ausgezahlt werden könnten). Um das Manko der fehlenden Ansparphase zu umgehen, wird daher ein normaler Immobilienkredit in der notwendigen Höhe bei einer mit der Bausparkasse kooperierenden Bank arrangiert. Dieser

---

65 Dabei handelt es sich überwiegend um eine sogenannte fondsgebundene KLV, bei der die Versicherungsbeiträge in einen Aktienfonds investiert werden (praktisch immer ein Aktienfonds aus der Unternehmensgruppe der Bank oder der Versicherung). Die KLV-Kombo existiert auch in einer abgewandelten Form, bei der an die Stelle der KLV ein Aktienfonds-Sparvertrag tritt.

Kredit heißt bei dieser Konstruktion »Bausparvorausdarlehen«. Dabei handelt es sich wiederum um einen tilgungsfreien (endfälligen) Kredit, analog zu der oben genannten Kombination mit einer KLV. Die auch hier vorhandene Differenz zur Kapitaldienstrate (aus Zins und Tilgung) eines konventionellen Annuitätendarlehens wird hier jedoch nicht in einer KLV, sondern in einem BSV angespart. Wenn dieser zuteilungsreif ist (typischerweise nach rund zehn Jahren), wird aus dem BSV-Guthaben und dem nun ausgereichten eigentlichen Bauspardarlehen das bisher ungetilgte Bausparvorausdarlehen zurückgeführt. Nimmt man an, dass Bausparguthaben und Bauspardarlehen etwa gleich hohe Beträge darstellen (wie in der Praxis häufig der Fall), dann würde in diesem Moment die Hälfte des ursprünglichen Bausparvorausdarlehens getilgt, die andere Hälfte hingegen durch einen neuen Kredit ersetzt. Das neue Bauspardarlehen wird dann – wie ein normaler Immobilienkredit – über weitere zehn Jahre laufend getilgt. Als Vorteile dieser Konstruktion werden der bei Abschluss des Geschäftes schon bekannte, besonders niedrige Zinssatz des Bauspardarlehens für die zweiten zehn Jahre (Phase 2) und die bei Bauspardarlehen jederzeit zulässigen Sondertilgungen in beliebiger Höhe genannt. Man könne sich mithin auf diese Weise im Ergebnis einen Festzinssatz für 20 Jahre sichern, der insgesamt unter dem historischen Durchschnitt liege (gemeint ist der einfache Durchschnitt aus dem Satz für das Bausparvorausdarlehen und dem Satz für das eigentliche Bauspardarlehen)[66]. Auch hier zeigen Modellrechnungen der Bank oder der Bausparkasse – wiederum oft auf der Basis selektiv ausgewählter historischer Daten – stets die Vorteilhaftigkeit des Kombo-Produktes gegenüber einem einfachen Immobilienkredit.

Beide Kombo-Konstruktionen setzen im quantitativen Vergleich mit einem herkömmlichen Immobiliendarlehen zwei willkürliche Annahmen voraus. Das Ergebnis des Vergleichs kann durch diese Annahmen fast beliebig manipuliert werden. Bei der KLV-Kombo handelt es sich um die Annahme zur künftigen Rendite der Anspar-

---

66 Die Errechnung eines Durchschnittes aus zwei Zinssätzen, die nicht zum gleichen Zeitpunkt erhoben werden, ist finanzmathematisch falsch.

komponente, bei der BSV-Kombo um das künftige Zinsniveau für konventionelle Immobilienkredite in Phase 2, wenn das eigentliche Bauspardarlehen ausgezahlt wird. Diese Annahmen werden von der Bank oder der Bausparkasse so getroffen, dass das gewünschte Kalkulationsergebnis eintritt. Wer sich jedoch von dieser Schönrechnerei nicht blenden lässt, für den liegen die Nachteile der Kopplungskonstruktionen recht offen zutage:

- Die Effektivzinsberechnung des Immobilienkredits bei der KLV-Kombo und des Bausparvorausdarlehens bei der BSV-Kombo schließt die Zahlungsströme der KLV und der Sparphase des BSV nicht mit ein. Die Effektivzinsangabe der Bank zu diesen Krediten ist daher wertlos. Berücksichtigt man hingegen *alle* Zahlungsströme, so wie es jeder neutrale Fachmann tun würde, wird der »Gesamt-Effektivzins« (und nur auf diesen kommt es an) in den meisten Fällen höher sein als der in den Angebotsunterlagen ausgewiesene, nur auf den Kredit bezogene Effektivzins. Warum? Die Antwort gründet auf ganz banaler ökonomischer Logik, man könnte auch sagen: auf dem gesunden Menschenverstand: Es handelt sich bei beiden Kombos um sogenannte Zinsdifferenzgeschäfte. Der Kunde nimmt einen Kredit auf und legt zugleich Geld zur dessen Tilgung an. Ein solches Geschäft kann sich ganz offensichtlich nur rechnen, wenn der Guthabenzins höher ist als der Kreditzins. Da das bei einem risikolosen Guthabenzins unmöglich ist, muss die Bank mit dem Geld des Kunden ein höheres Risiko eingehen, sie muss spekulieren. Überdies muss sie ja noch die viel höheren Verwaltungskosten der Kombo-Produkte gegenüber einem simplen Immobiliendarlehen hereinverdienen, und drittens wollen schließlich zwei Parteien, die Bank und ihre Partnergesellschaft, ihre Produktmarge verdienen. Dass unter diesen Voraussetzungen ein für den Kunden objektiv billigeres Produkt zustande kommt, ist eher unwahrscheinlich. Aus gutem Grund weigern sich Banken, eine Gesamt-Effektivzinsberechnung für die Kombos vorzunehmen.
- Bei der KLV-Kombo setzt sich der Kunde ferner dem Risiko aus, das die Kapitalmarktrenditen hinter den Erwartungen zurückblei-

ben. Wenn der Lebensversicherer mit den KLV-Prämien nicht die eingeplante prognostizierte Rendite erwirtschaftet (und das über einen Zeitraum von 20 oder mehr Jahren), wird die Auszahlung aus der Lebensversicherung möglicherweise nicht ausreichen, um den Kredit zurückzuführen. Auch das ist ein Risiko, das der Kunde bei einer herkömmlichen, einfachen Finanzierung nicht trägt. Die zu niedrige Rendite der KLV bemerkt der Kunde aber entweder nie oder erst nach zehn bis 20 Jahren, und dann ist es zu spät.

- Ob die Zinssätze für konventionelle Immobilienkredite in der zweiten Phase der BSV-Kombo so hoch sind, wie es die Bank- oder Bausparkassenvertreter prognostizieren, damit ihr Kombo-Produkt im Vergleich preisgünstiger aussieht, ist ebenfalls reine Spekulation.

- In Bezug auf die BSV-Kombo trifft schon lange nicht mehr zu (anders als es die Mitarbeiter von Banken und Bausparkassen gerne behaupten), dass man sich auf diese Weise eine Zinsfestschreibung für 20 Jahre sichern könne gegenüber einer nur zehnjährigen Festschreibung bei herkömmlichen Bankkrediten. Wer ein wenig sucht und nicht »blind« jedes Geschäft bei seiner Hausbank abschließt, wird leicht eine Bank finden, die auch Zinsbindungen von 20 Jahren und länger anbietet, einschließlich Sondertilgungsmöglichkeiten. Der Effektivzins eines solchen Darlehens wäre dann mit dem Gesamt-Effektivzins der BSV-Kombo zu vergleichen. Geschähe das, würde sich zeigen, wie teuer die BSV-Kombo in Wirklichkeit ist. Und dieser Vergleich berücksichtigt noch nicht einmal das geringere Risiko und die größere Flexibilität eines traditionellen Darlehens, wenn der Kunde auf halber Strecke die Immobilie verkaufen oder andere Änderungen vornehmen will.

- Bei beiden Kombos schleppt der Kunde über viele Jahre hinweg einen unnötig hohen Schuldenberg mit sich herum, der sich frühestens nach etwa zehn Jahren (bei der KLV-Kombo oft erst nach zwei oder drei Jahrzehnten) reduziert. In Bezug auf die Schufa-Bonität und andere Kreditwürdigkeitsfragen des Kunden, aber auch im Hinblick auf seinen Seelenfrieden ist das ein Nachteil, der letztlich auch dadurch nicht ausgeglichen wird, dass dem Kredit eine intransparente und illiquide Geldanlage (Bausparguthaben oder Rückkaufswert der KLV) gegenübersteht.

■ Einer der Gründe vieler Häuslebauer für den Eigenheimerwerb ist ihr Widerwille, einem »fremden Dritten« (dem Vermieter) jahrzehntelang den Mietzins »in den Rachen zu stopfen«. Bei einer Kombo-Konstruktion ist die Zinszahlung (Kapitalmiete) über 20 oder 30 Jahre betrachtet erstens rund doppelt so hoch wie bei einem Annuitätendarlehen und zweitens etwa so hoch wie die Mietzahlungen für eine vergleichbare Immobilie über diesen Zeitraum. Der Grund: Über den gesamten Zeitraum sinkt die Restschuld des Darlehens nicht, da die laufende Tilgung fehlt. Es entbehrt nicht einer gewissen Ironie, dass mancher deswegen eine Immobilie erwirbt, weil er seinem (in den meisten Fällen privaten) Vermieter die Mieteinkünfte nicht gönnt, aber danach kein Problem damit hat, seiner Bank denselben Vorteil einzuräumen.

■ Der Kunde setzt sich dem Bonitätsrisiko des Lebensversicherers oder der Bausparkasse aus. Die Auszahlung am Ende der Transaktionslaufzeit stünde im Falle eines zwischenzeitlichen Konkurses dieser Gesellschaften infrage, von der nervenaufreibenden Zitterpartie des Kunden bis dahin ganz abgesehen. Dies ist ein Risiko, das der Kunde bei einer herkömmlichen, einfachen Finanzierung nicht trägt. In den vergangenen Jahren sind mehrere deutsche und ausländische Lebensversicherer in Zahlungsschwierigkeiten oder Insolvenz geraten, darunter AIG, die weltgrößte Versicherungsgruppe. In Großbritannien schlitterte 2008 eine der größten Bausparkassen (Bradford & Bingley) in die Insolvenz und musste zur Rettung verstaatlicht werden.

■ Die KLV-Kombo macht den Kreditnehmer zum »Gefangenen« der Bank, denn es ist viel schwerer und in jedem Fall mit zusätzlichen Kosten verbunden, beim Auslaufen der Zinsbindung zu einer anderen Bank zu wechseln, die ein besseres Finanzierungsangebot vorlegt.

■ Wenn ein Kreditnehmer bei der KLV-Kombo unbedingt sein Todesfallrisiko absichern will oder muss (um zum Beispiel die

Kreditrückführung im Todesfall im Interesse der Familie zu sichern), kann er das viel preisgünstiger, einfacher und bequemer über eine separate Risikolebensversicherung bei einem der günstigen Direktversicherer tun (siehe Abschnitt 5.2).

- Hinsichtlich der KLV-Kombo handelt es sich schon allein deshalb um ein unpassendes Konstrukt, weil ein normaler Häuslebauer ja gerade nicht am Kapitalmarkt spekulieren will, sondern schlicht ein Eigenheim erwerben und finanzieren möchte.

Wegen all dieser Nachteile und zusätzlichen Risiken für den Kunden genügt es nicht, wenn ein Kombo-Produkt einen etwa gleichen oder sogar etwas niedrigeren Gesamt-Effektivzins hat als ein wirklich vergleichbares traditionelles Darlehen. Das Kombo-Produkt müsste schon deutlich günstiger sein, bevor man es in Erwägung ziehen sollte. Ob das der Fall ist, kann wie erwähnt nur eine Berechnung des Gesamt-Effektivzinses zeigen, die jedoch Banken in der Regel verweigern – und das spricht Bände.

**Merkbox**

- Solange die Bank dem Kunden keine Gesamt-Effektivzinsberechnung vorlegt, weiß er gar nicht, was ihn die Kombo-Finanzierung im Vergleich zu einem traditionellen Darlehen tatsächlich kosten wird.
- Die Stiftung Warentest und andere neutrale Experten haben in zahlreichen Veröffentlichungen dargelegt, dass diese Konstruktionen mehr Nachteile als Vorteile haben und sie nur unter sehr optimistischen Annahmen zur KLV-Rendite (bei der KLV-Kombo) oder pessimistischen Annahmen zum Zinsniveau in etwa zehn Jahren (bei der BSV-Kombo) zu einem niedrigeren Effektivzins führen als ein herkömmliches Immobiliendarlehen.
- Bei der KLV-Kombo spekuliert der Kunde auf die Kapitalmarktrenditen in den nächsten 20 bis 30 Jahren und auf die Bonität der Lebensversicherungsgesellschaft. Das sind Risiken, denen sich ein rationaler Eigenheimfinanzierer und schon gar nicht ein Familienvorstand, von dem Kinder und andere abhängig sind, aus-

setzen sollte. Wer derartige Spekulationen anstellen will, sollte dies erst tun, *nachdem* der gesamte Kredit möglichst zügig über ein simples und transparentes konventionelles Immobiliendarlehen getilgt ist.

■ Bei der BSV-Kombo wird mit der Angst mancher Kunden vor Zinserhöhungen in zehn Jahren Kasse gemacht. Wer solche Befürchtungen hat, kann sich durch ein traditionelles Annuitätendarlehen mit einer Zinsbindung von 15 bis 20 Jahren flexibler und billiger schützen. Die Zeitschrift *Focus Money* nannte die BSV-Kombo eine »gut getarnte Mogelpackung« (*Focus Online*, 10.11.2009).

## 5.9  Restschuldversicherungen und Todesfallschutz

»Die Schatzmeister [der Cambridge-Universität] erwerben ohne zu zögern unbewertete und nicht marktgängige Immobilien, welche – sofern ihnen an jedem Berichtstermin eine Preisquotierung gegen sofortigen Barkauf vorläge – ihre Haare zu Berge stehen ließen. Die Tatsache, dass man nicht weiß, wie stark der sofort realisierbare Preis einer Immobilie schwankt, führt dazu, dass dieses Investment eben nicht, wie oft angenommen, sicher ist.«

*John Maynard Keynes* (1883–1946), einflussreichster Ökonom des 20. Jahrhunderts, in einem Gutachten zur Anlagepolitik seiner früheren Universität

In manchen Fällen ist es aus der Sicht des Kreditnehmers sinnvoll (oder wird sogar von der Bank verlangt), das Todesfallrisiko desjenigen in einem Haushalt zu versichern, der das gesamte oder den größten Teil des laufenden Einkommen beisteuert, aus dem die Kapitaldienstraten für den Immobilienkredit bedient werden. Eine typische Konstellation könnte wie folgt aussehen:

Eine Familie mit zwei minderjährigen Kindern nimmt einen Eigenheimkredit auf. Nur einer der beiden Elternteile, Katarina, ist berufstätig; Peter, der Ehemann, ist Hausmann. Die Eigenkapitalquote zu Beginn der Immobilienfinanzierung beträgt 20 Prozent. Weiteres Vermögen ist nicht vorhanden. In dieser Konstellation ist es sinnvoll, das Todesfallrisiko von Katarina, der Ernährerin, durch eine für gewöhnlich sehr preisgünstige Risikolebensversicherung in der Höhe des Kreditvolumens abzusichern (nicht zu verwechseln mit einer viel teureren Kapitallebensversicherung). Käme Katarina unerwartet zu Tode, während der Kredit noch nicht vollständig getilgt ist, würde die Versicherung auszahlen. Damit könnte die Familie die Darlehensschuld zurückführen. Der nicht verdienende Ehepartner und die minderjährigen Kinder besäßen dann eine schuldenfreie Immobilie. Ohne diese Versicherung könnte es passieren, dass sie die Immobilie aus Geldmangel veräußern, den Restsaldo des Kredits aus dem Erlös begleichen und dann aus der Immobilie ausziehen müssten – so weit die Standardtheorie. Die Praxis ist jedoch meistens etwas komplexer als dieser Lehrbuchfall. Daher einige zusätzliche Hinweise für häufig auftretende Szenarien:

- Falls eine Risikolebensversicherung abgeschlossen wird, sollte die Versicherungssumme stets nur der Höhe des ausstehenden Kreditsaldos entsprechen, sonst vergeuden Sie Geld. Daher empfiehlt es sich, die Versicherungssumme alle zwölf oder 24 Monate parallel zur fortschreitenden Tilgung zu reduzieren, sofern das nicht bereits in der Versicherungspolice so geregelt ist.
- In einem Haushalt ohne wirtschaftlich abhängige Mitglieder (Ehepartner oder Kinder ohne eigenes Einkommen) ist eine solche Absicherung, jedenfalls aus der Sicht des Kreditnehmers, überflüssig, es sei denn, er möchte dieses letztlich kleine Risiko unbedingt zugunsten nicht wirtschaftlich abhängiger Erben absichern. Ein Single-Haushalt oder ein Ehepaar ohne Kinder, in dem beide berufstätig sind, braucht keine solche Absicherung. Dasselbe gilt für ein Doppelverdiener-Ehepaar ab dem Zeitpunkt, an dem die vorher wirtschaftlich abhängigen Kinder ein eigenes Einkommen haben. Eine Ausnahme könnte bestehen, wenn die Bank trotz des

Fehlens wirtschaftlich abhängiger Personen wegen einer anfänglich zu geringen Eigenkapitalquote auf einer solchen Absicherung
besteht. Aber auch hier sollte es möglich sein, nach einiger Zeit
(wenn die Tilgung fortgeschritten ist) aus der Risikolebensversicherung auszusteigen, um Kosten zu senken.

■ Wenn bereits eine Kapitallebensversicherung oder eine frühere
Risikolebensversicherung besteht, kann der Todesfallschutz dieser
Versicherung für den neuen Immobilienkredit genutzt werden
(rechtliche »Abtretung« der Todesfallleistung an die Bank). In
diesem Fall könnte sich der Kreditnehmer den Abschluss einer
kostspieligen zusätzlichen Versicherung ersparen.

■ Ein weitaus größeres Risiko für einen Berufstätigen als das des
Todes ist dasjenige der Berufsunfähigkeit. Über dieses allgemein
unterschätzte und unterversicherte Risiko wurde schon viel ge-
schrieben, und bei der Stiftung Warentest und im Internet finden
sich dazu viele nützliche Artikel.[67] Da Berufsunfähigkeitsversiche-
rungen relativ teuer sind, scheut der größte Teil der Erwerbstäti-
gen einen Abschluss. Allerdings spiegeln die hohen Kosten ganz
einfach das vergleichsweise hohe abzudeckende Risiko wider, das
übrigens weit größer ist als das Todesfallrisiko. Das sollte all jenen
Immobilienkreditnehmern zu denken geben, die ihre wirtschaftlich abhängigen Familienmitglieder und sich selbst wirklich effektiv vor wichtigen Risiken schützen wollen. Auch hier gilt, dass aus
Kreditnehmersicht der Schutz nur so lange und in dem Umfang
notwendig ist, wie es noch einen ausstehenden Kreditsaldo gibt.

■ Eine Versicherung, die – anders als die oben genannten Spezial-
fallversicherungen – prinzipiell sämtliche Risiken absichern kann,
welche das Einkommen des kreditnehmenden Haushaltsernährers
gefährden könnten, ist die Restschuldversicherung. Sie deckt, je
nach konkreter Ausgestaltung der Versicherungspolice, Tod,

---

67 Siehe zum Beispiel Stichwort »Berufsunfähigkeitsversicherung« auf www.wikipe-
dia.de. Die Stiftung Warentest hat hierzu einen Ratgeber veröffentlicht (»Berufsunfähigkeit gezielt absichern: Der Weg zum passenden Vertrag« von H. Balodis
und D. Hühne). Die gesetzliche Rentenversicherung bietet nur einen geringen
Berufsunfähigkeitsschutz.

Krankheit, Arbeitsunfähigkeit oder Arbeitslosigkeit während der Kreditlaufzeit ab. Weil sie einen so umfassenden Schutz bietet, ist sie ausgesprochen teuer. Banken verkaufen diese Versicherung gerne, weil sie ihr Kreditausfallrisiko drastisch senkt und weil sie an der Vermittlerprovision der Versicherungsgesellschaft gut verdienen. Trotz der risikoreduzierenden Wirkung senken die Banken jedoch die Kreditmarge selten in entsprechendem Ausmaß. Die hohen Prämien für eine Restschuldversicherung werden typischerweise in Form eines Einmalbetrages über eine Erhöhung der Kreditsumme mitfinanziert, was die wahren Kosten dieser teuren Versicherung manchen Kreditnehmern gegenüber verschleiert. Schreibt die Bank den Abschluss einer solchen Versicherung zwingend vor, so sind deren Kosten nach deutschem Recht in den Effektivzins einzurechnen. Von Restschuldversicherungen ist aus Kostengründen abzuraten. Wenn sie eine Bank vorschreibt, sollten Sie zu einer anderen Bank gehen. Sollten alle angesprochenen Banken darauf bestehen, ist das ein guter Indikator, dass Ihre Finanzierung zu risikoreich ist und Sie vorerst die Finger davon lassen sollten.

**Merkbox**

- Versicherungsschutz, der im Rahmen einer Immobilienkreditaufnahme zur Absicherung des Einkommens des Ernährers vereinbart wird, sollte im besten Fall die wirklich relevanten Risiken und diese genau in der richtigen Höhe absichern. In der Praxis geschieht dies oft nicht. Haushalte, die gar keinen Todesfallschutz brauchen, schließen überflüssige Lebensversicherungen ab, es werden teure Kapitallebensversicherungen statt billiger Risikolebensversicherungen eingekauft, die Versicherungssummen werden im Zeitablauf nicht reduziert, und das gegenüber dem Todesfallrisiko viel wichtigere Risiko der Berufsunfähigkeit wird überhaupt nicht versichert.
- Wenn sich keine Bank findet, die Ihre Finanzierung ohne eine stets sehr teure Restschuldversicherung übernimmt, dann sollte

> Ihnen das zu denken geben. Bei Berücksichtigung der Kosten
> für die Restschuldversicherung wird der Effektivzins vermutlich
> schwindelnde Höhen erreichen. Dann ist Mieten für Sie sehr wahr-
> scheinlich die billigere Alternative.

## 5.10   Wann rechnet sich ein Vorwärtsdarlehen?

»Ein Fürst, der nicht selbst klug ist, kann nicht klug beraten
werden. Gute Ratschläge entspringen aus der Klugheit des
Fürsten und nicht die Klugheit des Fürsten aus guten Rat-
schlägen.«

*Niccolò Machiavelli* (1469–1527), Berater der Regierungen des
Stadtstaates Florenz und von Papst Julius II.

Mancher Eigenheimbesitzer, dessen Darlehensschuld sich seit
der ursprünglichen Kreditaufnahme erst wenig reduziert hat und
dessen kreditvertragliche Zinsbindung in den nächsten Jahren ausläuft, wird gelegentlich etwas bange in die Zukunft blicken und
sich fragen, wo die Marktzinsen wohl am Stichtag stehen werden.
Ganz besonders drängt sich diese Frage auf, wenn die langfristigen
Immobilienkreditzinsen so niedrig sind wie Anfang 2010, als dieser
Text entstand.

In einer solchen Situation bietet es sich tatsächlich an, über ein
sogenanntes Vorwärtsdarlehen (gelegentlich auch Vorauskredit oder
Forward-Darlehen genannt) nachzudenken. Mit dieser Art von Immobilienkredit kann ein Kreditnehmer bis zu fünf Jahre vor Auslaufen der Zinsbindung seines bestehenden Kredites die Konditionen für
eine Anschlussfinanzierung festlegen. Das → Zinsänderungsrisiko,
dem er andernfalls beim Auslaufen der Zinsbindung seines jetzigen
Kredites ausgesetzt wäre, kann er durch ein Vorwärtsdarlehen (VD)
vollständig eliminieren. Klingt fast zu schön, um wahr zu sein. Wo
ist der Haken? Eigentlich gibt es keinen, abgesehen davon, dass man

sich durch die vorzeitige Konditionenfixierung die Chance vergibt, von möglicherweise fallenden Zinsen zu profitieren.

Bevor wir zur Gretchenfrage kommen, anhand welcher Kriterien man entscheiden sollte, ob sich ein VD in einer gegebenen Situation lohnt, hier zunächst eine kurze Beschreibung seiner Mechanik: Ein VD und ein konventionelles Immobiliendarlehen (das wir nachfolgend der Einfachheit halber »Sofortdarlehen« nennen) unterscheiden sich primär darin, dass bei einem VD die Auszahlung nicht unmittelbar bei Vertragsabschluss oder wenige Wochen danach erfolgt, sondern erst nach einer bestimmten »Vorlaufzeit« (auch Forward-Periode genannt), die bis zu 60 Monate betragen kann. Während der Forward-Periode fallen keine Bereitstellungszinsen an. Die Zinsbindung und alle übrigen Konditionen einschließlich des genauen Auszahlungstermins werden, wie bei einem Sofortdarlehen, bei Vertragsabschluss vereinbart. Ein konkretes Beispiel:

■ Vertragsabschluss am 30.06.2011. Vorlaufzeit: 36 Monate, daher Auszahlung am 30.06.2014. (Bis zur Auszahlung hat der Kreditnehmer keine Kosten an die Bank zu entrichten.) Danach zehnjährige Zinsbindung bis zum 30.06.2024.

Korrekt betrachtet hat dieses Darlehen eine Zinsbindung von 13 Jahren (30.06.2011 bis 30.06.2024), nicht von zehn Jahren, wie überwiegend in den Medien in entsprechenden Fällen behauptet. Am Markt kursieren verschiedene Begrifflichkeiten hinsichtlich des Herzstücks des VDs, der Zinsbindung. Manche Banken geben die Zinsbindung ab dem Vertragsabschlussdatum an, andere ab dem Auszahlungstermin. Es könnte also sein, dass Bank A bei dem oben beschriebenen VD-Beispiel von einer 13-jährigen Zinsbindung spricht und Bank B von einer zehnjährigen. Trotz dieses begrifflichen Unterschiedes wären die VDs von Bank A und Bank B ökonomisch gesehen identisch. Hingegen wäre ein VD mit zehnjähriger Zinsbindung vom Vertragsabschluss an gerechnet natürlich nicht dasselbe wie ein VD mit einer zehnjährigen Zinsbindung ab Auszahlungstermin.

Zur Beantwortung der Frage, wie man entscheiden kann, ob ein VD sich rechnet, müssen wir ein klein wenig ausholen. Die Medien verbreiten hier nämlich einen häufig wiederholten Irrtum. Typischerweise wird als größter Nachteil eines VD angeführt, dass es einen »Zinsaufschlag« von X gegenüber einem Sofortdarlehen habe. Diesen Aufschlag als »Hauptnachteil« des VD einzustufen ist jedoch Unsinn.

Bleiben wir bei dem eingangs beschriebenen VD-Beispiel. Das Darlehen hat eine Zinsbindung von 13 Jahren. Dennoch wird ein solches Darlehen in allen mir bekannten Medienartikeln mit einem Sofortdarlehen, das eine Zinsbindung von zehn Jahren hat, verglichen. Hat das VD einen höheren Effektivzins als das Sofortdarlehen, sprechen diese Artikel von einem »Aufschlag«, da normalerweise die langfristigen Zinssätze höher sind als die kurzfristigen. Je nach Artikelautor und den gerade vorherrschenden Marktverhältnissen wird dann die Schlussfolgerung formuliert, das VD sei derzeit »teuer« oder »billig«.

Übertragen wir diese absurde Logik einmal auf die uns allen besser vertraute Standardsituation, in der ein Kreditnehmer einen normalen Kredit, also ein Sofortdarlehen, abschließen will. Der Kreditnehmer denkt in dieser Situation über die für ihn beste Zinsbindung nach und sieht sich mit der üblichen Marktsituation konfrontiert: Ein variabel verzinslicher Kredit ist billiger als einer mit fünfjähriger Zinsbindung, dieser ist billiger als einer mit zehnjähriger Zinsbindung und dieser wiederum billiger als einer mit zwanzigjähriger Zinsbindung (in seltenen Marktphasen kann es auch umgekehrt sein). Sollte unser Kreditnehmer deshalb stets den billigen variabel verzinslichen Kredit wählen? Natürlich nicht. Denn eine langfristige Zinsbindung birgt viel weniger Zinsänderungsrisiko in sich und diesen Vorteil muss man normalerweise in Form eines höheren Zinssatzes bezahlen. Diese Erkenntnis ist Allgemeingut, auch in den Medien. Aber warum vergessen diese beim Vergleich eines VD mit einem Sofortdarlehen diese Logik plötzlich und vergleichen ungehemmt Äpfel mit Birnen – Darlehen mit unterschiedlichen Zinsbindungen?

Dieser unredliche Preisvergleich zwischen den beiden Darlehenstypen ist aber auch noch aus einem anderen Grund kontraproduktiv: Das Sofortdarlehen ist nicht einmal grundsätzlich eine denkbare

Alternative zum VD. Der Kreditnehmer kann ja das Sofortdarlehen zum Betrachtungszeitpunkt gar nicht aufnehmen, selbst wenn ihm die Konditionen gegenüber jenen eines VD attraktiv erschienen, denn seine bestehende Zinsbindung läuft ja noch mehrere Jahre.

Medienartikel, die wortreich zum Zinsaufschlag oder -abschlag eines VD gegenüber dem Sofortdarlehen Stellung nehmen und ihn mit allerlei historischen Daten »bewerten«, gehören letztlich in die Schulnotenkategorie »Thema verfehlt«. Die einzige mögliche Aussage zu Preisen von VDs lautet, dass Bank A ein günstigeres VD-Angebot macht als Bank B. Aber sobald der Kreditnehmer das günstigste Angebot gefunden hat, führt der Blick auf den Aufschlag gegenüber einem Sofortdarlehen in die Irre. Ein Kreditnehmer muss für sich persönlich und subjektiv entscheiden, wie viel ihm eine Zinsversicherung wert ist. Der Aufschlag oder Abschlag zu einem nicht vergleichbaren Finanzprodukt hilft ihm bei dieser Entscheidung nicht weiter. Als Faustregel: Ein VD ist umso bedenkenswerter, je geringer der gegenwärtige Einkommenspuffer ist (der Spielraum zwischen monatlicher Immobilienbelastung und frei verfügbarem Einkommen). Je weniger man sich eine etwaige Zinserhöhung leisten kann, desto eher sollte man die Zinsversicherung (VD) abschließen, ganz gleich ob sie mit einem »Aufschlag« gegenüber einem nicht vergleichbaren Sofortdarlehen verbunden ist.

**Merkbox**

- Vorwärtsdarlehen (VD) sind ein interessantes Produkt für all jene, die auf Nummer sicher gehen wollen und sich die für sie finanziell leistbaren, heute bereits bekannten Konditionen für eine bis zu 60 Monate in der Zukunft liegende Anschlussfinanzierung sichern wollen – entweder für den ganzen ausstehenden Kreditbetrag oder für einen Teil davon. Man verliert mit der Zinsversicherung VD allerdings auch die Chance, von sinkenden Zinsen zu profitieren.
- Die Tatsache, dass VDs zu einem gegebenen Zeitpunkt zumeist einen Aufschlag beim Effektivzins gegenüber einem herkömm-

lichen Darlehen aufweisen, wird oft fälschlicherweise dahingehend interpretiert, dass sie »teurer« seien als konventionelle Darlehen. Diese verbreitete Sichtweise führt in die Irre, denn die beiden Produkte sind nicht vergleichbar und ohnedies kommt das konventionelle Vergleichsdarlehen für den Darlehensnehmer nicht infrage, weil er es zu diesem Zeitpunkt ja gar nicht abschließen könnte.

## 5.11    Kreditangebote richtig vergleichen

»Während Autofahrer beim Tanken auf jeden Cent achten, werfen Häuslebauer und Immobilienkäufer Tausende von Euro zum Fenster hinaus, indem sie sich auf das erstbeste Angebot der Hausbank verlassen.«

*Kai Oppel* und *Sven Radtke,* Autoren des Buches »Immobilienfinanzierung. Neue Kredite, neue Wege«

Das Gebot, dass man Kreditangebote verschiedener Banken nicht auf der Basis des Nominalzinssatzes vergleichen sollte, ist inzwischen fast jedem bekannt. Damit Verbraucher den oft irreführenden Nominalzinssatz nicht als Auswahlkriterium zwischen verschiedenen Darlehensangeboten verwenden (und dadurch unter Umständen einen unnötig teuren Kredit wählen), hat der deutsche Gesetzgeber 1985 versucht, Abhilfe zu schaffen, indem er § 492 des BGB und die ergänzende »Preisangabenverordnung« einführte. Damit wurde die Nennung des Effektivzinses in Kreditgeschäften mit Privatpersonen (Verbrauchern) zur Pflicht und dessen einheitliche Berechnungsweise festgelegt. Analoge Vorschriften existieren in Österreich und der Schweiz. Der Effektivzins erlaubt es Kreditnehmern, den Preis (die Kosten) alternativer Kreditangebote objektiv zu vergleichen, selbst wenn diese Angebote in ihrer Struktur stark voneinander abweichen, zum Beispiel in der Höhe der Bearbeitungsgebühr, des anfänglichen jährlichen Tilgungssatzes oder hinsichtlich eines der zahlreichen anderen preisbeeinflussenden Kostenmerkmale.

Zwar ist der Effektivzins[68] beim Vergleich von Angeboten verschiedener Banken oder dem Vergleich verschiedener Darlehensvarianten einer einzelnen Bank das wichtigste einzelne Vergleichskriterium, doch leider ist auch er nicht unfehlbar. Mit anderen Worten, wer bei einer Immobilienfinanzierung allein auf der Basis des Effektivzinssatzes auswählt und alles andere ignoriert, der kann leicht mit einem Darlehen enden, das (a) eben gerade nicht das insgesamt preisgünstigste war oder (b) vielleicht das preisgünstigste war, aber gravierende andere Nachteile aufweist, die den Preisvorteil aus Sicht des Kreditnehmers mehr als ausgeglichen hätten, wenn er sie erkannt hätte. Nachfolgend daher einige Hinweise, die Ihnen dabei helfen sollen, das für Sie tatsächlich beste Darlehensangebot auszuwählen:

■ Es gibt in der Immobilienfinanzierung eine Reihe von Gebühren und Kosten, die die Banken gemäß Preisangabenverordnung nicht in die Effektivzinsberechnung einfließen lassen müssen, während das bei einer ganz korrekten Berechnung des internen Zinsfußes (was der Effektivzins ja eigentlich sein soll) erforderlich wäre. Dazu gehören in Deutschland beispielsweise folgende Kostentypen: Schätzgebühren für den Immobilienwert, Bereitstellungszinsen (und damit auch der Vorteil aus einer mehr oder weniger langen bereitstellungszinsfreien Phase), Teilauszahlungszuschläge und Kontoführungsgebühren. Besonders die Bereitstellungszinsen repräsentieren eine wichtige Kostenkomponente. Falls diese Gebühren und Kosten dem Betrag und dem Zahlungszeitpunkt nach nicht bei allen verglichenen Alternativen identisch sind, steht auch die Effektivzinsberechnung und damit der Vergleich auf wackeligen Füßen.

---

68 Bei Krediten, deren Zinssatz oder andere preisbestimmende Faktoren sich während der Laufzeit ändern können (wenn also die Zinsbindung nicht bis zur Volltilgung reicht, was die Regel ist), spricht man vom »anfänglichen effektiven Jahreszins«.

- Die Zinsbindung der zu vergleichenden Varianten muss identisch sein. Ein Effektivzinsvergleich von Darlehen mit unterschiedlichen Zinsbindungen ist sinnlos; selbst geringe Unterschiede von nur zwei Kalendermonaten können in bestimmten Marktphasen einen nennenswerten Einfluss haben.

- Eine Restschuldversicherung (sofern von der Bank gefordert) ist bei der Effektivzinsberechnung zu berücksichtigen, nicht jedoch zum Beispiel eine Risikolebensversicherung, die letztlich einen ähnlichen (wenn auch eingeschränkteren) Zweck erfüllt.

- In Abschnitt 5.8 haben wir gesehen, dass bei solchen Kopplungskonstruktionen all jene Zahlungsströme, die mit dem Fonds, der Lebensversicherung oder dem Bausparvertrag zusammenhängen, nicht in die Effektivzinsberechnung einfließen. Daher ist die isolierte Effektivzinsangabe für den Immobilienkredit innerhalb der Kopplungskonstruktion wertlos.

- Weitere Faktoren, die nicht in die Effektivzinsberechnung mit einfließen: die Höhe des geforderten Eigenkapitals und damit einhergehend der maximalen Kreditsumme, die Besicherungsanforderungen (zum Beispiel hinsichtlich der Haftung weiterer Personen oder der geforderten Bereitstellung anderer zusätzlicher Sicherheiten), der genaue Zeitpunkt des Angebotes (schon ein Tag kann einen Unterschied machen), die Dauer, für die ein Angebot gültig bleibt, der Status des Angebotes (verbindlich oder unverbindlich). Wenn zwei zu vergleichende Angebote in einem dieser Merkmale abweichen, ist der Effektivzins streng genommen kein allein aussagefähiges Kriterium mehr.

Insgesamt gilt daher auch hier: Wirken Sie darauf hin, dass alle zu vergleichenden Angebote, wo immer möglich, dieselbe Struktur haben. Wo Angebote dennoch voneinander abweichen, sollten Sie nachfragen, ob das abweichende Merkmal in die Effektivzinsberechnung eingeflossen ist (lassen Sie sich eine etwaige Bestätigung schriftlich geben).

**Merkbox**

- Entgegen einer landläufigen Meinung ist der Effektivzins häufig keine eindeutige Vergleichsgröße für den Preis einer Immobilienfinanzierung, wenn die zu vergleichenden Kredite in einem der hier genannten Merkmale voneinander abweichen – sei es, weil manche kostenverursachenden Merkmale gemäß Preisangabenverordnung nicht in die Effektivzinsberechnung einfließen, oder weil sie ihrer Natur nach eine Zinssatzberechnung nicht beeinflussen können. Aufmerksamkeit bei diesen nicht berücksichtigten Faktoren wird sich durch die Vermeidung von teuren Nachteilen auszahlen, die vielleicht erst Jahre später sichtbar würden.

- Um die Wahrscheinlichkeit von Fehlentscheidungen bei Kreditangebotsvergleichen zu minimieren, ist es – trotz Effektivzinsbetrachtung – sinnvoll, darauf zu bestehen, dass die Angebote sich in ihrer Struktur möglichst wenig unterscheiden. Darauf hat der Kunde durch entsprechende Vorgaben, die er den anbietenden Banken macht, großen Einfluss, obwohl sich die Banken manchmal mit fadenscheinigen Argumenten dagegen wehren, ihr Angebot den Wünschen des Kunden genau anzupassen. Wo Zweifel bestehen, ob eine Kostenposition in die Effektivzinsberechnung einfloss, unbedingt nachfragen.

# 6. Das Kaufen-versus-Mieten-Tool: Berechnen Sie, ob Kaufen sich für Sie lohnt

»In Wahrheit sind die meisten Software-Tools, die die Finanzbranche ihren Kunden offeriert, Verkaufsförderungshilfen.«

*Laurence Kotlikoff,*
Boston University, Professor und Bestsellerautor

Dieses Buch will nicht nur allgemeingültige Theorie vermitteln, sondern Ihnen auch bei einer ganz konkreten Kauf-oder-Miete-Entscheidung helfen. Dazu habe ich ein einfaches Microsoft-Excel-basiertes Berechnungswerkzeug programmiert, das dieses Buch ergänzt und auf der beiliegenden CD-ROM für Sie bereitliegt. Sie können es auf die Festplatte Ihres Heim-Computers kopieren und abspeichern. Auf der CD-ROM befinden sich sowohl das »Kaufen-versus-Mieten-Tool« (KVM-Tool) selbst als auch eine kurze Bedienungsanleitung im PDF-Format.

Mit dem KVM-Tool können Sie berechnen, ob es aus heutiger Perspektive finanziell sinnvoll wäre, eine ganz bestimmte Immobilie mit einer ganz bestimmten Finanzierung zu erwerben. Da eine solche Berechnung in die Zukunft gerichtet ist und daher zwangsläufig auf einigen Annahmen beruht, vermittelt Ihnen das Tool auch ein Gefühl dafür, wie diese Annahmen – zum Beispiel die erwartete Wertsteigerung und die erwarteten Nebenkosten – das Ergebnis beeinflussen, wo also die wichtigsten finanziellen Einflussgrößen stecken. Das Tool gibt Ihnen überall dort Hilfestellung, wo Sie sich bei einer bestimmten Annahme nicht sicher sind. Je mehr Eingabegrößen – wie etwa den Kaufpreis, das einzubringende Eigenkapital, den Effektivzinssatz des Immobilienkredites (sofern die Immobilie nicht nur mit Eigenkapital finanziert wird), die Nebenkosten des Kaufes – Sie im Moment der Berechnung bereits kennen, desto verlässlicher ist naturgemäß das Ergebnis.

# 7. Zusammenfassung: Was heißt das alles für Sie?

»Die meisten Menschen sind neuen Ideen nur in ihrer Jugend zugänglich. Mit fortschreitendem Alter verlieren sie ihre Fähigkeit, neuen Vorstellungen mit offenen Armen zu begegnen, und ihr früher erworbenes Wissen versteinert zum Dogma.«

*Ludwig von Mises* (1881–1973),
österreichisch-amerikanischer Ökonom

Wir sind nun am Ende unseres Weges durch den oft verwirrenden Kauf-oder-Miete-Irrgarten angekommen. Dabei haben wir gesehen, wie und warum die herrschende Meinung zu selbstgenutzten Wohnimmobilien und zu Mieten in erstaunlich vielen Fällen falsch ist. Die wichtigsten dieser Irrtümer und Mythen fasse ich nachfolgend noch einmal knapp zusammen:

- Die Preise qualitativ guter Wohnimmobilien werden langfristig immer steigen, weil sie Sachwerte sind.

Aufgrund historischer Daten, die zum Teil mehr als 100 Jahre zurückreichen, wissen wir, dass die Preise von Wohnimmobilien inflationsbereinigt und sehr langfristig nur um etwa 0,4 Prozent p. a. steigen. Die Wertsteigerungen in den nächsten 20 Jahren könnten auch in den deutschsprachigen Ländern noch niedriger ausfallen, weil in der Vergangenheit hinsichtlich Bevölkerungswachstum, Zunahme der Realeinkommen und Zinsniveau günstigere Bedingungen bestanden, als sie voraussichtlich in den nächsten beiden Jahrzehnten vorherrschen werden.[69]

---

69 Jüngste Meldungen in den Medien über eine angeblich drohende Wohnimmobilienknappheit in Deutschland aufgrund der in den letzten Jahren gefallenen Neubauaktivität kommen fast ausnahmslos von Vertretern der Immobilienwirtschaft,

■ Miete zahlen bedeutet, Geld zum Fenster hinauszuwerfen.

Wir haben gesehen, dass ein Mieter in Deutschland in den vergangenen 40 Jahren exzellente Chancen hatte, ein größeres Endvermögen zu erreichen als ein Eigenheimbesitzer, wenn er am Anfang jeden Monats die gleiche Summe zurücklegte wie der Eigenheimbesitzer. Dabei brauchte der Mieter nicht einmal in Aktien zu investieren – sogar risikolose und hoch liquide Staatsanleihen hätten ihn in der Vergangenheit vermögender gemacht als den Selbstnutzer. Hätte der Mieter in ein simples 50/50-Portfolio aus Anleihen und Aktien investiert, wäre sein Endvermögen in den meisten Szenarien mehr als doppelt so hoch gewesen wie das des Eigenheimbesitzers.

■ Ein Eigenheim schützt vor steigenden Mieten.

Das ist zwar formal richtig, aber – so könnte man sarkastisch einwerfen – warum kaufen wir dann keinen Bauernhof, um uns vor steigenden Nahrungsmittelpreisen zu schützen? Genauso wie Lebensmittelpreise haben Mieten in den vergangenen 40 Jahren viel langsamer zugenommen als die Haushaltseinkommen. Es gibt keinen Grund anzunehmen, dass Quadratmetermieten in Zukunft plötzlich stärker steigen sollten als Löhne und Gehälter.

■ Immobilien eignen sich gut zur Altersvorsorge, denn wer als Ruheständler in einer schuldenfreien Immobilie wohnt, steht finanziell besser da als ein Miethaushalt.

Immobilien eignen sich rein ökonomisch betrachtet schlechter zur Altersvorsorge als Kapitalmarktanlagen mit etwa gleichem Risiko. Das liegt einerseits an der höheren Rendite von Börseninvestments und andererseits daran, dass es unmöglich ist, eine Immobilie im Alter peu à peu zur Deckung von Lebenshaltungskosten zu »verbrauchen«, und es sehr teuer ist, sie über eine Versicherungsgesellschaft zu »verrenten«. Beides – der schrittweise Verbrauch und die

---

der Bauindustrie oder dem Deutschen Mieterbund. Es handelt sich hier wohl eher um politisches Lobbying für staatliche Subventionen als um eine von der Wissenschaft geteilte unstrittige Auffassung.

Verrentung – ist hingegen bei Finanzanlagen unproblematisch. Überdies leben viele Ruheständler und besonders Witwen und Witwer in Eigenheimen, die inzwischen zu groß und unpraktisch für sie sind. Die hohen Instandhaltungs- und Energiekosten sowie die damit zusammenhängenden verlorenen Kapitalerträge führen bei vielen älteren Menschen zu unnötigen Geldsorgen und Einschränkungen ihres Lebensstandards.

■  Ein Eigenheim ist eine sichere und risikoarme Vermögensanlage.

Wer diese Aussage trifft, verharmlost das tatsächliche Finanzrisiko eines Eigenheims. Im Durchschnitt der zehn Länder, deren historische Hauspreissteigerungen während der vergangenen 40 Jahre wir in diesem Buch untersucht haben, betrug der maximale kumulative Wertrückgang inflationsbereinigt mehr als 30 Prozent, beim Spitzenreiter Japan sogar 45 Prozent. In der ersten Hälfte des 20. Jahrhunderts lagen die maximalen kumulativen Wertverluste für die drei Länder, zu denen entsprechende Daten vorliegen (USA, Frankreich, Norwegen), noch höher. Diese Zahlen schließen den risikoerhöhenden Effekt einer Kreditfinanzierung nicht einmal mit ein.

■  Mit »innovativen« Finanzierungsprodukten kann man die Finanzierungskosten eines Eigenheims senken.

Die »innovativen« Finanzierungsprodukte, die wir uns in diesem Buch angesehen haben, nützen in den meisten Fällen nicht, sondern schaden – mit einer Ausnahme, dem Vorwärtsdarlehen. Kopplungskonstruktionen mit Kapitallebensversicherungen oder Bausparverträgen sind intransparente, unflexible Mogelpackungen, weil bei der »Kapital-LV-Kombo« der wahre Effektivzins höher ist als der angegebene (der sich allein auf die Kreditkomponente bezieht). Zudem erhöht diese Konstruktion das Finanzierungsrisiko des Kreditnehmers. Bei der »BSV-Kombo« schließt der angegebene Krediteffektivzins die unter dem Marktniveau liegenden Sparzinsen (also entgangene Gewinne) nicht mit ein und ist daher zu niedrig ausgewiesen. Fremdwährungskredite mit besonders niedrigen Zinsen können Häuslebauer in Devisenspekulanten mit unbegrenztem Verlustrisiko verwandeln, ohne dass diese es merken. Rückwärtsdarlehen sehen innovativ aus, ersetzen in der Praxis traditionelle, »altbackene« Lösungen aber so gut wie nie. Ein simples Hypothekendarlehen mit möglichst langfristiger Zinsbindung für den größten Teil der Kreditsumme wird in fast allen Fällen die beste Kombination aus Sicherheit und Kosten darstellen und ist dabei transparent und so flexibel wie möglich. Das galt schon vor 30 Jahren und gilt auch heute noch.[70]

Einen weiteren, weniger leicht quantifizierbaren Nachteil von Eigenheimen könnte man mit dem Begriff »Flexibilitätsproblem« umschreiben. Ein Eigenheim ist – verglichen mit anderen Vermögensanlagen – unflexibel hinsichtlich der ungeplanten Wechselfälle des Lebens, wie Scheidung, Arbeitslosigkeit, berufsbedingtem Umzug, Krankheit, Pflegebedürftigkeit, Tod oder dem wie auch immer begründeten Wunsch, sein Leben radikal zu ändern. In solchen Situationen kann sich ein Eigenheim als Mühlstein erweisen. Die mit ihm verknüpfte Inflexibilität und Mobilitätseinschränkung können ungeplante Zusatzkosten oder entgangene Einkommenschancen verursachen. Ein Eigenheim bedeutet oft auch, dass die Familienmitglieder – die arbeitenden Eltern und die schulpflichtigen Kinder – weitere Strecken pendeln müssen, als wenn sie in einer gemieteten Immobilie lebten. Damit geht oft eine Einbuße an Zeit (Lebensqualität) und Geld einher.

Ein Eigenheimkauf hat natürlich auch Vorteile gegenüber dem Wohnen zur Miete. Kurioserweise werden zwei davon (Vorteil 2 und 3 in der folgenden Auflistung) so gut wie nie genannt.

- Eigenheimvorteil Nr. 1: In den eigenen vier Wänden zu wohnen, fühlt sich einfach besser an.

Niemanden fragen zu müssen, wenn man Sonnenkollektoren auf das Dach montieren, den Gehweg zur Garage mit Silikatmarmor aus-

---

70 Paul Volcker, ehemaliger Chef der amerikanischen Zentralbank und Berater von Barack Obama, sagte im Januar 2010 – nur halb sarkastisch –, es habe seit der Einführung des Auszahlungsautomaten (Mitte der 60er Jahre in Japan und den USA) keine mehrwertschaffende Innovation in der Bankbranche mehr gegeben.

legen und eine Trennwand zwischen zwei Kinderzimmern heraus-
reißen will – all das bedeutet einen Zuwachs an individueller Freiheit
und kreativer Entfaltungsmöglichkeit und erhöht so die Lebensqualität.

- Eigenheimvorteil Nr. 2: Das Eigenheim ist ein »positiver Zwangssparvertrag«.

Wer den Kaufpreis und die Kaufkosten eines Eigenheims wie die
meisten Eigenheimkäufer mit mehr als etwa 40 Prozent bis 50 Prozent Kreditkapital finanzieren muss, dessen monatliche Zahlungs-
belastung wird für 15 bis 30 Jahre (je nach Zinsniveau und Tilgungsdauer) höher sein als die eines vergleichbaren Miethaushalts. Daraus
ergibt sich das Phänomen des positiven Zwangssparvertrages. Der
»Vergleichsmieter« unterliegt diesem Sparzwang nicht. Seine niedrigeren Wohnaufwendungen geben ihm einen »Cashflow-Vorteil« relativ zum Eigenheimbesitzer. Diesen Vorteil verkonsumiert er meist,
anstatt ihn wie der Eigenheimbesitzer zur Vermögensbildung einzusetzen. Deshalb ist es kein Wunder, wenn Letzterer bei Eintritt in
den Ruhestand finanziell besser dasteht als der lebenslange Mieter,
selbst wenn das Eigenheim nicht besser rentierte als ein Sparbuch.

- Eigenheimvorteil Nr. 3: Eine Immobilie ist eine Form der langfristigen Vermögensanlage und Altersvorsorge, die die meisten
  Bürger besser verstehen als Kapitalmarktanlagen.

Aus der Finanzmarktforschung wissen wir, dass der durchschnittliche Privatanleger die in diesem Buch an verschiedener Stelle verwen-
deten Kapitalmarktrenditen für Anleihen und Aktien nicht erreicht,
weil er laufend renditeschädliche Anlagefehler begeht: (a) Er lässt
sich durch interessenkonfliktbehaftete Bank- und Vermögensberater
zum Kauf von Produkten mit hohen, überwiegend versteckten Nebenkosten verführen, (b) er wechselt seine Investmentprodukte und
seine »Strategie« viel zu häufig und erhöht damit seine Kosten- und
Steuerbelastung, (c) er lässt sich von Selbstüberschätzung, Gier und
Angst narren und ist auf die Renditen der letzten drei oder fünf Jahre
fixiert, steigt also nach einem Marktaufschwung regelmäßig zu spät

ein und nach einem Markteinbruch zu spät aus, und (d) er investiert zu wenig in die Asset-Klassen, die langfristig tatsächlich höhere Renditen aufweisen (weil sie ein höheres Risiko haben): Nebenwerteaktien, Substanzwertaktien und Schwellenländeraktien. Obwohl ein Eigenheimkauf ebenfalls keine einfache Angelegenheit ist, geschehen dabei viel weniger Anlegerfehler. Ein beständiger Ein- und Ausstieg ist wegen der hohen Transaktionskosten und der komplexen Kaufprozedur unmöglich, und die (wohl beträchtlichen) Schwankungen des Eigenkapitalwertes einer kreditfinanzierten Immobilie sind nicht in der Zeitung oder im Internet laufend beobachtbar, verführen also nicht zu Kurzschlussreaktionen. Hieraus ergibt sich der dritte große Vorteil eines Eigenheims: Eigenheimkäufer lassen sich viel seltener als Kapitalmarktanleger von Banken und Finanzberatern oder ihrer eigenen Psyche zu vermögensschädlichen Fehlentscheidungen verleiten.

Wer also Mieter bleiben will, wird den prinzipiellen finanziellen Renditevorteil, den der Mieterstatus in der Vergangenheit hatte und wohl auch künftig haben wird, nur dann realisieren können, wenn er zwei Voraussetzungen erfüllt: Er muss genauso viel, genauso lange und genauso diszipliniert sparen wie der Eigenheimbesitzer, der einen Kredit aufnimmt, und er muss in eine Kapitalmarktanlage investieren, die in puncto Risiko einem Eigenheim wirklich vergleichbar ist. Dabei darf er sich genau so selten zum gier- oder panikgetriebenen Verkaufen und Kaufen verleiten lassen, wie es Hausbesitzer tun – Aktienmarkteinbrüche hin oder her. Handelt er also wie ein kostenminimierender → Buy-and-Hold-Anleger, besteht eine hohe Wahrscheinlichkeit, wenn auch keine Gewissheit, dass er nach 30 Jahren finanziell besser dasteht als ein vergleichbarer Eigenheimbesitzer. Dazu hat er noch eine Reihe von Flexibilitätsvorteilen, die sein Leben vereinfachen und sogar in zusätzlichen Finanzvorteilen resultieren können, die wir in unseren Modellrechnungen nicht berücksichtigt haben: zum Beispiel die Chance, flexibler auf attraktive, aber räumlich weit entfernte Jobangebote reagieren zu können, oder niedrigere Pendlerkosten.

Sollten Sie sich nach Abwägung der einzelfallspezifischen Vor- und Nachteile, Chancen und Risiken der beiden Optionen Kauf oder Miete irgendwann zum Kauf eines Eigenheims entschließen, so sind Sie gut beraten, folgende Faustregeln zu beachten:

- Kaufen Sie nur ein Eigenheim, bei dem Ihr verfügbares Eigenkapital mindestens 20 Prozent des Kaufpreises zuzüglich der Kaufkosten abdeckt. Je mehr Eigenkapital Sie einbringen, desto besser. Neben einem Liquiditätspuffer von drei Haushaltsnettogehältern sollten Sie hierbei auch potenziellen Nachfinanzierungsbedarf für spätere Renovierungen oder Ausbauten mit einkalkulieren.
- Setzen Sie – vorbehaltlich dem vorgenannten Punkt – alle Ihre Eigenmittel ein. Es ist fast immer unsinnig, Vermögensanlagen zu tätigen oder bestehen zu lassen, während gleichzeitig noch ein Immobilienkredit aussteht. Noch unsinniger ist es, andere Verbindlichkeiten wie etwa Kreditkartenschulden, Dispokredite und Automobilfinanzierungen zu haben, während man gleichzeitig Guthaben oder Anleiheninvestments unterhält.
- Ihr Finanzierungspaket sollte so geschnürt sein, dass jeden Monat ein genügend großer laufender Bargeldpuffer übrig bleibt, während Sie gleichzeitig mindestens 1,5 Prozent bis 2 Prozent des Immobilienwertes pro Jahr für Instandhaltung ausgeben oder aber zurücklegen, wenn in einem gegebenen Jahr keine solchen Ausgaben anfallen. Selbst bei einem neuen Haus ohne unmittelbaren Instandhaltungsbedarf sollten Annuität und Versicherung etwa 40 Prozent des verfügbaren Nettoeinkommens des Haushaltes normalerweise nicht überschreiten. Sofern Sie nicht 60 Prozent oder mehr des Kredites mit einer festen Restzinsbindung von mehr als vier Jahren abgesichert haben, sollte der Puffer sogar noch größer sein. Wer einen Beruf mit stark schwankendem Einkommen (zum Beispiel Freiberufler) oder unsicheren Beschäftigungsaussichten ausübt, dessen Puffer muss besonders hoch sein.
- Sichern Sie mindestens zwei Drittel des Kredites mit einer langfristigen Zinsbindung ab. Ziehen Sie für die Hälfte des Kredites eine Zinsbindung von 15 bis 25 Jahren in Betracht, sofern das

aktuelle Zinsniveau unter etwa 8 Prozent bis 9 Prozent p. a. liegt. Wenn Ihre Bank diese Option nicht anbietet, gehen Sie zu einer anderen.

- Nehmen Sie niemals einen Immobilienkredit in fremder Währung auf, auch wenn die Zinsen noch so niedrig aussehen, es sei denn, Sie haben laufende Einkünfte in dieser Währung. Lassen Sie grundsätzlich die Finger von einer Kopplungskonstruktion mit einer Kapitallebensversicherung oder einem Fondssparvertrag.

- Ein Eigenheim, bei dem die nachhaltig erzielbare hypothetische Bruttomietrendite (Kaltmietrendite) nach Berücksichtigung des Kaufpreises, der Kaufkosten und der möglichen Renovierungskosten unter 5,5 Prozent p. a. liegt, ist vermutlich überteuert. Bedenken Sie, dass man mit dem Kauf eines gebrauchten Eigenheims Geld sparen kann. Nicht nur ist das (bezogen auf die jeweilige Restnutzungsdauer der Immobilie) preisgünstiger, auch das Risiko von Kostenüberschreitungen ist geringer. Ein Kauf bei einer Zwangsversteigerung könnte eine besonders attraktive Möglichkeit sein, den Traum vom Eigenheim zu realisieren.

- Erwerben Sie kein Eigenheim, wenn Sie nicht mit an Sicherheit grenzender Wahrscheinlichkeit damit rechnen, mindestens zehn Jahre in der Immobilie zu verbleiben.

- Wenn Ihre Zinsbindung in den nächsten 30 Monaten ausläuft, ziehen Sie ein Vorwärtsdarlehen zumindest für einen Teil der Restschuld in Erwägung, um ihr Zinsänderungsrisiko zu reduzieren.

- Investieren Sie als Privathaushalt nicht in eine Immobilie zur Vermietung. Es sei denn, Sie machen es aus »Spaß an der Freud« und nicht aus finanziellen Gründen.

Nun haben wir den weitläufigen Kauf-oder-Miete-Dschungel durchschritten und dabei seine zahllosen Geldfallen und Mythen kennen gelernt. Ich hoffe, dieses Buch hilft Ihnen dabei, Ihre persönliche »Kaufen-oder-mieten«-Frage im Spannungsfeld von Vermögensanlage und Lifestyle-Entscheidung in informierter und gelassener Weise zu beantworten.

*Postscriptum:* Zum Redaktionsschluss dieses Buches im März 2010 bewegten sich die langfristigen Immobilienfinanzierungszinsen in Deutschland mit etwa 4,5 Prozent für eine zwanzigjährige Zinsbindung auf einem attraktiven, historisch unterdurchschnittlichen Niveau. Auch die Immobilienbewertungen waren in den deutschsprachigen Ländern relativ günstig. Wer sich diese Preise und Kreditkonditionen sicherte, hatte gute Chancen, über die nächsten 20 Jahre eine Eigenheimrendite zu erzielen, die besser sein dürfte als diejenige während der vergangenen 40 Jahre.

# Anhang

»In Diskussionen gleicher Meinung zu sein, ödet mich maßlos an. Prallen die Meinungen aufeinander, verärgert oder beleidigt mich das keineswegs – es dient mir vielmehr als Anregung und Ansporn.«

*Michel de Montaigne* (1533–1592), Philosoph, Politiker

## Inflationsbereinigte Wertsteigerungen von Wohnimmobilien in zehn westlichen Ländern

Tabelle 20: Inflationsbereinigte Wertsteigerungen von Wohnimmobilien in zehn westlichen Ländern auf Jahresbasis, 1970–2009 (40 Jahre) in lokaler Währung

| Jahr | Deutsch-land | Schweiz | Öster-reich | Spanien | Frank-reich | Italien | Groß-brit. | Schweden | USA | Japan |
|------|------|------|------|------|------|------|------|------|------|------|
| 1970 | 7,2 % | 1,8 % | – | – | –3,3 % | –2,9 % | –1,5 % | –4,0 % | 1,7 % | 7,9 % |
| 1971 | 2,1 % | 6,5 % | – | – | –1,0 % | 1,1 % | 10,8 % | –2,8 % | 0,2 % | 8,8 % |
| 1972 | 0,4 % | 14,3 % | – | 0,5 % | 5,9 % | –1,2 % | 32,3 % | 3,7 % | 0,8 % | 11,6 % |
| 1973 | 0,3 % | –0,8 % | – | 13,2 % | 4,5 % | –0,9 % | 12,1 % | –1,3 % | –1,5 % | 20,0 % |
| 1974 | –1,6 % | –9,1 % | – | 8,8 % | 0,2 % | 50,5 % | –12,3 % | 3,6 % | –1,7 % | –13,4 % |
| 1975 | –2,6 % | –11,6 % | – | 14,9 % | 0,7 % | –11,3 % | –11,5 % | 3,7 % | 0,5 % | –11,1 % |
| 1976 | –0,0 % | –2,3 % | – | –3,9 % | 5,3 % | 9,7 % | –6,0 % | 3,3 % | –2,7 % | –6,4 % |
| 1977 | 3,9 % | –0,9 % | – | 14,5 % | 3,5 % | –4,4 % | –3,9 % | 4,7 % | 3,5 % | –1,2 % |
| 1978 | 4,9 % | 7,4 % | – | 4,8 % | 0,8 % | 8,1 % | 18,0 % | 1,3 % | 6,3 % | 1,8 % |
| 1979 | 4,9 % | 1,8 % | – | –12,6 % | 4,7 % | –3,6 % | 11,4 % | –0,0 % | 5,0 % | 5,8 % |
| 1980 | 3,0 % | 3,1 % | – | –8,0 % | 5,2 % | 19,0 % | –7,1 % | –11,3 % | –4,1 % | 5,8 % |
| 1981 | 0,5 % | 4,2 % | – | –11,6 % | –3,9 % | 0,9 % | –9,6 % | –12,4 % | –5,4 % | 5,8 % |
| 1982 | –1,8 % | –1,8 % | – | –3,7 % | –5,2 % | 1,6 % | 2,0 % | –7,2 % | –3,2 % | 4,2 % |
| 1983 | –2,0 % | 3,5 % | – | 5,9 % | –7,1 % | –12,7 % | 6,2 % | –8,5 % | –1,0 % | 1,9 % |
| 1984 | –3,0 % | 0,8 % | – | –2,5 % | –3,5 % | –10,0 % | 8,7 % | –0,6 % | –0,3 % | 0,5 % |
| 1985 | –2,1 % | 2,8 % | – | 0,6 % | 2,1 % | –9,6 % | 3,0 % | –3,6 % | 1,8 % | 0,8 % |
| 1986 | 0,8 % | 5,2 % | – | 15,6 % | 5,9 % | –1,7 % | 7,7 % | 3,3 % | 3,2 % | 2,5 % |
| 1987 | –1,3 % | 6,3 % | 12,7 % | 27,6 % | 6,7 % | 3,7 % | 8,0 % | 7,3 % | 7,0 % | 9,0 % |
| 1988 | 0,2 % | 17,5 % | 12,4 % | 16,3 % | 6,0 % | 4,6 % | 20,9 % | 12,7 % | 3,1 % | 2,9 % |
| 1989 | 2,3 % | 3,0 % | 17,4 % | 15,9 % | 4,4 % | 24,9 % | –0,3 % | 8,5 % | 1,1 % | 6,2 % |

| Jahr | Deutsch-land | Schweiz | Öster-reich | Spanien | Frank-reich | Italien | Groß-brit. | Schweden | USA | Japan |
|---|---|---|---|---|---|---|---|---|---|---|
| 1990 | 3,8% | −9,2% | 21,5% | 5,2% | 3,1% | 12,8% | −18,3% | −1,8% | −6,7% | 11,8% |
| 1991 | 0,4% | −5,2% | 12,9% | 10,2% | −2,2% | 5,0% | −6,5% | −2,9% | −2,9% | −1,7% |
| 1992 | 1,8% | −9,1% | 5,4% | −12,0% | −4,4% | 0,6% | −8,8% | −16,9% | −2,8% | −6,0% |
| 1993 | 1,6% | −6,3% | −1,6% | −4,1% | −2,6% | −7,1% | −0,2% | −9,8% | −1,2% | −4,7% |
| 1994 | 1,2% | −0,4% | −6,4% | −4,0% | −3,2% | −6,5% | −0,8% | 1,2% | −0,1% | −2,5% |
| 1995 | −0,7% | −6,1% | −4,2% | −0,7% | −4,6% | −5,0% | −5,3% | −3,2% | −0,6% | −1,1% |
| 1996 | −3,3% | −6,1% | −1,4% | −1,9% | −2,1% | −7,8% | 5,7% | 2,6% | −1,2% | −2,0% |
| 1997 | −3,5% | −2,8% | 1,7% | −0,2% | 3,4% | −4,7% | 8,2% | 5,0% | 2,7% | −2,3% |
| 1998 | −1,5% | −0,3% | −7,3% | 4,6% | 3,4% | 0,4% | 4,4% | 10,3% | 5,4% | −1,4% |
| 1999 | −0,8% | −0,4% | −0,9% | 9,1% | 10,4% | 4,3% | 10,6% | 7,4% | 5,4% | −2,7% |
| 2000 | −0,4% | 1,5% | −4,2% | 11,3% | 6,4% | 5,6% | 6,3% | 10,5% | 6,2% | −2,4% |
| 2001 | −0,6% | 2,1% | −0,3% | 12,0% | 8,1% | 5,4% | 12,6% | 2,0% | 6,1% | −2,5% |
| 2002 | −0,1% | 3,1% | −1,0% | 13,7% | 8,4% | 6,7% | 21,7% | 7,2% | 8,0% | −3,6% |
| 2003 | −1,9% | 2,7% | 1,5% | 14,3% | 11,7% | 8,3% | 12,4% | 3,6% | 8,6% | −4,6% |
| 2004 | −2,8% | 1,5% | −1,6% | 13,8% | 13,1% | 7,9% | 10,0% | 9,2% | 11,0% | −6,9% |
| 2005 | −1,0% | −0,1% | 0,8% | 9,0% | 7,9% | 5,8% | 1,0% | 9,1% | 10,9% | −4,3% |
| 2006 | −1,1% | 1,4% | 1,7% | 5,4% | 5,5% | 4,4% | 4,7% | 9,9% | −2,8% | −3,0% |
| 2007 | −5,9% | 1,3% | 1,4% | 1,9% | 2,1% | 3,4% | 2,8% | 8,3% | −12,1% | −1,4% |
| 2008 | 1,1% | 0,2% | −0,7% | −7,0% | −5,7% | −0,7% | −15,5% | −0,5% | −18,4% | −2,2% |
| 2009* | −1,1% | 3,3% | 1,1% | −6,0% | −5,0% | −6,5% | −2,6% | 3,6% | −2,1% | −2,8% |
| Anzahl Jahre | 40 | 40 | 23 | 38 | 40 | 40 | 40 | 40 | 40 | 40 |
| Ø 1970–2009** | 0,0% | 0,4% | n.v. | 4,1% | 2,0% | 1,9% | 2,7% | 1,1% | 0,5% | 0,2% |
| Tk *** | −11,5% | −5,7% | −11,8% | −12,1% | −16,3% | −17,0% | −5,0% | −6,5% | −9,1% | −8,5% |

\*    Zweites Halbjahr oder letztes Quartal 2009 für einige Länder geschätzt, sofern Daten bei Redakti-onsschluss im März 2010 noch nicht verfügbar waren.

\*\*   Geometrischer Durchschnitt für die 40 Jahre von 1970 bis 2009 (ohne Kauf- und Verkaufskosten)

\*\*\*  Summe der durchschnittlichen Kauf- und Verkaufskosten (TK, Quelle: www.globalpropertyguide.com)

*Datenquellen:* Siehe Abschnitt »Anmerkungen zu den Datenquellen«.

## Inhalt der CD-ROM

- KVM-Tool (Excel-Datei): KVM-Tool.xls

- Bedienungsanleitung »Kaufen-versus-Mieten-Tool« (KVM-Tool): Bedienungsanleitung KVM-Tool.pdf

- »Hilft ein Rückwärtsdarlehen im Ruhestand?«: Rückwärtsdarlehen.pdf

## Anmerkungen zu den Datenquellen

### Abschnitt 2.1

*Abbildung 2:* Inflationsbereinigte Hauspreisentwicklung (indexiert) in den USA, Frankreich und Norwegen, 1891–2009 (119 Jahre)

- USA: Robert Shiller (www.irrationalexuberance.com), ab 1987 Standard & Poor's (www.standardandpoors.com), S&P/Case-Shiller Home Price Index (nationale Variante).
- Frankreich: Ministère de l'Écologie, de l'Energie, du Développement durable et de la Mer (franz. Regierung), http://www.cgedd. developpement-durable.gouv.fr/rubrique.php3?id_rubrique=137. Daten ab 2003: FNAIM (www.fnaim.fr).
- Norwegen: Eitrheim, Øyvind/Klovland, Jan T./Qvigstad, Jan F.: Historical monetary statistics for Norway, Chapter 9, House price indices for Norway 1819–2003. http://www.norges-bank.no/ upload/import/publikasjoner/skriftserie/35/chapter9.pdf. Daten ab 2003: *Financial Times*, Daten für 2009: Statistics Norway.
- Herengracht-Amsterdam: Eichholtz, Piet/Geltner, David: Four Centuries of Location Value: Implications for Real Estate Capital Gain in Central Places. March 2002. http://ssrn.com.
- Die Inflationsdaten (Konsumgüterpreise) stammen von den Websites der nationalen Zentralbanken oder Statistikbehörden.

*Tabelle 1:* Reale (inflationsbereinigte) jährliche Wertsteigerung von Wohnimmobilien in zehn westlichen Ländern, 1970–2009, in lokaler Währung

- Die Daten für alle angeführten Länder (außer für Deutschland, Österreich, Großbritannien und die USA) für die Jahre 1970 bis 2003 stammen aus einer Studie, die eine Gruppe von Ökonomen im Auftrag der US-amerikanischen Zentralbank Federal Reserve verfasste (http://www.federalreserve.gov/pubs/ifdp/2005/841/ifdp841. htm). Die Autoren bezogen die Daten wiederum von der Bank für Internationalen Zahlungsausgleich (BIZ, www.biz.org), einer supranationalen Bank mit Sitz in Basel, die den Zentralbanken der 55 wichtigsten Wirtschaftsnationen gehört. (Zur betreffenden Studie siehe Eintrag »Ahearne, Alan u. a.« im Literaturverzeichnis; in der Studie wird auch die jeweilige Herkunft der Daten näher erläutert.)
- Die Daten für 2004 bis 2008 stammen, sofern unten nicht anders angegeben, von der britischen Wirtschaftszeitung *Financial Times* (www.ft.com). Die FT-Daten repräsentieren die jeweils bekanntesten nationalen Hauspreisindizes (typischerweise erstellt von den nationalen Zentralbanken oder den nationalen Statistikbehörden). Aus Platzgründen werden hier nur für Deutschland, Österreich und die Schweiz exakte Angaben zur Datenherkunft gemacht, für die übrigen Länder müssen diese Angaben etwas allgemeiner ausfallen: *Deutschland:* 1970–1975: Ring Deutscher Makler (RDM) aus der BIZ/Ahearne-Studie (siehe oben). 1976–2005: BulwienGesa-Index für Preise von Wohnimmobilien (nicht exakt identisch mit dem BulwienGesa »Index Wohnen«, der auch Mietsteigerungsraten enthält, während wir nur die Teilindizes fuer Immobilienpreissteigerungen berücksichtigt haben). 2006–2009: Hypoport-HPX-Index (Hypoport-Daten vor 2006 nicht verfügbar). *Österreich:* Immobilienpreisindex der Österreichischen Nationalbank (www.oenb.at); für 1987–2000 nur Wien, danach Gesamtösterreich (dabei Wien-Index und »Österreich-ohne-Wien-Index« gemäß der Bevölkerungsverteilung im Verhältnis 20:80

gewichtet). *Schweiz*: Landesweiter Wohnimmobilienpreisindex der Schweizerischen Nationalbank. *Spanien* (ab 2004): Spanische Zentralbank. *Frankreich* (ab 2003): FNAIM. *Großbritannien*: Bausparkasse Nationwide, für 2009: Land Registry Home Price Index. *Schweden*: 2009: Schwedische Zentralbank. *USA*: siehe Angaben weiter oben zu Abbildung 2. *Japan* (ab 2004): Japanese Real Estate Institute (JPREI).

■ Die Inflationsdaten (Konsumgüterpreise) stammen von den Websites der jeweiligen nationalen Zentralbanken oder Statistikbehörden.

## Abschnitt 2.3

*Tabelle 5*: Inflationsbereinigte jährliche Gesamtrendite von Wohnimmobilien in Deutschland und der Schweiz, 1970–2009, und in Österreich, 1990–2009

■ Wie im Text angegeben repräsentieren diese Daten die Wertsteigerungen für die genannten Länder zuzüglich der in Abschnitt 2.3 hergeleiteten Mietrendite. Die Wertsteigerungen werden in Tabelle 1 (siehe Abschnitt 2.1) aufgeführt, die dazugehörigen Datenquellen finden sich weiter oben in diesem Abschnitt.

## Abschnitt 2.4

*Tabelle 6*: Vergleich der inflationsbereinigten jährlichen Gesamtrendite von Wohnimmobilien in fünf westlichen Ländern mit Kapitalmarktanlagen, 1970–2009

■ Wohnimmobilien: Wie im Text angegeben repräsentieren diese Daten die Wertsteigerungen für die genannten Länder zuzüglich der in Abschnitt 2.3 hergeleiteten Mietrendite. Die Wertsteigerungen werden in Tabelle 1 (siehe Abschnitt 2.1) aufgeführt, die dazugehörigen Datenquellen finden sich weiter oben in diesem Abschnitt.

- Gold: Bloomberg (www.bloomberg.com).
- Deutsche mittelfristige Staatsanleihen, repräsentiert durch den RexP-Index: Deutsche Bundesbank (www.bundesbank.de).
- MSCI-Aktienindizes von MSCI Barra (www.mscibarra.com): Standardwerteaktien: MSCI Europe Standard Core, Nebenwerteaktien: MSCI Europe Small Cap, Substanzwertaktien: MSCI Europe Standard Value.

## Abschnitt 2.5

*Tabelle 7:* Inflationsbereinigte Eigenkapitalrendite mit und ohne Transaktionskosten (TK) eines durchschnittlichen Eigenheimbesitzers in Deutschland für unterschiedliche Investitionszeitpunkte

- Die zugrunde liegende Wohnimmobilienrendite (Gesamtrendite) ist identisch mit der in Abschnitt 2.3 »Mietrenditen und Gesamtrenditen von Eigenheimen« ermittelten (siehe dortige Quellenangabe).
- Die zugrunde liegenden Zinssätze stammen von der Deutschen Bundesbank (www.bundesbank.de): (a) 1970–1972: Datenserie WU0018: Umlaufrenditen inländischer Inhaberschuldverschreibungen/Hypothekenpfandbriefe/Monatsdurchschnitte + 1,75 Prozentpunkte für Refinanzierungsaufschlag und Kreditmarge; (b) 1973–1982: Datenserie WU8612: Umlaufrenditen inländischer Inhaberschuldverschreibungen/Anleihen der öffentlichen Hand/ Mittlere RLZ von über neun bis einschl. zehn Jahren/Monatswerte + 1,75 Prozentpunkte für Refinanzierungsaufschlag und Kreditmarge; (c) 1983–2002: Datenserie SU0046: Sollzinsen Banken/Hypothekarkredite auf Wohngrundstücke zu Festzinsen auf zehn Jahre, Effektivzins, Durchschnittssatz; (d) 2002–2009: Datenserie SUD119: Effektivzinssätze Banken Deutschland/Neugeschäft/Wohnungsbaukredite an private Haushalte, anfängliche Zinsbindung über zehn Jahre.
- Inflationsdaten: Statistisches Bundesamt (www.destatis.de).

## Abschnitt 2.6

*Abbildung 3:* Nominaler und realer (inflationsbereinigter) Wertzuwachs deutscher Wohnimmobilien, 1970–2009 (indexiert)

- Wertsteigerungen deutscher Wohnimmobilien: Siehe Quellenangaben zu Abschnitt 2.1 »Historische Wertsteigerungen von Wohnimmobilien: Die große Ernüchterung«.
- Inflationsdaten: Deutscher Verbraucherpreisindex, Statistisches Bundesamt (www.destatis.de).

## Abschnitt 2.7

*Tabelle 8:* Inflationsbereinigter kumulativer Wertrückgang seit dem letzten preislichen Höchststand in verschiedenen nationalen Wohnimmobilienmärkten per Ende 2009

- Siehe Quellenangaben zu Abschnitt 2.1 »Historische Wertsteigerungen von Wohnimmobilien: Die große Ernüchterung«.

## Abschnitt 3.2

*Abbildung 4:* Mieten, Löhne und Wohnimmobilienpreise in Deutschland, 1970–2008 (inflationsbereinigter Index)

- Inflation, Mieten, Löhne (Bruttolöhne): Statistisches Bundesamt (www.destatis.de).
- Wohnimmobilienpreise: siehe Quellenangaben zu Abschnitt 2.1 »Historische Wertsteigerungen von Wohnimmobilien: Die große Ernüchterung«.

## Abschnitt 5.3

*Abbildung 5:* Entwicklung der nominalen Zinssätze für Wohnimmobilienkredite in Deutschland, 1970–2009

- Zinssätze: Siehe Quellenangaben zu Abschnitt 2.5 »Die Auswirkung einer Kreditfinanzierung auf die Immobilienrendite«.

## Anhang

*Tabelle 20:* Inflationsbereinigte Wertsteigerungen von Wohnimmobilien in zehn westlichen Ländern auf Jahresbasis von 1970–2009 (40 Jahre) in lokaler Währung

- Siehe Quellenangaben zu Tabelle 1.

# Literaturverzeichnis

## Bücher

Bareis, Werner/Nauhauser, Niels: *Lexikon der Finanzirrtümer. Teure Fehler und wie man sie vermeidet.* Berlin 2008.

Bernstein, William J.: *Die intelligente Asset Allocation. Wie man profitable und abgesicherte Portfolios erstellt.* München 2006.

Bernstein, William J.: *Die Geburt des Wohlstands. Wie der Wohlstand der modernen Welt entstand.* München 2005.

Bernstein, William J.: *The Investor's Manifesto: Preparing for Prosperity, Armageddon, and Everything in Between.* Hoboken 2010.

Bogle, John: *Keine Investment-Zauberformel. Börsengewinne mit gesundem Menschenverstand.* Kulmbach 2007.

Clason, George: *Der reichste Mann von Babylon. Die Erfolgsgeheimnisse der Antike.* Zürich 1998.

Herrling, Erich/Federspiel, Wolfgang: *Wege zum Wohneigentum. Ihr Ratgeber für den Immobilienerwerb.* 8. Aufl. München 2008.

Ferguson, Niall: *Der Aufstieg des Geldes: Die Währung der Geschichte.* Berlin 2010.

Gibson, Roger: *Asset-Allocation. Balancing Financial Risk*. 4. Aufl. New York 2008.

Hölting, Michael: *Immobilienfinanzierung, Kapitalbedarf, Finanzierungsformen und Förderungen*. Frankfurt/New York 2009.

Klein, Stefan: *Alles Zufall. Die Kraft, die unser Leben bestimmt*. Reinbek bei Hamburg 2005.

Kommer, Gerd: *Souverän investieren mit Indexfonds, Indexzertifikaten und ETFs. Wie Privatanleger das Spiel gegen die Finanzbranche gewinnen*. 2. Aufl. Frankfurt/New York 2007.

Kommer, Gerd: *Die Buy-and-Hold-Bibel. Was Anleger für langfristigen Erfolg wissen müssen*. Frankfurt/New York 2009.

Krafczyk, Claudia: *Die richtige Immobilie – suchen, finden, bewerten*. Frankfurt/New York 2007.

Luther, Thomas: *Zinsanlagen. Anleihen, Sparbriefe & Co*. Berlin 2008.

Malkiel, Burton: *Börsenerfolg ist kein Zufall. Die besten Investmentstrategien für das neue Jahrtausend*. München 2000.

Reinhart, Carmen/Rogoff, Kenneth: *Dieses Mal ist alles anders. Acht Jahrhunderte Finanzkrisen*. München 2010.

Seewaldt, Wolfram: *Anleihen in der Beratungspraxis. Grundlagen und aktuelle Entwicklungen*. 2. Aufl. Stuttgart 2008.

Shiller, Robert: *Irrational Exuberance*. 2nd Edition. New York 2005.

Siegel, Jeremy: *Langfristig investieren. Wie Sie mit Aktien auf lange Sicht richtig Geld verdienen*. München 2006

Siegel, Jeremy: *Überlegen investieren. Warum sich die traditionellen Anlagestrategien eben doch auszahlen*. München 2007

Smithers, Andrew: *Wall Street Revalued: Imperfect Markets and Inept Central Bankers*. London 2009.

Swensen, David: *Erfolgreich investieren. Strategien für Privatanleger*. Hamburg 2006.

Taleb, Nassim: *Narren des Zufalls. Die verborgene Rolle des Glücks an den Finanzmärkten und im Rest des Lebens*. Weinheim 2008.

Verbraucherzentrale NRW: *Kauf eines gebrauchten Hauses: Besichtigung, Kaufvertrag, Übergabe*. Berlin 2009.

Weber, Martin: *Genial einfach investieren. Mehr müssen Sie nicht wissen – das aber unbedingt!* Frankfurt/New York 2007.

Zweig, Jason: *Gier. Neuroökonomie: Wie wir ticken, wenn es ums Geld geht*. München 2007.

## Aufsätze

Atiles, Jorge H./James, Russel N. III/Robb, Cliff A./Carswell, Andrew T.: »Housing costs among low-income renters and homeowners: ›Rent v. buy‹ and the hidden costs of low-income homeownership«. April 2009. http://www.ugapropertymanagement.com/working_papers/Rent_V_Buy.pdf.

Ahearne, Alan/Ammer, John/Doyle, Brian/Kole, Linda/Martin, Robert: »House Prices and Monetary Policy: A Cross-Country Study. Board of Governors of the Federal Reserve System«. International Finance Discussion Papers Number 841, September 2005. http://www.federalreserve.gov/pubs/ifdp/2005/841/ifdp841.htm.

Case, Karl E./Shiller, Robert J.: »The Behavior of Home Buyers in Boom and Post Boom Markets«. November 1988. http://cowles.econ.yale.edu/P/cd/d08b/d0890.pdf.

Davis, Morris/Lehnert, Andreas/Martin, Robert F.: »The Rent-Price Ratio for the Aggregate Stock of Owner-Occupied Housing. December 2007«. http://morris.marginalq.com/dlm_data_files/2007-12.DLM_fullpaper.pdf.

Égert, Balázs/Mihaljek, Dubravko: »The determinants of house prices in Central and Eastern Europe«. BIS Working Papers, September 2007. http://www.bis.org/publ/work236.pdf?noframes=1.

European Central Bank: »Structural Factors in the EU Housing Markets«. March 2003. http://www.ecb.int/pub/pdf/other/euhousingmarketsen.pdf

Fisher, L./Jaffe, A.: »Determinants of International Home Ownership Rates«. Working Paper, Penn State University, 2002. http://business.baylor.edu/economics_papers/EWPS053.pdf.

Friggit, Jacques: »Comparing Four Secular Home Price Indices«, Working Paper, version 9, June 2008. http://www.cgedd.developpement-durable.gouv.fr/rubrique.php3?id_rubrique=138.

Habschick, Marco/Evers, Jan/Krüger, Ulrich: »Anforderungen an Finanzvermittler – mehr Qualität, bessere Entscheidungen«. Studie im Auftrag des Bundesministeriums für Ernährung, Landwirtschaft und Verbraucherschutz. Hamburg, September 2008. www.bmelv.de

Hendel, Igal/Nevo, Aviv/Ortalo-Magne, Francois: »The Relative Performance of Real Estate Marketing Platforms: MLS Versus FSBOMadison.Com«. September 2007. http://papers.ssrn.com.

OECD (ohne Autorenangabe): »Recent house price developments and the role of fundamentals«. OECD Economic Outlook No 78, December 2005. http://www.oecd.org/dataoecd/41/56/35756053.pdf.

Shiller, Robert J.: »Understanding Recent Trends in House Prices and Home Ownership«. Economics Department Working Paper No. 28. Cowles Foun-

dation Discussion Paper No. 1630. October 2007. Download http://ssrn.
com.

Sutton, Gregory: »Explaining changes in house prices«. BIS Quarterly Review,
September 2002. http://www.bis.org/publ/qtrpdf/r_qt0209f.pdf.

Terrones, Marco: »The global house price boom«. IMF World Economic Outlook, September 2004. http://www.imf.org/External/Pubs/FT/weo/2004/02/
pdf/chapter2.pdf.

Tsatsaronis, Kostas/Zhu, Haibin: »What drives housing price dynamics: cross
country evidence«. BIS Quarterly Review, March 2004. http://www.bis.org/
publ/qtrpdf/r_qt0403f.pdf.

White, Brent T.: »Underwater and Not Walking Away: Shame, Fear and the
Social Management of the Housing Crisis«. In: Arizona Legal Studies, Discussion Paper No. 09–35, November 2009. http://papers.ssrn.com.

# Websites

Wir können naturgemäß keine Verantwortung für die Inhalte der nachfolgend
genannten Websites übernehmen.

**www.arero.de** Arero ist ein gemischter Aktien-Anleihen-Rohstoffe-Investment-
fonds, der vom Mannheimer BWL-Professor Martin Weber initiiert wurde
und von der DWS (Deutsche Bank) verwaltet wird. Der »passive« → Indexfonds hat sehr niedrige Kosten und ist für die langfristige Vermögensanlage,
insbesondere auch für einen Fondssparplan, gut geeignet.

**www.bundderversicherten.de** Verbraucherschutzorganisation zu Versicherungen, insbesondere auch Kapitallebensversicherungen.

**www.deutsche-finanzagentur.de** Die Finanzagentur gehört zum Finanz-
ministerium der Bundesrepublik und ist der zentrale Dienstleister für die
Kreditaufnahme und das Schuldenmanagement der BRD. Hier können ohne
Kauf- und Verkaufskosten und ohne laufende Verwaltungsgebühren Bundes-
wertpapiere (zum Beispiel Bundesanleihen und Bundesschatzbriefe) gekauft
und Sparpläne aufgesetzt werden.

**www.globalpropertyguide.com** Website zu Informationen über Wohnimmobilien weltweit.

**www.interessenkonfliktfrei.de** Website des Münchner Honorarberaters Peter
Binz, auf der viele Artikel abrufbar sind, die der Autor des vorliegenden
Buches veröffentlicht hat.

**www.mieterbund.de** Gemeinnützige Organisation, die in Deutschland die Interessen von Mietern vertritt (sofern Mitglied in einem örtlichen Mieterverein). Der MB veröffentlicht eine Vielzahl nützlicher Broschüren, die besser und günstiger sind als das meiste, was im Buchhandel erhältlich ist.

**www.test.de** Website der Stiftung Warentest mit einer hilfreichen Sektion zu »Bauen + Finanzieren«.

**www.verbraucherzentralen.de** Zentrale Website der Verbraucherzentralen in Deutschland, über die die lokalen Verbraucherzentralen ermittelt werden können. Mit vielen hilfreichen Finanzinfos.

**www.zins-berechnen.de** Website, mit der man verschiedene Zinsberechnungen sowohl für Kredite als auch für Anlagen durchführen kann.

## Websites mit Informationen zu ETFs (Exchange Traded Funds)

www.boerse-frankfurt.de
www.boersenradar.de.
www.smarter-investieren.de

## Baugeldvermittler

www.accedo.de
www.baugeldvergleich.de
www.biallo.de
www.enderlein.com
www.fmh.de
www.hypothekendiscount.de
www.interhyp.de
www.immobilienfinanzierung.de

# Glossar

**AAA-Staat** Ein Staat mit der höchsten Bonitätsnote, also Kreditwürdigkeit (→ Rating). Dazu gehören zum Beispiel Deutschland, Österreich und die Schweiz, Frankreich und die USA (Stand: Anfang 2010). Bereits Länder wie Spanien, Irland oder Japan erreichen diesen besten Wert nicht mehr. Wegen zunehmender Staatsverschuldung ist damit zu rechnen, dass immer mehr der jetzigen AAA-Staaten dieses Prädikat in den nächsten Jahren verlieren werden. Je besser die Kreditwürdigkeit eines Staates, desto niedriger sind die Zinssätze, die er seinen Schuldnern für eine gegebene Laufzeit und Währung zahlen muss und desto niedriger ist das statistische Konkursrisiko dieses Staates.

**Aktienfonds** Ein offener Investmentfonds (Publikumsfonds), der die Gelder seiner Anleger in Aktien investiert und dabei einen mehr oder weniger hohen Streuungsgrad (Diversifikation) zur Risikosenkung beachtet. Ein offener Investmentfonds ist ein sogenanntes Sondervermögen, das heißt, der Konkurs der Fondsgesellschaft (Kapitalanlagegesellschaft) hat per se keine Auswirkung auf das Fondsvermögen, da es getrennt vom Vermögen der Fondsgesellschaft gehalten wird.

**Aktives Investieren** Der Versuch, auf der Basis einer bestimmten Anlagestrategie eine Überrendite (Outperformance) gegenüber der allgemeinen Marktrendite, gemessen an einem Referenzindex, zu erzielen. Dem steht »passives« Investieren (oft auch »Indexing« genannt) gegenüber – eine → Buy-and-Hold-Strategie, bei der ein Investor in Form eines Indexfonds oder → ETF alle Wertpapiere oder Vermögensanlagen hält, die zu einer bestimmten → Asset-Klasse oder einem Markt gehören. Aktives Trading (laufendes Kaufen und Verkaufen) findet nicht statt. Im Unterschied zu aktivem Portfoliomanagement verfolgt passives Management nicht das Ziel, eine Überrendite zu erzielen, und ist damit weniger riskant. Die einmaligen und laufenden Kosten, die Steuerbelastung und der Arbeitsaufwand sind beim passiven Investieren geringer.

**Anleihen** Börsengehandelte »Schuldscheine« von Unternehmen oder Staaten; oft auch Schuldverschreibungen, Renten oder Rentenpapiere genannt. Eine

Anleihe hat eine bestimmte Laufzeit und in der Regel eine feste Verzinsung, gelegentlich aber auch eine variable (schwankende) Verzinsung, die an einem Referenzzinssatz ausgerichtet ist, zum Beispiel dem → Euribor.

**Annuität** Der aus Zins und Tilgung bestehende periodische (zum Beispiel monatliche) Schuldendienst bei einem Kredit. Eine Annuität ist eine im Zeitablauf gleichbleibende Schuldendienstrate, die sich aus einer Zins- und einer Tilgungskomponente zusammensetzt. Von Rate zu Rate nimmt darin der Anteil der Zinskomponente ab und derjenige der Tilgungskomponente zu (siehe auch → lineare Tilgung).

**Asset** Siehe → Asset-Klasse.

**Asset-Klasse (dt. Anlageklasse)** »Asset« ist der englische Begriff für Vermögenswert oder Vermögensanlage. Eine Asset-Klasse ist eine Gruppe von Assets mit ähnlicher oder identischer Risiko-Rendite-Kombination. Beispiele für (Haupt-)Asset-Klassen: Cash/Barvermögen (Sparbücher, Termingelder, Geldmarktfonds bis zwölf Monate Laufzeit), festverzinsliche Wertpapiere/Anleihen (ab zwölf Monaten Laufzeit), Aktien, Immobilien, Rohstoffe. Diese Haupt-Asset-Klassen lassen sich wiederum unterteilen; die Haupt-Asset-Klasse Immobilien etwa in Wohnimmobilien und Gewerbeimmobilien oder regional in europäische, asiatische oder nordamerikanische Immobilien; Aktien zum Beispiel in Standardwerte, mittelgroße Werte (Mid Caps) und Nebenwerte. Wie in den meisten Klassifikationssystemen können auch Asset-Klassen – je nach Zielsetzung – in unterschiedlicher Weise gebildet werden und sich je nach Segmentierung auch überlappen.

**Barwert, Gegenwartswert** Der heutige Wert einer erst in der Zukunft zu empfangenden Zahlung (oder eines Zahlungsstroms), »abgezinst« auf die Gegenwart. Ein Beispiel: Eine in einem Jahr zu erwartende Zahlung von 1 050 Euro hat bei einer Abzinsungsrate (Diskontierungsrate) von 5 Prozent einen Barwert von 1 000 Euro, denn wenn man 1 000 Euro mit 5 Prozent Jahresrendite für ein Jahr anlegt, erzielt man 1 050 Euro. Deshalb haben beide Werte – 1 000 Euro jetzt oder 1 050 Euro in zwölf Monaten – bei dieser Abzinsungsrate denselben Barwert (BW). Mit Barwerten kann man Zahlungen, die zu unterschiedlichen Zeitpunkten anfielen, vergleichbar machen. Die Formel für die Berechnung des Barwertes einer einmaligen zukünftigen Zahlung »Z« lautet wie folgt: $BW = Z \div (1 + r)^n$, wobei $r$ die Abzinsungsrate ist und $n$ die Anzahl der Perioden (hier 1). Die Formel für eine Serie zukünftiger Zahlungen ist ähnlich, aber ein klein wenig komplizierter. Die Wahl der jeweils angemessenen Abzinsungsrate hängt davon ab, wie »sicher« oder wahrscheinlich die zukünftige Zahlung ist. Wenn sie vollkommen sicher (risikofrei) ist, so ist der Zinssatz für risikofreie Staatsanleihen mit entsprechender Laufzeit angemessen; wenn sie weniger sicher ist, muss ein höherer Zinssatz gewählt werden (wodurch sich ein niedrigerer Barwert ergibt). Mit einem Tabellenkalkulationsprogramm wie Microsoft Excel kann man Barwerte recht einfach berechnen.

**Break-Even-Punkt** Typischerweise übersetzt mit »Gewinnschwelle« oder »Kostendeckungsschwelle«; allgemein derjenige Punkt, ab dem – in Abhängigkeit von einer bestimmten Einflussgröße – ein Produkt oder Projekt A günstiger oder ertragreicher ist als Produkt oder Projekt B. Beispiel Kostenvergleich von Diesel-PKW gegenüber Benzinern: Ein Diesel ist typischerweise teurer in der Anschaffung. Die Mehrausgabe lohnt sich jedoch ab einer bestimmten jährlichen Fahrleistung, denn die laufenden Betriebskosten eines Diesels und sein Wertverlust im Zeitablauf sind niedriger als die eines Benziners. Mit einer Break-Even-Berechnung kann man feststellen, wie hoch die jährliche (durchschnittliche) Fahrleistung mindestens sein muss, damit sich die Mehrausgabe für den Diesel lohnt.

**Bruttoinlandsprodukt (BIP)** Salopp ausgedrückt das Einkommen – Löhne, Gehälter, Unternehmensgewinne und Kapitaleinkommen (ohne Doppelzählungen) – einer ganzen Volkswirtschaft innerhalb einer Zeitperiode. Das Pro-Kopf-BIP misst das volkswirtschaftliche Einkommen geteilt durch die Bevölkerungszahl. Es wird oft fälschlich als Maß für volkswirtschaftlichen »Wohlstand« verwendet; fälschlich deshalb, weil Einkommen und Wohlstand (Reichtum) nicht identisch sind.

**Buy-and-Hold-Anleger** Dt. »kaufen und halten«; ein Anleger, der ein Investment, zum Beispiel eine Aktie oder eine Immobilie, mit dem Ziel erwirbt, sie über einen sehr langen Zeitraum zu halten. Der Anleger verfolgt ausdrücklich nicht das Ziel, auf kurzfristige Wertsteigerungen zu warten (zu spekulieren), um dann »teuer« zu verkaufen und stattdessen ein anderes → Asset, das er für billig (unterbewertet) hält, zu erwerben. Buy-and-Hold-Investieren hat den Vorteil, dass es → Transaktionskosten und Steuern minimiert und viel einfacher und bequemer ist als laufendes → aktives Investieren (Trading). Praktisch alle Eigenheimbesitzer sind letztlich Buy-and-Hold-Anleger, ohne sich dessen bewusst zu sein.

**Effizienter Markt** Etwas verkürzt definiert ist ein effizienter Markt ein Markt, in dem es unter Berücksichtigung von Kosten und Risiko nicht möglich ist, »systematisch« (dauerhaft und wiederholt) eine »Überrendite« gegenüber der entsprechenden durchschnittlichen Marktrendite zu erzielen, ausgenommen durch Zufall. Dies ist im Wesentlichen auf »Informationseffizienz« zurückzuführen, das heißt, im aktuellen Marktpreis des entsprechenden Wertpapiers oder der Immobilie sind alle öffentlich verfügbaren Informationen mit großer Wahrscheinlichkeit bereits enthalten. Auf der Basis solcher Informationen (einschließlich Gerüchte oder Vermutungen) sind dann keine systematischen Überrenditen gegenüber der Marktrendite möglich.

**Eigenkapitalrendite** Die Rendite auf das eingesetzte (genauer: auf das gebundene) Eigenkapital im Unterschied zur Objektrendite. Ein Beispiel: Eine Immobilie ist im Verhältnis von 80:20 mit Eigenkapital und Fremdkapital finanziert und hat 100 Euro gekostet. In einem gegebenen Jahr steigt der Immobilienwert um 5 Euro, die Nettomieteinnahmen betragen ebenfalls 5 Euro und die Zinsen 4 Euro. Damit ist die Objektrendite 6 Prozent (= 6 Euro ÷ 100 Euro). Die Eigenkapitalrendite ist jedoch 30 Prozent (6 Euro ÷ 20 Euro). Die Eigenkapitalrendite ist diejenige Rendite, die aus Sicht des Eigentümers wirklich »zählt« (siehe auch → Leverage-Effekt). Das »gebundene« Eigenkapital ist, vereinfacht gesagt, die ursprüngliche Anzahlung (Eigenmitteleinsatz) plus alle zwischenzeitlich geleisteten Kredittilgungen.

**Erwartete Inflation** Zu einem gegebenen Zeitpunkt besteht an den Finanzmärkten eine quantifizierbare, kollektive Inflationserwartung für jedes der nächsten etwa zwanzig Jahre in einer bestimmten Währung. Diese Erwartung kann man messen, indem man – etwas vereinfacht gesagt – die Rendite einer → inflationsindexierten Anleihe von der Rendite einer normalen »nominalen« Staatsanleihe mit gleicher Laufzeit abzieht. Die Differenz entspricht der Inflationserwartung des Marktes während dieser Laufzeit. Die erwartete Inflation ist bereits in den Preisen und »erwarteten Renditen« *aller* am Markt umlaufenden Wertpapiere enthalten. Ein Schutz vor der vom Markt erwarteten Inflation ist also nicht notwendig. Wer von »Inflationsschutz« spricht, meint tatsächlich den Schutz vor »unerwarteter« (nicht vom Markt bereits erwarteter) Inflation. Die Schätzung des Marktes für die unerwartete Inflation ist zu jedem gegebenen Zeitpunkt definitionsgemäß gleich null. Bezüglich der später tatsächlich realisierten Inflation gilt (vereinfacht) die folgende Beziehung: Erwartete Inflation = realisierte Inflation ± unerwartete Inflation.

**Erwartete Rendite, erwartetes Risiko** engl. *expected return.* Salopp formuliert meinen Ökonomen mit der »erwarteten« Wertsteigerung oder Rendite einer → Asset-Klasse den in der Zukunft auf der Basis der heute bekannten Informationen wahrscheinlichsten langfristigen Durchschnitt. Definitionsgemäß liegt rund die Hälfte aller konkreten (realisierten) Renditen für ein bestimmtes Zeitintervall über diesem Wert, die andere Hälfte unter diesem Wert. Zumeist wird die erwartete Rendite auf der Basis sehr langfristiger historischer Zahlen (30 Jahre und mehr) ermittelt. Nach starken Kursrückgängen (Wertverlusten) steigt tendenziell die erwartete Rendite, nach starken Kursanstiegen (Wertsteigerungen) sinkt sie.

**ETF** *Exchange traded fund,* dt.: börsengehandelter Fonds. ETFs sind rechtlich gesehen normale → offene Investmentfonds, die denselben Regularien unterliegen wie nicht börsengehandelte (traditionelle) Investmentfonds. Insbesondere sind Investmentfonds und ETFs »Sondervermögen«, das heißt, der Konkurs der Fondsgesellschaft bedeutet keinen Verlust für das Sondervermögen, weil dieses und das Vermögen der Fondsgesellschaft strikt voneinander getrennt sind. Einer der aus Anlegersicht wichtigen Unterschiede zwischen einem konventionellen Investmentfonds und einem ETF besteht darin, dass ETFs von vornherein dafür konzipiert wurden, über eine Börse gekauft und verkauft zu werden, während konventionelle Fonds normalerweise direkt bei der Fondsgesellschaft erworben und an diese wieder zurückverkauft werden. Fast alle ETFs sind passive Investmentfonds, also → Indexfonds. ETFs weisen im Vergleich zu konventionellen (aktiven) Investmentfonds weitaus niedrigere Kaufkosten und laufende Kosten auf.

**Euribor** Ein allgemeiner Referenzzinssatz (Marktzinssatz) für kurzfristige Gelder in der Europäischen Währungsunion. Der Zinssatz wird von keiner einzelnen Bank bestimmt, sondern ist ein neutral und transparent ermittelter Durchschnittssatz für Ausleihungen zwischen etwa 40 großen europäischen Banken. Er wird täglich und für Laufzeiten von wenigen Tagen bis zu zwölf Monaten in den Medien veröffentlicht. Immobilienkredite in Euro mit variablen Zinsen sollte sich auf diesen Zinssatz beziehen, da er nicht von einer einzelnen Bank manipuliert werden kann.

**Event Risk** Dt.: Ereignisrisiko; hiermit werden Risiken bezeichnet, die definitionsgemäß nicht kalkulierbar oder vorhersehbar sind (ein berühmtes Beispiel ist der Anschlag vom 11.09.2001 in den USA). Ein Haushalt mit Eigenheimbesitz ist solchen Risiken viel stärker ausgesetzt als ein Mieterhaushalt. Einige wenige Beispiele für derartige Event Risks: die schleichende Verschlechterung der Wohnqualität in einem Stadtviertel oder Landstrich (zum Beispiel durch soziale Verelendung) und damit einhergehend des Immobilienwertes, ein irrtümlich nicht versicherter Hochwasserschaden in einem Haus[71], ein gravierender statischer Konstruktionsmangel in einem Gebäude, der erst nach Ablauf der Gewährleistungsfrist des Architekten erkannt wird, eine Asbestverseuchung oder umfassender Hausschwamm in einem Haus, wenn diese Mängel erst nach dem Kauf entdeckt werden, ein Gesetz, das teure Renovierungen aus ökologischen Gründen vorschreibt, oder die geplante EU-Antidiskriminierungsrichtlinie, die behindertengerechte Sanierungen erzwingt, eine nicht abgesicherte Bauträgerpleite vor Baufertigstellung, Immobilienbetrug oder – bei einer vermieteten Immobilie – ein Mietnomade.

---

71 Rund 15 Prozent der 13 Millionen Eigentümerhaushalte in Deutschland haben für ihre Immobilie keine Wohngebäudepolice gegen Brand- und Sturmschäden abgeschlossen und erstaunliche 80 Prozent keine Elementarschadensversicherung, die Hochwasserschäden deckt. Wo eine entsprechende Versicherung besteht, vergessen viele Haushalte die Versicherungssumme im Laufe der Jahre an inflationsbedingte Wertsteigerungen anzupassen (*Die Welt*, 8.4.2010).

**Fremdkapitalquote** Der Kreditanteil am Marktwert einer Immobilie. Ist eine Immobilie 200 000 Euro wert und der auf ihr lastende Kredit beträgt 100 000 Euro, dann ist die Fremdkapitalquote 50 Prozent. Die Fremdkapitalquote ist nicht genau mit dem sogenannten »Beleihungswert« beziehungsweise dem »Beleihungsauslauf« (siehe entsprechende Stichworte auf www. wikipedia.de) bei Banken identisch, weil diese Abschläge bei der Bewertung einer Immobilie vornehmen.

**Geld-Brief-Spanne** Engl. *bid/ask-spread* oder *bid/offer spread*; die Differenz zwischen dem Kaufpreis (Geldkurs, Bid) und dem Verkaufspreis (Briefkurs, Ask, Offer) für Wertpapiere oder Devisen. Der sogenannte Marktkurs liegt für gewöhnlich etwa in der Mitte dieser beiden Preise. Das heißt, man muss ungefähr die Hälfte der Spanne beim Kauf des Wertpapiers und die andere Hälfte beim Verkauf bezahlen (sofern sich die Spanne in der Zwischenzeit nicht geändert hat). Die Spanne ist umso enger, je »liquider« das Wertpapier ist, also je mehr Stücke umlaufen und je intensiver der laufende Handel in dem Papier ist. Die Geld-Brief-Spanne ist nicht wertpapierspezifisch, es gibt sie unter anderen Bezeichnungen (»Ankaufspreis«, »Verkaufspreis«) in praktisch jedem Markt, auch zum Beispiel im Immobilienmarkt oder im Gebrauchtwagenmarkt: Ein privater Verkäufer wird einen Wagen normalerweise nur zu einem niedrigeren Preis als den ursprünglichen Kaufpreis verkaufen können. Der Spanne repräsentiert unter anderem die Händlermarge.

**Geldillusion** Die Unfähigkeit eines normalen Menschen, »illusionären« (nur scheinbaren) Vermögenszuwachs, der lediglich durch Inflation zustande kam, von echtem (»realem«, inflationsbereinigtem) Vermögenszuwachs zu unterscheiden. Beispiel: Ist mein Vermögen im Jahr T1 »nominal« (das heißt inklusive Inflation) um 3 Prozent angewachsen, während die Inflationsrate (der Anstieg der Konsumgüterpreise) 4 Prozent betrug, dann ist mein reales (inflationsbereinigtes) Vermögen um 1 Prozent geschrumpft.

**Geldmarkt, Geldmarktanlagen** Markt für → Anleihen und andere zinsbringende Geldanlagen bis 18 Monate (Rest-)Laufzeit (zum Beispiel Festgeldanlagen, → Geldmarktfonds).

**Geldmarktfonds** Ein risikoarmer Investmentfonds, der in Anlagen des → Geldmarktes investiert. Er sollte keinen Ausgabeaufschlag und nur sehr niedrige laufende Kosten aufweisen.

**Hedging** Dt.: Absicherung, Kurssicherung; die Absicherung eines erreichten Preis-, Zins- oder Kursniveaus durch Nutzung bestimmter Finanzprodukte. Wer sein → Zinsänderungsrisiko absichern möchte, der nimmt – im einfachsten Falle – einen Kredit mit langer Zinsbindung auf (Festzinssatz).

**Indexfonds** Offene »passive« → Investmentfonds oder ETFs, die der Anlagestrategie des Index-Investing folgen, das heißt in ihrer Zusammenstellung einen bestimmten Renten- oder Aktienindex (zum Beispiel DAX, S&P 500 oder MSCI World) möglichst exakt nachbilden. Eine aktive Anlagestrategie mit dem Ziel, die Marktrendite zu übertreffen, wird nicht verfolgt. Der Fonds investiert die Fondsgelder in die dem Index zugrunde liegenden Wertpapiere im gleichen Verhältnis wie der Index (in spezifischen Fällen sind Ausnahmen hiervon möglich).

**Inflationsindexierte Staatsanleihe** Hier trägt der Anleger kein Inflationsrisiko. Im Gegenzug weisen diese Staatsanleihen langfristig gesehen eine um etwa 0,7 Prozentpunkte niedrigere Rendite als vergleichbare konventionelle Anleihen auf. Das Zinsänderungsrisiko inflationsindexierter Anleihen ist geringer, daher kann man längere Laufzeiten wählen, um den Renditenachteil gegenüber konventionellen Anleihen teilweise auszugleichen.

**Interner Zinsfuß** Mathematische Bezeichnung des Effektivzinssatzes. Der interne Zinsfuß ist diejenige Abzinsungsrate, mit der die Summe der abdiskontierten positiven Cashflows (Einnahmen oder Erträge) und negativen Cashflows (Ausgaben oder Kosten), die über einen gegebenen Zeitraum hinweg erfolgen, gleich null ist. Anders formuliert: Der Nettobarwert (→ Barwert) des gesamten Zahlungsstroms ist bei dieser Abzinsungsrate genau null.

**Investmentfonds** Bei einem (offenen) Investmentfonds bündelt die Anlagegesellschaft die Gelder vieler Anleger, um sie gemäß dem Prinzip der Risikostreuung und nach definierten Anlagegrundsätzen in verschiedenen Vermögenswerten anzulegen, zum Beispiel in Aktien oder → Anleihen. Für diese Dienstleistung zahlt der Fondsanleger eine laufende Verwaltungsgebühr, die dem Fondsvermögen entnommen wird und die Rendite mindert. Privatanleger sollten lediglich in Indexfonds investieren, denn diese weisen sehr langfristig gesehen höhere Renditen auf als ein durchschnittlicher »aktiv« gemanagter Investmentfonds (siehe auch → ETF, → Aktienfonds, → Rentenfonds, → Indexfonds). Die wenigen in der Zukunft »guten« Investmentfonds zuverlässig im Voraus zu erkennen, ist unmöglich, obwohl die Finanzbranche stets das Gegenteil behauptet.

**Kapitaldienst, Schuldendienst** Summe aus Zins und Tilgung, die bei einem Kredit pro Periode zu leisten ist (zum Beispiel pro Monat oder pro Jahr).

**Kapitalmarkt** Im weiteren Sinne der Markt für börsengehandelte Wertpapiere (zum Beispiel Aktien, → Anleihen und auf ihnen basierende Produkte wie → Investmentfonds); im engeren Sinne der Markt für Anleihen mit einer Laufzeit von über 18 Monaten (siehe auch → Geldmarkt).

**Kapitalmarktanlagen, Kapitalmarktinvestments** Siehe → Kapitalmarkt.

**Korrelation, Korrelationskoeffizient** Eine Kennzahl aus der Statistik, die den Grad der Parallelität der Entwicklung zweier Größen (Zahlenreihen) misst, zum Beispiel der Kursveränderungen zweier Wertpapiere oder → Asset-Klassen im Zeitablauf. Die Korrelation wird gemessen in Form des Korrelationskoeffizienten, der zwischen +1,0 und −1,0 liegen kann. +1 steht für vollständige Korrelation (exakte Parallelentwicklung), 0 steht für vollständig unabhängige (oder zufällige) Entwicklung und −1 steht für exakt gegenläufige Entwicklung. Je niedriger die Korrelation zwischen zwei Finanz-Assets, desto besser eignen sie sich zur Diversifizierung in einem gemeinsamen Portfolio. Genauso wie Renditen schwanken auch Korrelationen im Zeitablauf, allerdings weniger heftig.

**Leverage-Effekt** Sinngemäß für Fremdfinanzierungseffekt oder auch wörtlich Hebeleffekt: Eine Immobilie oder sonstige Kapitalanlage kann teilweise oder vollständig über einen Kredit (statt aus Eigenmitteln) finanziert werden. Dadurch erhöht sich die Rendite des eigenen Kapitals (→ Eigenkapitalrendite im Unterschied zur → Objekt- oder Gesamtkapitalrendite), vorausgesetzt, die Rendite der so finanzierten Kapitalanlage übersteigt die Kreditzinsen. Durch Leveraging wird der Risikograd eines Investments deutlich erhöht. Jede Immobilienfinanzierung über Kredit ist eine Finanzierung mit Leverage.

**Lineare Tilgung** Eine simple Tilgungsmethode bei einem Kredit (Darlehen). Beispiel: Der Kredit beträgt 100 Geldeinheiten und hat eine Laufzeit von 20 Jahren. Pro Jahr tilgt der Kreditnehmer 5 Prozent der Kreditsumme, also 5 Geldeinheiten. Zinsen zahlt der Kreditnehmer auf den jeweils ausstehenden Restbetrag. Die Gesamtsumme aus Zinsen und Tilgung sinkt somit im Zeitablauf (siehe auch → Annuität).

**Maximaler Drawdown** Siehe → maximaler kumulativer Verlust

**Maximaler kumulativer Verlust** Engl. *maximum drawdown*; der maximale aufsummierte (angehäufte) Verlust während eines bestimmten historischen (üblicherweise vergangenen) Zeitraums.

**Mikro-Lage** Bei einer Immobilie unterscheidet man zwischen Mikro- und Makro-Lage. Letztere bezieht sich auf die Region und die Stadt, die Mikro-Lage dagegen auf Faktoren wie Stadtteil, Dorf, Straße, Charakter der näheren Umgebung, Anbindung an öffentliche Verkehrsmittel, Verkehrslärmpegel, Emissionsbelastung oder Himmelsrichtung. Beides beeinflusst den Preis der Immobilie.

**Nominal** In diesem Buch überwiegend gebraucht für »inklusive Inflation« (im Gegensatz zu »inflationsbereinigt« oder »real«).

**Objektrendite** Die Rendite einer Immobilie ohne Berücksichtigung ihrer Finanzierung, das heißt ohne Berücksichtigung etwaiger Fremdkapitalkosten (Kreditkosten). Die Objektrendite unterstellt gewissermaßen eine 100-prozentige Eigenkapitalfinanzierung. Da die Finanzierungskosten von Immobilien von Fall zu Fall unterschiedlich sind und auch im Zeitablauf schwanken, erlaubt die Objektrendite einen viel einfacheren, objektiveren Renditevergleich zwischen unterschiedlichen Objekten oder → Portfolios von Objekten. Siehe auch → Eigenkapitalrendite.

**Offener Investmentfonds** Siehe → Investmentfonds, → Rentenfonds, → Indexfonds und → ETF.

**Overconfidence-Bias** (dt. Selbstüberschätzung) Die Wissenschaft hat bei den
meisten Privatanlegern und Immobilieninvestoren ein erstaunliches Maß
an Selbstüberschätzung (Overconfidence) bezüglich ihres Wissens über den
Immobilien- oder Kapitalmarkt und ihres tatsächlichen historischen Anlage-
erfolges festgestellt. Bei Männern ist der Overconfidence-Bias stärker aus-
geprägt als bei Frauen. Anleger mit Overconfidence-Bias überschätzen systematisch ihre historischen Renditeerfolge (objektive Daten hierzu ermitteln
sie in der Regel nicht), traden (handeln) zu viel und verursachen damit hohe
renditeschädliche Kosten, die nicht durch höhere Bruttorenditen (Renditen
vor Kosten) ausgeglichen werden. Diese Anleger glauben, sie seien in mehr
als der Hälfte der Fälle schlauer oder besser informiert als ihr Gegenüber auf
der anderen Seite des Geschäfts, obwohl sie die Fähigkeiten dieser Person in
der Regel nicht kennen.

**Portfolio** Im engeren Sinne die Summe aller Vermögenswerte (→ Assets) eines
Anlegers (oder Haushalts), gleich auf wie viel Immobilienobjekte, Wert-
papierdepots (eventuell bei unterschiedlichen Banken) und Kapitallebensversicherungen sie verteilt sind. Im weiteren Sinne schließt ein Anlegerportfolio
auch dessen Humankapital (noch nicht bezogene Gehälter) und seine Ansprüche an die gesetzliche Rentenversicherung mit ein. Bei → Investmentfonds versteht man unter Portfolio die Summe der Wertpapiere, die der
Fonds zu einem gegebenen Zeitpunkt hält.

**Rating** (dt. Bewertung, Note) Einschätzung der Bonität (Kreditwürdigkeit)
eines Schuldners, zum Beispiel eines Staates oder eines Unternehmens. Ra-
tings werden von spezialisierten Rating-Agenturen wie S&P, Moody's und
Fitch vergeben (siehe Stichwort »Rating« auf www.wikipedia.de). Die beste
Rating-Note ist AAA, die zweitbeste AA– oder Aa1 (siehe → AAA-Staat).

**Regression (Rückbewegung) zum Mittelwert** Engl. *regression to the mean,
reversion to the mean.* Ab Zeiträumen von etwa fünf Jahren an aufwärts
lässt sich bei Aktienrenditen das Phänomen der Regression zum Mittelwert (RZM) beobachten. Bei Immobilien greift es vermutlich ab etwa zehn
Jahren. RZM bewirkt, dass die Renditen von Gruppen von Aktien (oder
Immobilien) sehr langfristig betrachtet um den arithmetischen Mittelwert
der → Asset-Klasse herum pendeln. Über- oder Unterrenditen relativ zum
langfristigen Marktdurchschnitt haben in diesem Sinne nahezu immer nur
vorübergehenden Charakter.

**Rentenfonds** Ein offener → Investmentfonds, der das Vermögen seiner Anleger
in → Anleihen investiert (Staatsanleihen oder Unternehmensanleihen). Da
der Markt für qualitativ hochwertige Anleihen ein hochgradig → effizienter
Markt ist, liegen langfristig 95 Prozent und mehr aller Rentenfonds unter

der entsprechenden Marktrendite, da ihren Verwaltungsgebühren von in der Regel über 0,5 Prozent p. a. kein Mehrertrag gegenüber dem korrekt ermittelten Marktdurchschnitt gegenübersteht. Von Rentenfonds als Anlageprodukt ist klar abzuraten. (Näheres dazu in Kommer, *Souverän investieren*, S. 162 ff.)

**RexP-Index** Ein Wertpapierindex für deutsche Staatsanleihen mit mittlerer (etwa fünfjähriger) Laufzeit. Der RexP-Index schließt Kursveränderungen (Zunahmen oder Rückgänge) der zugrunde liegenden → Anleihen und ihre Zinserträge mit ein. Der RexK-Index repräsentiert hingegen lediglich die Kursveränderungen und misst damit nicht den Gesamtertrag der Anleihen. Wo nur »Rex-Index« angegeben ist, bleibt offen, um welchen Index es sich handelt.

**Substanzwertaktien (engl. Value-Aktien)** Aktien, die nach einer bestimmten Bewertungsmethode (zum Beispiel dem sogenannten Kurs-Gewinn-Verhältnis) als »billig« eingestuft werden. Das Gegenstück sind »Wachstumsaktien« (engl. Growth-Aktien). Value-Unternehmen sind oft »hässliche Entlein«, also Unternehmen mit tendenziell höherer Verschuldung und schlechteren Wachstumsaussichten als Growth-Aktien. Weil Value-Aktien risikoreicher sind, rentieren sie sehr langfristig gesehen besser als Growth-Aktien (siehe Kommer, *Souverän investieren*).

**Traden** Vermögenswerte (Immobilien, Wertpapiere) laufend kaufen und verkaufen (handeln) mit dem Ziel, eine gegenüber einer → Buy-and-Hold-Anlage höhere Rendite zu erzielen. Trader stehen vor dem Problem, dass ihre Handelsaktivität hohe Kauf- und Verkaufskosten (Transaktionskosten) verursacht, denen selten ein ausreichend hoher Zusatzertrag entgegensteht.

**Umschuldung** Die Ablösung (Ersetzung) eines Kredits durch einen anderen.

**Value-Aktien** siehe → Substanzwertaktien.

**Vermögensendwert** Wo nicht abweichend dargestellt, drückt der Begriff in diesem Buch aus, zu welcher Endsumme ein ursprüngliches Investment von einer Geldeinheit am Ende eines Betrachtungszeitraums oder hypothetischen Zeitraums von 35 Jahren (eine »Anlegergeneration«) angewachsen wäre. Den Vermögensendwert kann man inklusive oder exklusive Inflation berechnen (in diesem Buch stets exklusive Inflation).

**Verrentung** Die Umwandlung einer Geldsumme oder allgemein eines Vermögenswertes in eine periodische (zum Beispiel monatliche) Rentenzahlung. Diese Rentenzahlung kann für einen begrenzten Zeitraum (zum Beispiel 20 Jahre) oder »ewig«, das heißt bis zum Tod des Anlegers oder des zuletzt sterbenden Ehepartners, erfolgen. Versicherungen bieten solche privaten Rentenversicherungen an. In diesem Buch meint »Verrentung«, sofern nicht auf eine abweichende Bedeutung hingewiesen wird, stets eine ewige Rente.

**Volatilität** Das in der Finanzökonomie am meisten verbreitete Risikomaß. Das

Wort leitet sich vom lateinischen Verb »volare« (fliegen) ab und bezieht sich auf die Wertschwankungen eines Investments im Zeitablauf, genauer ausgedrückt: um die Streuung dieser Werte (oder Wertschwankungen = Renditen) um ihren Durchschnitt herum. Je höher diese Wertschwankungen pro Zeiteinheit, desto risikoreicher ist das Investment.

**Zertifikate** Von Banken emittierte Wertpapiere (also rechtlich Bankschuldverschreibungen). Im Unterschied zu einer normalen Bankschuldverschreibung (Anleihe) erhält der Anleger jedoch keine Zinsen, sondern wird am Erfolg oder Misserfolg eines Börsengeschäfts (zum Beispiel den Kurssteigerungen eines Aktienkorbes) beteiligt (siehe hierzu Kommer, *Souverän investieren*). Seit es → ETFs gibt, ist normalen Privathaushalten von Investments in Zertifikate abzuraten, da sie hohe versteckte Kosten und das Bonitätsrisiko der Emissionsbank beinhalten.

**Zinsänderungsrisiko** Kreditnehmer, die keine langfristige Festzinsbindung eingehen, unterliegen dem Zinsänderungsrisiko. Dieses Risiko betrifft – in anderer Weise – jedoch auch Besitzer von Anleihen. Viele Anleger wundern sich, warum eine gegenläufige (inverse) Beziehung zwischen dem Zinsniveau und dem Kurs (Marktpreis) einer Anleihe besteht, das heißt, warum bei steigenden Zinsen der Kurs (Preis) einer Anleihe sinkt. Ein Beispiel: Am 01.01.2010 emittiert die Bundesrepublik Deutschland eine Bundesanleihe mit einer Laufzeit von zwei Jahren zu einem Kurs von 100 Euro. Die Zinsen werden einmal jährlich am 31.12. gezahlt. Das vom Markt vorgegebene Zinsniveau für eine (Rest-)Laufzeit von zwei Jahren beträgt zum Emissionszeitpunkt 5,0 Prozent p. a., der sogenannte Coupon. Der Coupon ist somit der nominale Zinssatz, den der Anleiheemittent zugesagt hat. Der Anleger bekommt also im Jahr 5 Euro Zinsen (5 Prozent von 100 Euro). Sechs Monate später – die Anleihe hat jetzt eine Restlaufzeit von 18 Monaten – liegt das Zinsniveau für Laufzeiten von 18 Monaten bei 7,0 Prozent p. a. Der Anleger will die Anleihe zu diesem Zeitpunkt verkaufen. Jeder potenzielle Käufer wird in diesem Moment erwarten, dass ihm die besagte Anleihe eine Rendite von 7,0 Prozent p. a. bietet, denn dies ist ja das Marktniveau. Da aber der Coupon (also die für den 31.12.2010 und 2011 zugesagten Zinszahlungen) mit 5 Euro unverändlich ist, muss der Anleihekurs (Verkaufspreis der Anleihe) so weit sinken, bis der Käufer – trotz des jetzt niedrig erscheinenden Coupons von 5,0 Prozent – eine effektive Rendite von 7,0 Prozent p. a. für die verbleibenden 18 Monate erhält. Dies gelingt, indem er die beiden 5-Euro-Zinszahlungen bekommt, zuzüglich eines gewissen Kursgewinns (die Anleihe wird stets zum Kurs von 100 Euro zurückgezahlt). In diesem Beispiel würde der neue Marktkurs 93,15 Euro betragen (gegenüber einem Emissionskurs und Rückzahlungskurs von 100 Euro). Weil der Coupon konventioneller Anleihen unverändlich ist, ist der Marktkurs derjenige Stellhebel, mit dem sichergestellt wird, dass eine Anleihe stets die marktgängige Rendite für ihre Restlaufzeit liefert. Umgekehrt gilt: Sinken die Marktzinsen für eine gegebene Restlaufzeit, muss der Kurs einer konventionellen Anleihe (alle anderen preisbeeinflussenden Faktoren als konstant angenommen) steigen.

**Zinsstrukturkurve** Typischerweise gelten für längere Anlageperioden höhere Zinssätze als für kürzere Anlageperiode. Dieses Phänomen nennt man eine »normale« Zinsstrukturkurve. In relativ seltenen Marktphasen kann es jedoch auch umgekehrt sein (inverse Zinsstrukturkurve). Für die Zinsstrukturkurve existiert eine Reihe teilweise konkurrierender Erklärungen (siehe zum Beispiel Stichwort »Zinsstrukturkurve« auf www.wikipedia.de).

# Danksagung

Ich möchte einer Reihe von Personen herzlich danken, die mir bei der Fertigstellung dieses Buches geholfen haben – durch sachliche und stilistische Verbesserungen des Manuskripts, durch Hinweise auf Fehler, durch wertvollen Gedankenaustausch, bei der Programmierung des KVM-Tools und in anderer Weise: Anja Gierhake (Rapperswil), Alfred Gesierich (München), Heidi Grav (London), Günther Hermann (Graz), Ottmar Jetter (Balingen), Ursula Kommer (Balingen), Neil Marvel (London), Luigi Sasso (London), Lukas Schneider (London), Günter Schröfel (München), Ernst Zöschg (Graz) und ganz besonders Peter Binz (München) sowie Theresa Semler (Köln). Christiane Meyer vom Campus Verlag betreute dieses Projekt, wie bereits meine früheren Investmentbücher, in gewohnt kompetenter und konsequent gut gelaunter Weise. Jan W. Haas, Berlin, trug als Lektor enorm zu einem lesbaren Text, gebotener Kürze und der Beseitigung von Unplausibilitäten bei. Verbleibende Fehler gehen allein zu meinen Lasten.

# Register